北京大学中国语言学研究中心

清末民初北京话系统研究

（11JJD740006,2011年度教育部人文社会科学重点研究基地重大项目）

早期北京话研究书系

主编 郭锐

国家出版基金项目

基于清后期至民国初期北京话文献语料的个案研究

陈晓 著

北京大学出版社

图书在版编目 (CIP) 数据

基于清后期至民国初期北京话文献语料的个案研究 / 陈晓著. —北京：北京大学出版社，2018.9
（早期北京话珍本典籍校释与研究）
ISBN 978-7-301-29723-0

Ⅰ.①基… Ⅱ.①陈… Ⅲ.①北京话—史料—近代 ②北京话—对外汉语教学—研究资料—近代 Ⅳ.① H172.1

中国版本图书馆 CIP 数据核字 (2018) 第 171198 号

书　　　名	基于清后期至民国初期北京话文献语料的个案研究 JIYU QINGHOUQI ZHI MINGUO CHUQI BEIJINGHUA WENXIAN YULIAO DE GE'AN YANJIU
著作责任者	陈　晓　著
责 任 编 辑	王铁军
标 准 书 号	ISBN 978-7-301-29723-0
出 版 发 行	北京大学出版社
地　　　址	北京市海淀区成府路 205 号　100871
网　　　址	http://www.pup.cn　新浪微博：@北京大学出版社
电子信箱	zpup@pup.cn
电　　　话	邮购部 010-62752015　发行部 010-62750672　编辑部 010-62754144
印 刷 者	北京虎彩文化传播有限公司
经 销 者	新华书店
	720 毫米 ×1020 毫米　16 开本　20.25 印张　272 千字 2018 年 9 月第 1 版　2018 年 9 月第 1 次印刷
定　　　价	80.00 元

未经许可，不得以任何方式复制或抄袭本书之部分或全部内容。
版权所有，侵权必究
举报电话：010-62752024　电子信箱：fd@pup.pku.edu.cn
图书如有印装质量问题，请与出版部联系，电话：010-62756370

总 序

语言是文化的重要组成部分,也是文化的载体。语言中有历史。

多元一体的中华文化,体现在我国丰富的民族文化和地域文化及其语言和方言之中。

北京是辽金元明清五代国都(辽时为陪都),千余年来,逐渐成为中华民族所公认的政治中心。北方多个少数民族文化与汉文化在这里碰撞、融合,产生出以汉文化为主体的、带有民族文化风味的特色文化。

现今的北京话是我国汉语方言和地域文化中极具特色的一支,它与辽金元明四代的北京话是否有直接继承关系还不是十分清楚。但可以肯定的是,它与清代以来旗人语言文化与汉人语言文化的彼此交融有直接关系。再往前追溯,旗人与汉人语言文化的接触与交融在入关前已经十分深刻。本丛书收集整理的这些语料直接反映了清代以来北京话、京味儿文化的发展变化。

早期北京话有独特的历史传承和文化底蕴,于中华文化、历史有特别的意义。

一者,这一时期的北京历经满汉双语共存、双语互协而新生出的汉语方言——北京话,它最终成为我国民族共同语(普通话)的基础方言。这一过程是中华多元一体文化自然形成的诸过程之一,对于了解形成中华文化多元一体关系的具体进程有重要的价值。

二者,清代以来,北京曾历经数次重要的社会变动:清王朝的逐渐孱弱、八国联军的入侵、帝制覆灭和民国建立及其伴随的满汉关系变化、各路军阀的来来往往、日本侵略者的占领等等。在这些不同的社会环境下,北京人的构成有无重要变化?北京话和京味儿文化是否有变化?进一步地,地域方言和文化与自身的传承性或发展性有着什么样的关系?与社会变迁有着什么样的关系?清代以至民国时期早期北京话的语料为研究语言文化自身传承性与社会的关系提供了很好的素材。

　　了解历史才能更好地把握未来。中华人民共和国成立后，北京不仅是全国的政治中心，而且是全国的文化和科研中心，新的北京话和京味儿文化或正在形成。什么是老北京京味儿文化的精华？如何传承这些精华？为把握新的地域文化形成的规律，为传承地域文化的精华，必须对过去的地域文化的特色及其形成过程进行细致的研究和理性的分析。而近几十年来，各种新的传媒形式不断涌现，外来西方文化和国内其他地域文化的冲击越来越强烈，北京地区人口流动日趋频繁，老北京人逐渐分散，老北京话已几近消失。清代以来各个重要历史时期早期北京话语料的保护整理和研究迫在眉睫。

　　"早期北京话珍本典籍校释与研究（暨早期北京话文献数字化工程）"是北京大学中国语言学研究中心研究成果，由"早期北京话珍稀文献集成""早期北京话数据库"和"早期北京话研究书系"三部分组成。"集成"收录从清中叶到民国末年反映早期北京话面貌的珍稀文献并对内容加以整理，"数据库"为研究者分析语料提供便利，"研究书系"是在上述文献和数据库基础上对早期北京话的集中研究，反映了当前相关研究的最新进展。

　　本丛书可以为语言学、历史学、社会学、民俗学、文化学等多方面的研究提供素材。

　　愿本丛书的出版为中华优秀文化的传承做出贡献！

王洪君　郭锐　刘云
2016年10月

早期北京话的语言研究价值
——"早期北京话研究书系"序

早期北京话指清中叶至民国时期的北京话。北京话在现代汉语中的地位极其特殊而重要,现代汉语的标准语——普通话——是以北京话为基础,普通话的语音标准是北京语音,普通话的词汇和语法也与北京话有密切联系。因此,要探讨普通话的语音、词汇、语法的来源,不能不涉及北京话。由于缺乏足够的材料,元明清初的北京话还无法进行系统的研究,与今天的北京话有直接的继承关系的北京话材料在清中叶才开始出现。但此时的北京话地位并不高,书面语传统也不够深厚,全国的通语是南京官话,而非北京官话。到1850年前后,北京话才取得通语的地位,并对日后的国语和普通话产生决定性的影响。

不过汉语学界对早期北京话的研究却相对薄弱。这一方面是因为过去对早期北京话材料了解不多,更重要的原因是重视不够。研究汉语史的,重视的是上古汉语、中古汉语和近代汉语;研究现代汉语的,重视的是1949年以后特别是改革开放以来的普通话语料;研究方言的,重视的是地方方言,尤其是东南方言,而北京话与普通话较为接近,晚清民国时期的北京话反倒少人问津,成了"三不管地带"。

随着清中叶至民国时期北京话语料的挖掘、整理工作的开展,早期北京话的面貌开始清晰地展现出来。根据初步考察,我们对这一时期北京话的语言研究价值有了大致的认识。可以说,清中叶以来的北京话是近代汉语过渡到现代汉语的桥梁。其中尤为重要的是,晚清民国时期,即19世纪40年代至1949年的一百多年间,北京话以及作为全国通语的北京官话、国语发生了一系列的变化,包括语音、词汇、语法,这些变化奠定了今天普通话的基本格局,而1950年至今的普通话则没有大的变化。

下面我们看看北京话在晚清民国时期发生的一些变化。

从语音方面看,变化至少有:

1. 庄组字翘舌~平舌交替

庄组字本来都读为舌尖后翘舌声母,其中大约30%今天读作舌尖前平舌音。但在晚清时期,有些字仍读作翘舌音,以威妥玛(Thomas F. Wade)《寻津录》(*Hsin Ching Lu* 1859)的记音为例:"瑟"读shê、"仄"读chai。还有相当一部分字有翘舌和平舌两读,形成文白异读:所(so~shuo)、涩(sê~shê)、责(chai~tsê)。另外,有些字今天读作翘舌声母,当时却有平舌声母的读法,如:豺(ts'ai)、侧(tsê)。

2. 声母ng彻底消失

北京周边的河北、山西、山东方言,中古疑母字的开口呼一般保留ng[ŋ]声母,影母字开口呼也读ng声母。清末的北京话还保留个别的ng声母字,如:饿(ngê)、恶(ngê)[富善(Chauncey Goodrich)《华英袖珍字典》(*A Pocket Dictionary*(*Chinese-English*)*Pekingese Syllabary* 1891)]。普通话中,ng[ŋ]声母完全消失。

3. 见系二等字舌面音声母和舌根音声母的交替

见系二等字在全国多数方言中仍保留舌根音声母,当代普通话中大部分见系二等字读作舌面音声母,但有约四分之一的见系二等字保留舌根音声母的读法,如"隔、革、客、港、耕、衡、楷"等。普通话中读作舌根音声母的字,在清末的北京话中,有一部分有舌面音声母的读法,如《华英袖珍字典》(1891)的记音:楷(ch'iai~k'ai)、港(chiang)、隔(chieh~kê)、揩(ch'ieh)、耕(ching~kêng)、耿(ching~kêng)。今音读作舌面音声母的见系二等字在稍早还有保留舌根音读法的,如《寻津录》(1859)的记音:项(hang~hsiang)、敲(ch'iao~k'ao)、街(chieh~kai)。

4. o~e交替

今音读作e[ɤ]韵母的字,对应到《寻津录》(1859),有两个来源,一个是e[ɤ]韵母,如:德(tê)、册(ts'ê)、遮(chê);另一个是o韵母,如:和(ho)、合(ho)、哥(ko)、刻(k'o)、热(jo)。从o到e的变化经历了多音并行和择一留存两个阶段,如:酌(chê~cho)、刻(k'o~k'ê)、乐(lo~lê)、洛(lê~lo)、额(o~ê)。在《华英袖珍字典》(1891)中,"若、弱、热"都有两读:jê或jo。最后择一保留的,有的是e韵母(刻、乐、热),有的是o韵母(酌、洛、若、弱)。

5. 宕江摄入声文白异读

《寻津录》(1859)中宕江摄入声文白异读主要是韵母o/io和ao/iao的差异,如:若(jo~yao)、约(yo~yao)、薄(po~pao)、脚(chio~chiao)、鹊(ch'io~ch'iao),这样的文白差异应该在更早的时候就已产生。二三等文读为üe韵母大约从1850年前后开始,《寻津录》(1859)中只出现了"学略却确岳"五字读üe韵母文读音。之后的三十来年间,短暂出现过üo韵母,但很快合并到üe韵母。üe作为文读音全面取代io韵母,大约在19世纪末完成。

晚清民国时期白读音的数量要明显多于当代的读音。如下面这些字在当代读文读音,而在当时只有或还有白读音:弱(jao)、爵(chiao~chio)、鹊(ch'io~ch'iao)、学(hsio~hsüeh~hsiao)、略(lio~lüeh~liao)。

6. 曾梗摄入声文白异读

曾梗摄入声字的文白异读,主要是e(o)韵母和ai韵母的差异,这样的格局自19世纪40年代以来没有改变,但清末北京话的文白两读并存要明显多于当代,如《华英袖珍字典》(1891)的记音:侧(ts'ê~chai)、泽(tsê~chai)、责(tsê~chai)、册(ts'ê~ch'ai)、拆(ts'ê~ch'ai)、窄(tsê~chai)、宅(chê~chai)、麦(mo~mai)、白(po~pai)、拍(p'o~p'ai)。

7. iai韵母消失

"解、鞋、挨、携、崖、涯"等蟹摄开口二等见系字在《音韵逢源》(1840)中,韵母为iai。到《寻津录》(1859),只有"涯"仍有iai的异读,其他字都读作ie韵母或ai、ia韵母。之后iai韵母完全消失。

8. 清入字声调差异

清入字在普通话中的声调归并分歧较大,但在清末,清入字的声调归并分歧更大,主要表现就是一字多调现象。如《寻津录》(1859)中的清入字声调:级(chi^2~chi^4)、给(chi^3~chi^4~kei^4)、甲($chia^1$~$chia^3$)、节($chieh^2$~

chieh³)、赤（ch'ih¹~ch'ih⁴）、菊（chü¹~chü²）、黑（hei¹~hei³）、骨（ku¹~ku²~ku³）、铁（t'ieh³~t'ieh⁴）、脱（t'o¹~t'o³），这些多调字在当代普通话中只有一种调类。

次浊入在清末民初时期读作非去声的情况也较多，如：入（ju³~ju⁴）、略（liao⁴~lio³~lüeh³）、麦（mai¹~mai⁴）。

以上这些成系统的语音变化有的产生更早，但变化结束并定型是在清末民初时期。

除此之外，一些虚词读音的变化也在晚清民国时期发生并定型。

助词和语气词"了"本读liao，在19世纪30年代或更早出现lo的读音，常写作"咯"，这应是轻声引起的弱化读法。此后，又进一步弱化为la（常写作"喇""啦"）、le[lə]。"了"的音变大致经历了四个阶段：

读音	liao	lo	la	le
开始时间	19世纪30年代前	19世纪30年代	19世纪50年代	1908

而语气词"呢"和助词"的"，也分别经历了ni——na——ne[nə]和di——da——de[tə]的语音弱化阶段。

语气词"啊"的语音变体，在当代普通话中有较为严格的条件，而晚清民国时期"啊"音变的条件与之有所不同。"呀"（ya）可以出现在：-ng后（请问贵姓呀？/《小额》），-n后（他这首诗不曾押着官韵呀！/《儿女英雄传》），-u后（您说有多么可恶呀！/《北京风俗问答》），舌尖元音后（拿饭来我吃呀。/蔡友梅《鬼吹灯》）。"哇"可以出现在-ng后（做什么用哇？湛引铭《讲演聊斋》）。这种现象与现在汉语学界所讲的语流音变条件似乎并不吻合，到底应如何分析，值得深入探讨。

此外，还有一些特殊的读音，也在早期北京话材料中有所反映。

"俩"读作lia，一般认为是"两个"的合音。但在晚清北京话材料中，有"俩个"的说法。这似乎对合音说提出了挑战，更合理的解释也许应该是"两"受到后一音节"个"的声母影响，导致韵尾脱落，然后是"个"的脱落，形成"俩"直接修饰名词的用法。

一些词汇的特殊写法,则反映了当时的特殊读音。有些是轻声引起的读音变化,如:知得(知道)、归着(归置)、拾到(拾掇)、额啦大(额老大)、先头啦(先头里);有些则是后来消失的白读音,如:大料(大略)、略下(撂下)。

可以看到,北京话在清代发生了一系列的语音变化,这些变化到19世纪末或20世纪初基本结束,现代汉语的语音格局在这个时期基本奠定。那么这些变化过程是如何进行的,是北京话自发的变化还是受到南京官话或其他方言的影响产生的,这些问题都可以通过早期北京话的材料找到答案。同时,这一时期北京话语音的研究,也可以为普通话的审音工作提供重要的参考。

词汇方面,晚清民国时期的北京话有一些异于普通话甚至当代北京话的词语,如:颏膝盖(膝盖)、打铁(互相吹捧)、骑驴(替人办事时在钱财上做手脚以牟利)、心工儿(心眼儿)、转影壁(故意避而不见)、扛头(不同意对方的要求或条件)、散哄(因不利情况而作罢或中止)、胰子(肥皂)、烙铁(熨斗)、嚼裹(花销)、发怵(害怕)、多咱(什么时候)、晌午歪(午后)。

为什么有一些北京话词语没有传承到普通话中?究其原因,是晚清民国时期汉语共同语的词汇系统,经历了"南京官话——北京官话/南京官话——南北官话混合"三个阶段。根据艾约瑟《汉语官话语法》(1857)、威妥玛《语言自迩集》(1867)等文献记述,在1850年前后,通语由南京官话改为北京官话。当时的汉语教科书也由南京官话改为北京官话。不过,南京官话并没有消失,而是仍在南方通行。因此,南北官话并存成为晚清语言生活的重要特征。美国北长老会传教士狄考文编著的汉语教科书《官话类编》(1892)就是反映南北官话并存现象的重要文献。下面的例子是《官话类编》记录的北京官话和南京官话的词汇差异:

A		B		C	
北京官话	南京官话	北京官话	南京官话	北京官话	南京官话
白薯	山芋	耗子	老鼠	烙铁	熨斗
白菜	黄芽菜	脑袋	头	日头	太阳
煤油	火油	窟窿	洞	稀罕	喜欢
上头	高头	雹子	冰雹	胰子	肥皂
抽烟	吃烟	分儿	地步	见天	天天
扔	丢	自各儿	自己	东家	老板
馒头	馍馍	些个	一些	巧了	好像
多少	几多	姑爷	女婿	眕睐	留意

南北官话并存和对立的局面在民国时期演变为南北官话的混合，南北两种官话合并为一种共同语，即国语。作为国语的继承者，普通话的词汇，有的来自北京官话（如A列），有的来自南京官话（如C列），有的既来自北京官话，又来自南京官话（如B列）。普通话中与北京官话和南京官话无关的词不多见，如：火柴（北/南：取灯儿/洋火）、勺子（匙子/调羹）、本来（原根儿/起根儿）。那些在今天被看作北京土话的词汇，实际上是被南京官话挤掉而未进入普通话的北京官话词汇，如：胰子、烙铁、见天。

晚清时期北京话语法在研究上的重要性主要可以从两个方面来看。一是普通话的不少语法现象，是在这一时期的北京话中萌芽甚至发展成熟的。如兼表致使和被动的标记"让"的形成、受益标记"给"的形成、"程度副词+名词"格式的产生、协同伴随介词和并列连词"跟"的产生等。二是普通话的不少语法现象，与晚清北京话有差异。比如：

1. 反复问格式：普通话的带宾语的反复问格式有"V否VO"（吃不吃饭）、"VO否VO"（吃饭不吃饭）、"VO否V"（吃饭不吃）等格式，但在晚清时期北京话中没有"V否VO"格式。

2. 双及物格式：普通话有"V+间接宾语+直接宾语"（送他一本书）、"V给+间接宾语+直接宾语"（送给他一本书）、"V+直接宾语+给+间接宾语"（带一本书给他）、"给+间接宾语+V+直接宾语"（给他带一本书）四种常见格式,晚清时期北京话没有"V+直接宾语+给+间接宾语"格式。

3. 趋向动词与动作动词构成的连谓结构语序:普通话可以说"吃饭去",也可以说"去吃饭",而晚清时期北京话只说"吃饭去"。

4. 进行体的表达形式:普通话主要用"在VP""正在VP",晚清时期北京话主要用"VP呢"。

5. 被动标记:普通话用"被、让、叫、给",晚清时期北京话主要用"让、叫"。

6. 协同、伴随介词:普通话用"和、同、跟",晚清时期北京话主要用"跟"。

7. 时间起点介词:普通话主要用"从、打",晚清时期北京话主要用"打、起、解、且、由"。

8. 时间终点介词:普通话用"到、等到",晚清时期北京话用"到、赶、赶到"。

可以看到,晚清时期北京话的有些语法形式没有进入普通话,如时间起点介词"起、解、且";有些语法项目,普通话除了采用晚清时期北京话的语法形式外,还采用晚清时期北京话没有的语法形式,如反复问格式"V否VO"、双及物格式"V+直接宾语+给+间接宾语"、被动标记"给"。这些在晚清时期北京话中没有的语法形式容易被看作后来普通话发展出的新语法形式。但如果联系到晚清南北官话的并存,那么可以发现今天普通话的这些语法形式,其实不少是南北官话混合的结果。下面看看晚清南北官话语法形式的差异:

	语法项目	北京官话	南京官话
1	反复问句	VO不V,VO不VO	V不VO,VO不VO
2	双及物格式	送他书,送给他书	送他书,送给他
3	去VP	VP去	去VP
4	进行体	VP呢	在VP
5	被动标记	叫,让	被,给,叫(少见)
6	致使动词	叫,让	给,叫(少见)
7	协同介词	跟	和,同
8	并列连词	跟	和,同
9	工具介词	使	用
10	时间终点介词	赶,赶到	到,等到
11	时间起点介词	打,起,解,且,由	从

从上表可以看到，普通话语法形式与清末北京话的语法形式的差异，其实很多不是历时演变导致的，而是南北官话混合带来的。

普通话的语法形式与词汇一样，也是南北官话混合的结果。词汇混合的结果往往是择一，而语法混合的结果则更多是来自南北官话的多种语法形式并存。因此，要弄清今天普通话词汇和语法形式的来源，就必须对清末民初北京话的词汇和语法以及同一时期的南京官话的词汇和语法做一个梳理。

朱德熙先生在《现代汉语语法研究的对象是什么？》（1987）一文中认为，由于普通话，特别是普通话书面语是一个混杂的系统，应把普通话的不同层次分别开来，北京话是现代汉语标准语（普通话）的基础方言，因此研究现代汉语语法应首先研究清楚北京话口语语法，才能对普通话书面语做整体性的综合研究。朱德熙先生的观点非常深刻，不过朱先生在写作这篇文章时，主要是从方言成分混入普通话角度讨论的，还没有认识到普通话主要是北京官话和南京官话的混合，我们今天对早期北京话的研究为朱德熙先生的观点提供了另一个角度的支持。早期北京话的研究，也可以对朱德熙先生的观点做一个补充：由于普通话主要是北京官话和南京官话混合而成，所以研究现代汉语语法不仅要首先研究北京话语法，还需要对普通话中来自南京官话的成分加以梳理。只说北京话是普通话的基础是不够的，南京官话是普通话的第二基础。

此外，早期北京话文献反映的文字方面的问题也值得关注。早期北京话文献中异体字的使用非常普遍，为今天异体字的整理提供了很好的素材。其中一些异体字的使用，可以弥补今天异体字整理的疏漏。如：

> 有一天，一個狐狸進一個葡萄園裡去，瞧見很熟的葡萄在高架上垂掛著，他說："想必是好吃的。"就咂著嘴兒讚了讚，飄蹤了半天，總搆不着。（《伊苏普喻言》（1879））

"搆"在《第一批异体字整理表》中，处理为"构（構）"的异体字，但根据原注"搆：读上平，以物及物也"，不应是"构"之异体。查《华英袖珍字典》(1891),"搆"释为"to plot, reach up to","plot"可看作"构"的意思,而"reach up to"的意思是"达到",因此,这种用法的"搆"应看作"够(伸向不易达到的地方去接触或拿取)"的异体字。"驫蹤",原注"驫:上平,骉也""蹤:去声,跳也",根据注释和文意,"驫蹤"应为"蹿纵",而《第一批异体字整理表》把"蹤"处理为"踪"的异体,未看作"纵"的异体,也未收"驫"字。

早期北京话呈现出来的语音、词汇、语法现象,也为当代汉语研究的一些疑难问题提供了一个解决的窗口。比如:"啦"到底是不是"了"和"啊"的合音? 晚清民国北京话的研究表明,"啦"并不是"了+啊"的合音,而是"了"弱化过程的一个阶段。普通话的同义词和同义句式为何比一般方言多? 这是因为北京官话和南京官话词汇和语法的混合形成国语/普通话,北京官话和南京官话中不同的词汇、语法形式并存于普通话中,就形成同义词和同义语法形式。"给"为何可表被动但不表致使? 被动标记和致使标记有密切的联系,很多语言、方言都使用相同形式表达致使和被动,根据语言类型学和历史语法的研究,是致使标记演变为被动标记,而不是相反。但普通话中"给"可以做被动标记,却不能做致使标记,似乎违反了致使标记演变为被动标记的共性,这是为什么? 如果从南北官话的混合的角度看,也许可以得到解释:南京官话中"给"可以表致使,并演变为被动标记;而普通话中"给"的被动标记用法很可能不是普通话自发产生的,而是来自南京官话。因此表面上看是普通话"给"跳过了致使标记用法直接产生被动标记用法,实质是普通话只从南京官话中借来了"给"的被动标记用法,而没有借致使标记用法。这些问题在本书系的几部著作中,都会有详细的探讨,相信读者能从中得到满意的答案。

早期北京话研究的先行者是日本学者。1876年后,日本兴起了北京话学习的热潮,出版了大量北京话教材和资料,为后世研究带来了便利。太田辰夫先生在20世纪40年代就开始早期北京话的研究,提出了著名的北京话的七个特征。其后辈学者佐藤晴彦、远藤光晓、山田忠司、地藏堂贞二、竹越孝、内田庆市、落合守和等进一步把早期北京话的研究推向深入。国内的研究起步稍晚,吕叔湘等老一辈学者在研究中已经开始关注《白话聊斋》等民初京味儿小说,可惜受制于材料匮乏等多方因素,研究未能延续。北京大学是北京话研究重镇,林焘先生对北京话的形成有独到的研究,20世纪80年代初带领北大中文系1979级、1980级、1981级汉语专业本科生调查北京话,留下了珍贵的资料。20世纪90年代以来,经蒋绍愚、江蓝生等先生倡导,局面有所改变。深圳大学张卫东,清华大学张美兰,厦门大学李无未,中山大学李炜,北京语言大学高晓虹、张世方、魏兆惠,苏州大学曹炜等学者在早期北京话的语音、词汇、语法方面都有深入研究。2007年,北京大学中国语言学研究中心将北京话研究作为中心的重要研究方向,重点在两个方面,一是深度挖掘新材料,即将面世的"早期北京话珍稀文献集成"(刘云主编)将为研究者提供极大便利;二是培养新生力量,"早期北京话研究书系"的作者刘云、周晨萌、陈晓、陈颖、翟赟、艾溢芳等一批以北京话为主攻方向的年轻学者已经崭露头角,让人看到了早期北京话研究的勃勃生机。希望本书系的问世,能够把早期北京话研究推向新的高度,为汉语研究提供新的视角,解决过去研究的一些疑难问题,也期待更多研究者来关注这座汉语研究的"富矿"。

郭 锐
2016年5月7日于北京五道口

目 录

绪 言 ……………………………………………………………… 1
  0.1 研究对象及时代分期 ………………………………………… 1
  0.2 研究空间及意义 ……………………………………………… 1
  0.3 研究思路方法及研究目的 …………………………………… 2

第一章 清后期至民国初期北京话研究概述 ……………………… 4
  1.1 词典类描写研究 ……………………………………………… 5
  1.2 清代北京话语音研究 ………………………………………… 8
  1.3 北京话来源研究 ……………………………………………… 14
  1.4 清后期至民国初期北京话词汇语法研究 …………………… 16
  1.5 满语与北京话的关系研究 …………………………………… 26
  1.6 小结 …………………………………………………………… 32

第二章 清后期至民国初期社会背景 ……………………………… 33
  2.1 清代满汉语言及文化接触概述 ……………………………… 33
  2.2 清后期满人母语转换的完成 ………………………………… 37
  2.3 社会变迁与旗人地位的下降 ………………………………… 42
  2.4 旗人"弃雅从俗" ……………………………………………… 46
  2.5 小结 …………………………………………………………… 51

第三章 反映清后期至民国初期北京话的材料及其性质 ………… 52
  3.1 白话小说 ……………………………………………………… 53

  3.2 曲艺材料 ……………………………………………… 66
  3.3 域外教科书 …………………………………………… 83
  3.4 满（蒙）汉合璧文献 ………………………………… 99
  3.5 正音材料 ……………………………………………… 102
  3.6 录音材料 ……………………………………………… 105
  3.7 其他材料 ……………………………………………… 105
  3.8 小结 …………………………………………………… 107
第四章 清后期至民国初期北京话的语法现象 ……………………… 108
  4.1 清后期至民国初期北京话语法特点概述 …………… 108
  4.2 新出现的语法现象之一——"所（程度副词）+VP"结构 … 134
  4.3 新出现的语法现象之二——"这个/那个+VP"结构 …… 159
  4.4 新出现的语法现象之三——"简直（的）+VP"结构 …… 179
第五章 清后期出现的新副词 …………………………………… 206
  5.1 清后期出现的新副词总结描述 ……………………… 206
  5.2 新副词之一——程度副词"挺" ……………………… 209
  5.3 新副词之二——时间副词"赶紧" …………………… 221
  5.4 新副词之三——语气副词"反正" …………………… 228
第六章 清后期至民国初期北京话的语音现象 ……………………… 232
  6.1 清后期至民国初期北京话音系特点及其变化 ……… 232
  6.2 清后期至民国初期北京话最重要的语音变化
    ——尖团合流 ………………………………………… 261
结 语 …………………………………………………………… 286
参考文献 …………………………………………………………… 290
后 记 …………………………………………………………… 307

绪 言

0.1 研究对象及时代分期

本书以清代后期至民国初期北京话文献语料中语法、词汇、语音里的个案为研究对象。

参照太田辰夫先生(1991［1975］:257)关于清代语法史的三段分期,本书的清代北京话分期为:

前期:顺治 — 乾隆(1644—1795)

中期:嘉庆 — 同治(1796—1874)

末期:光绪 — 宣统(1875—1911)

在具体论述中,"前期""中期""末期"区别开来,各指不同时段。

另外,将"中期"与"末期"又合称为"后期",与"前期"相对而言。所以,本书中的"清后期至民国初期"所指的时间段为"清嘉庆(18世纪末)——民国初期(20世纪40年代)[①]",共150年左右。

0.2 研究空间及意义

北京话作为现代普通话的基础,可以说一直倍受关注。近代以来北

---

① 20世纪40年代已不算是"民国初期"。笔者选取的语料主要集中在20世纪20年代以前,20—40年代的文献不多,主要是老舍作品。因此为了行文便利,姑且将民国建立以后至20世纪40年代以前均划入"民国初期"范围。

京话特征的形成与发展，对于汉民族共同语的历史研究具有特殊意义。而且，北京话在语言演变方面十分典型，颇具代表性。因此，本书选题的重要意义不言而喻。

但是，由于学界普遍认为北京话与普通话的差别很小，所以将北京话作为区别于普通话的一种方言的研究并不充分，对清后期至民国初期北京话的关注与研究也还不够。实际上，北京话有不少不同于普通话的特点，尤其是清后期至民国初期的北京话，又与现代北京话有不少差别。文献资料中反映出的一些特殊的语法结构、词义用法以及音变现象出现于清后期至民国初期的北京话里。那么，究竟这一时段的北京话里有哪些特殊现象？为什么会出现这些特殊现象？它们是如何存在又怎样消失的？对此，以往的北京话研究著述里分析不够，这不能不说是该领域研究的缺失。因此，清后期至民国初期北京话亟待关注研究。

历来对近现代北京话的研究，使用的语料往往是雍乾时期的《红楼梦》、咸丰同治时期的《儿女英雄传》和 20 世纪 30—50 年代的老舍作品。这其中实际存在一个空白时期，即清末民初（19 世纪末—20 世纪初）。尽管有国内学者已开始关注这一时期的北京话，但深入研究还很不够。究其原因：一是对这一时期北京话的研究价值认识不够，导致对其关注时间较晚；二是通常可见的这一时期北京话的材料比较匮乏，尽管现在已经陆续新发现了一些记录清末民初北京话的书面材料，但很多还没有经过整理，不便于查阅。这些都无疑妨碍了研究进程。可以说，目前日本学者在这方面的研究是走在前面的，有很多值得借鉴的成果和经验。近年来，中国学界也开始关注这一时期北京话材料的挖掘、整理与研究，也有了一些可喜的成果。

0.3　研究思路方法及研究目的

本书本着"尽精微"的研究理念，选取直接连接当代北京话的一个历史时段，细致搜集查阅了国内和日本现存的大量相关文献，其中一些文献材料极少为学界使用。笔者尽可能全面掌握材料,同时对各种材料作深入分析,以求发现清后期至民国初期北京话语法、词汇、语音的特殊现象,再从历史文化的大背景着眼,试图对这些特殊现象的来龙去脉予以阐释。

本书的研究目的是凸显清后期至民国初期北京话的特殊语言现象,希望清晰勾勒出这一时段北京话系统的细节面貌,为近现代北京话历史链条提供其中一小环节的可靠研究资料。

第一章　清后期至民国初期北京话研究概述

关于清后期至民国初期的北京话，尽管专门的研究成果不多，但可以借鉴的相关研究成果仍然比较丰富，无论是近代汉语研究方面，还是现代汉语及现代北京话研究方面，都有很多值得借鉴的成果。

这里首先要提到的是远藤光晓、竹越孝主编（2011）《清代民国汉语文献目录》。此书集结了中日韩20位学者，对清代至民国年间有关汉语（包括方言及华夷译语）的历史文献及诸多版本、研究著作等进行了全面细致的总结，不仅涉及中日韩的藏书情况及研究成果，还包括很多欧美国家的藏书情况及研究成果，是一部参考价值极高的著作。特别是其中的"本土资料""官话、国语资料""满蒙汉资料""日本的汉语教材"及"泰西资料"与清代民国北京话的研究关系很大。笔者多次借助此书的记录，顺利查阅到一些珍贵的文献。

因此，关于清后期至民国初期北京话的研究，《清代民国汉语文献目录》的总结也十分详备，笔者以下的总结只重点提出此书的相关部分，并补充上笔者关注到的此书未收录的其他研究成果。

1.1 词典类描写研究

1.1.1 北京话词典

记录北京话词汇、俗语和北京文化风俗等的词典性质的著作较为丰富。这些词典性质的著作中，绝大部分是依据现当代北京话所著，其中有一些涉及民国时期的北京话，很少涉及清后期的北京话。尽管如此，这些词典中的记录也十分值得借鉴。词典性质的文献虽只是描写，但是经过细致的考证，内容相当丰富，每个词条均有例句，具有很高的参考价值。主要包括：

陆志韦（1956）《北京话单音词词汇》，陈刚（1985）《北京方言词典》，徐世荣（1990）《北京土语辞典》，陈刚、宋孝才、张秀珍（1997）《现代北京口语词典》，周一民（1998）《北京口语语法（词法卷）》，高艾军、傅民（2001）《北京话词语》，齐如山（2008）《北京土话》，周一民（2009）《北京俏皮话词典》，王秉愚（2009）《老北京风俗词典》，董树人（2011）《新编北京方言词典》，刘晓海（2014）《北京方言民俗图典》等。

其中陆志韦先生的《北京话单音词词汇》可谓是新中国出版的第一部专门描写北京话单音词的著作。尽管该书完成于1951年，出版于1956年，但实际上陆志韦先生在此前进行了长达15年的材料搜集工作，搜集方式主要是依据日常生活中所听到的北京话，从中提取单音节词语。因此，全书反映的是20世纪30年代至50年代存在于北京口语中的词汇。后该书成为日本最重要的汉语词典之一的《岩波中国语词典》的重要依据，《岩波中国语词典》中的一些例句就取自该书。从这一点也可以看出陆志韦先生所作此书的重大意义。

陈刚（1985）《北京方言词典》，陈刚、宋孝才、张秀珍（1997）《现代北京口语词典》，徐世荣（1990）《北京土语辞典》以及齐如山（2008）《北京土话》也是非常重要的著作。陈刚先生从20世纪40年代开始直至去世，一直致力于北京口语的调查，尤其是1997年出版的《现代北京口语词典》，不仅包括当前（contemporary）北京话，还涉及现代（modern）北京话（1997：5），具有很高的参考价值。徐世荣先生的《北京土语辞典》收录的词汇也十分丰富，其难能可贵之处在于，徐世荣先生世代均为北京人，因此对北京话极为熟悉。全书分为两个部分，一为常用土语，一为旧京土语。旧京土语是清末至民国的北京土语，包括旧京特有的名物制度，风土人情，大部分都不同于当前的普通话，是地道纯正的老北京话词汇，有很高的史料价值，十分珍贵。齐如山先生的《北京土话》尽管出版于2008年，但成稿于20世纪40年代，其中记录的大致是清末至20世纪40年代的北京话，后经齐如山先生的后人整理出版。其中的北京土话均为齐如山先生根据自身的经验总结所得，不仅包括土语词汇，还包括一些俗语、俏皮话等，可信度很高。

这些词典类著作中最值得一提的是高艾军、傅民（2001）《北京话词语》。该词典与其他北京话词典的重要区别在于，其依据的并非当前的北京话口语或作者自身的经验与经历，而是反映北京话的文献语言。从清中期的《红楼梦》到当代的文学作品，历时200多年，300多部文献。书中收词极为丰富，达9057条，每一个词条与例句都有文献可依，凡是不见于文献的词语一律不收。这不仅为研究者提供了丰富的北京话词语与例句，还提供了北京话文献目录，给予了研究者很大的便利。尽管这些文献目录并不全面，尤其是由于当时条件所限，清末的北京话文献比较匮乏，并且其中的一些文献是否反映北京话还有待商榷，但借鉴价值依然很高。并且，由于该书选用的文献在时间上跨度较大，可以从中看出北京话词语发展的一些线索。另外，整部书严格遵照"北京特色"："随着普通话的日益推广，若干原本是北京话的词语，虽然有关著作仍作为北京土语收入，但也被其他辞书作为普通话收入，本书酌情尽量少收或不收。"（2001：1089）从整部书的编排上可以看出作者在查阅文献上花费了很大的功夫，耗费了大量的时间，态度严谨，是一部价值很高的北京话词典。

国外学者也出版了一些反映清后期至民国初期北京话的词典，在这里主要列举三部：富善（Chauncey Goodrich）（1915）《官话萃珍》，平冈龙城、张廷彦等（1937）《日华大辞典》，日本岩波书店（1963）《岩波中国语词典》。这些词典尽管以介绍汉语词汇为目的，但是使用的材料均为北京话，参与编纂的中国人也为北京出身。

　　富善（1915）《官话萃珍》是一部非常重要的著作。其中不仅收录了丰富的清末北京话的词汇与例句，而且编排方式具有现代字典的雏形，整齐划一，方便查找。词典中每一项目以"字"为单位，其后列出包括该字的词、词组、句子，字数从少到多，一目了然。尽管其中包括一些文言词汇，但主要还是清末北京口语。美中不足的是，该词典中的词和例句没有英文解释，因此少数词语无法确定其在当时的具体意义。但是作为一名传教士，能够对每个词的用法总结得如此详细，确实难能可贵。此书为后世研究者提供了宝贵的材料。

　　平冈龙城、张廷彦等（1937）《日华大辞典》是日语与汉语的对照词典，其中的"汉语"实际上是北京话。20世纪30年代，由于特殊的历史原因，日本人为了与中国人进行日常交流，亟待学习北京话（详细情况见本书第3.3.2节）。《日华大辞典》的编纂者之一张廷彦即北京人，从清末开始，张廷彦就受聘于日本文部省，先后在日本帝国大学、高等商业学校、东京外国语大学教授汉语。其著作多署名"燕京张廷彦"，可见其确实为北京人。因此《日华大辞典》是北京人参与编纂校订的词典，实际上描写的是北京话。

　　日本岩波书店1963年出版的《岩波中国语词典》尽管出版时间较晚，但其所依据的语料是陆志韦（1956）《北京话单音词词汇》与老舍的作品。前文已提到，陆志韦先生的著作反映的是20世纪30年代至50年代初的北京话词汇，而老舍的作品反映的也是地道的北京话，因此《岩波中国语词典》所反映的并不是普通话，而是北京话。

　　另外，波多野太郎的《中国语学资料丛刊》、六角恒广《中国语教本类集成》也收录了较多民国至中华人民共和国成立初期北京话词典性质的著作，不仅包括日本学者编纂的著作，还包括一些欧美传教士、学者编写的著作，十分值得借鉴。

1.1.2 近代汉语词典

研究清代至民国的北京话，对于近代汉语尤其是宋元明汉语研究的参考是不可或缺的。其中，词典类的著作是极为重要的工具书，例如：陆澹安（1979）《小说词语汇释》，顾学颉（1983）《元曲释词》，朴在渊（2002）《中朝大辞典》，王锳（2008）《宋元明市语汇释（修订增补本）》，许少峰（2008）《近代汉语大词典》，白维国（2010）《白话小说语言词典》，白维国、江蓝生、汪维辉（2015）《近代汉语词典》等。这些词典都是经典著作，笔者在这里想重点提出的是白维国、江蓝生、汪维辉（2015）《近代汉语词典》。这部词典酝酿多年，是一部集大成的著作，全书共四册，收词5.1万余条，字数超过900万字，参考材料不仅包括晚唐至清代以来的话本、小说、杂剧等作品，还包括史书类文献。主编白维国先生倾注了极大的心血，在编纂后期一直带重病坚持，正式出版前已离开了人世，编者之一的王锳先生也在编纂后期逝世，让人唏嘘不已，深感悲痛。这部词典的学术价值极高，是研究近代汉语及清代民国北京话的重要参考资料。

1.2 清代北京话语音研究

北京话的历史语音研究，一直不缺乏学者们关注的目光。研究方法主要是通过反映北京话或北京官话的韵书，来观察总结当时北京话的音韵情况。中古以前记录北京话的文献几乎不可考，因此要研究历史上北京话的语音情况，往往要从元代的《中原音韵》入手。进入明清以后，随着政治中心向北京的转移，记录北京话或北京官话的韵书也逐渐增多。例如明徐孝《重订司马温公等韵图经》、明兰茂《韵略易通》、明末清初佚名

《字母切韵要法》、清樊腾凤《五方元音》、清都四德《黄钟通韵》、清李汝珍《李氏音鉴》、清裕恩《音韵逢源》等。尽管有的韵书（如《韵略易通》《黄钟通韵》）是否反映北京话或北京官话，还存在一定争议，并且韵书向来比较保守尊古，并不能完全反映时音（例如入声韵在明代的北方话中或许已经消亡，但在清代的绝大部分韵书中仍然保留入声韵），但这些韵书的音韵系统对研究北京话的语音，无疑是有帮助的。

关于明清以来北京话音韵系统的研究不仅已有几部专书及多篇论文，而且在一些通论性著作中的某些章节也有涉及。涉及清代北京话的按照具体研究领域分列如下。

1.2.1 整体研究

王力（1985）《汉语语音史》。其中的"明清音系"章节所依照的韵书主要为明徐孝《重订司马温公等韵图经》、清樊腾凤《五方元音》、清李汝珍《李氏音鉴》、清佚名《圆音正考》等。王力先生认为，清代前期由于微母并入影母，只有二十个声母（1985：394）；清代后期增加为二十三个声母，是因为多出了[tɕ][tɕʰ][ɕ]三个声母，来自见系声母的齐撮口字（1985：394），后来精组字的齐撮口与见组齐撮口合流（1985：414）。而在韵部上，明清两代的韵部分化基本一致，为十五韵部。声调在明清两代也大致相同。王力先生的观点至今影响极大，尽管书中没有具体讨论始于清代的"入派三声"的源流问题，此书仍是汉语语音史研究最经典的著作之一。

唐作藩（2000）《普通话语音史话》。该书讨论了从元代《中原音韵》到当今北京话的语音发展史，按章节分别讨论了现代以北京音为基础的普通话的声母、韵母、儿化韵、四呼以及四声的来源，讨论范围十分广泛。其中声母又分为唇音声母、卷舌声母、舌面声母、零声母，韵母分为单韵母、复元音韵母、鼻音韵母，并且对向来多有争议且复杂的儿化韵也进行了分析。

张世方（2010）《北京官话语音研究》。该书最大的特点在于，不仅讨论了北京话的历时及共时语言现象，还讨论了北京周边的方言、东北方言、北京话方言岛中的各种语言现象及其相互影响，其中包括知庄章组字声母的演变、影疑母开口一等字的共时变异、入声归派、儿化韵源流、文白异读的历时演变等，还涉及方言接触。书中专章讨论了北京话入派三声的三个社会因素：北京地区历史上的人口流动造成不同方言间的接触，推广普通话等语言政策使北京话清入字的归调与字典标注的普通话字音日趋一致，以及近代读书人崇尚入声的语言心理，是造成北京话清入字归四声的重要原因。其中的共时语音材料绝大部分是张世方先生亲自进行语言调查所得，包括北京及北京周边河北、辽宁地区的几十个方言点材料，数据丰富且可靠。

1.2.2　入声归派问题研究

高晓虹（2009）《北京话入声字的历史层次》。该书引用文献十分丰富，不仅对北京话入声字的来源与归派有着精彩的分析，并且还涉及河北方言及东北官话。该书认为，北京话入声字存在多个历史层次，而这些层次多是受不同历史时期的权威方言影响而形成的。而形成语音层次的方言接触并不只是限于权威方言与非权威方言之间，持续不断的移民，也可能会导致语音层次的形成（2009：185）。并且，方言接触并不是造成北京话清入字归调无规律的充分条件，更根本的原因在于北京地区历史上一直是五方杂处，使北京话经历的方言接触复杂多变，才形成清入字无规律的状态（2009：235）。

关于移民导致入声字的归派变化，王洪君（2006）《北京话清入归调的层次和阶曲线判定法》做了精到的分析。该文根据"无界有阶"理论得出，入声读作阴平在核心高阶呈上扬曲线，不是固有的自源层次；而在核心常用分阶上呈下降曲线，是密切的低层基础并同时受到另外的高层文化接触挤压的结果（2006：240）。因此，北京话在明代入声调均归入上声，后来发生的"入派四声"是由于大量移民涌入北京,普通居民构成的大规模变动,各地方言与北京话发生接触,导致北京话入声归派发生混乱。这从一个全新的角度证明了《重订司马温公等韵图经》中记录的入声消失,派入上声的历史事实。

另外,还有一种观点与上述观点都不相同,主要代表是陈重瑜(2002)《北京音系里文白异读的新旧层次》。陈重瑜先生认为,北京话里入声字读阳平和去声是早期的读音,而读阴平和上声是从阳平和去声中衍生而出,入声字的文白异读不是方言接触造成的语音叠置,而是语音演变的新旧层次。即北京音系里,文读是旧音,白读是新音,是旧音的新发展。

1.2.3 儿化韵研究

北京话儿化韵的来源及演变向来受到学者关注。最早的一部全面讨论儿化韵源流的专书是李思敬(1986)《汉语"儿"[ɚ]音史研究》。全书引用的材料丰富,论证严谨。李思敬先生的主要论点为:儿系列字的读音,中间存在着过渡音值,并不是从中古音一下子跳到[ɚ]音值的;[ɚ]音值产生于明代;"儿化音"是明代中期产生的,明代后期成熟;现代汉语北方话中的"儿化音"是由"儿""日""里""了"四大来源构成的,"日""里""了"汇入"儿化音"不自今日始,从历史上看,其来有自。而现代汉语普通话中的儿系列字是复韵母[əɭ][aɭ],[ɚ]只是作为一个符号,并不是单元音韵母;普通话的"儿化音"音变的奥秘在于词根语素韵母与"儿"音的[əɭ]韵母分别"拼合"和"化合"的关系,并不是笼统地加一个"卷舌作用";普通话的"儿化音",从其历史演变看是由简变繁,而不是由繁变简。

王理嘉、王海丹(1991)《儿化韵研究中的几个问题——与李思敬先生商榷》从音位学及实验语音学的角度进行了论述,与李思敬先生的观点有不同之处。文章认为,"化合"和"拼合"只是儿化韵的发音方式,并不是因音而异,而是因人而异,因此不能据此对儿化韵进行分类,也不能作为推导儿化演变的证据；并且，从事实的调查结果来看，儿化韵并非由合到分。

侯兰笙（1988）《〈帝京景物略〉里的儿化韵》一文认为，儿尾词使用的高频率是儿化韵存在的必要条件。在文言散文书面语中就存在一定的儿尾词，这说明明末的口语中也肯定存在不少儿化韵词，因此北京话中的儿化并非清代入关以后形成的，而是明代北京话的一脉相承。

林焘、沈炯（1995）《北京话儿化韵的语音分歧》对北京地区不同人群儿化韵发音的五种差异进行了分析。该文难能可贵之处是调查的语言点甚多，调查对象多达449人，且用到了数理统计的方法，因此得出的结论是较为可靠的。该文认为不同民族是影响儿化韵差异的因素之一，辛亥革命之前满族人的"儿"多独立成音节，而辛亥革命之后，满族人与汉族人杂居，且特意模仿汉族人说话，这种"矫枉过正"导致儿化韵合并率更高。而一些满族聚居区为了保持民族文化，又保留了辛亥革命之前的特点。另外，年龄也是重要因素之一，年轻一辈比老一辈的合并率要高。在地域分布上，北京城区向东北延伸的一个狭长走廊属于同一类型，而不同于北京郊县的延庆、平谷，这与林焘先生的北京官话区的划分（1987a）是一致的。

彭宗平（2005）《北京话儿化词研究》主要使用社会语言学的方法，研究了北京地区言语社区正在使用中的儿化词。彭宗平先生认为，北京话儿化词的总体数量正在衰减，使用功能上正在发生变化，"扩散"是北京话儿化词衰减的具体表现，"隐现"是北京话儿化词变体系统的生存方式。该书从共时差异中推测出了历时演变的特点——"社会动因""变化过渡""双重制约"等，将北京话儿化词置于一个更广阔的社会背景下。

另外，一些满语研究者认为，北京话的儿化韵与满语的影响不无关联。具体观点参见本书1.5节。

1.2.4 韵书及正音材料研究

对清代某一部韵书或正音著作尤其是成书于清后期的正音著作的整体描写研究,不仅为学者们提供了宝贵的文献材料,还提供了新的研究空间和研究观点,具有很高的借鉴价值。例如陆志韦(1948)《记〈五方元音〉》,侯精一(1962)《百年前的广东人学"官话"手册〈正音咀华〉》,俞敏(1983)《李汝珍〈音鉴〉里的入声字》,何九盈(1985)《〈诗词通韵〉述评》,林庆勋(1988)《〈音韵阐微〉研究》,杨亦鸣(1992)《〈李氏音鉴〉音系研究》,岩田宪幸(1994)《清代后期的官话》,叶宝奎(1996)《也谈〈正音咀华〉音系》,冯蒸(1997)《尖团字与满汉对音——〈圆音正考〉及其相关诸问题》,石崎博志(1997)《〈正音咀华〉音韵体系の二重性》,麦耘(2000)《〈正音撮要〉中尖团音的分合》,杨亦鸣、王为民(2003)《〈圆音正考〉与〈音韵逢源〉所记尖团分合之比较研究》,王为民(2006)《〈正音撮要〉作者里籍及版本考论》等。

学界的主流观点认为,《李氏音鉴》《正音咀华》《正音撮要》等韵书反映的是北京时音,尽管《正音咀华》还保留入声及尖团的分别,但这只是反映了读书人"尊古"的心理,实际上《正音咀华》时期北京话的入声已经消失,尖团已然合流。在这一点上,《李氏音鉴》反映实际,记录了当时北京话的实际读音。而《音韵阐微》《音韵逢源》等韵书的"尊古"风格更重,并不反映北京时音,甚至是否反映北京音都存在一定争议。

另外,近些年来国内学者开始重视的清后期的西洋汉语教科书《语言自迩集》,尽管此书并非一部韵书或正音材料,但该书记录了19世纪中后期的北京音。尽管书中大部分是词语、句子与语篇的列举,但语音信息也十分重要。关于其语音的研究,最具代表性的论文是张卫东(1998)《威妥玛氏〈语言自迩集〉所记的北京音系》。

1.2.5 其他研究

对当代北京话某些语音的个案现象的研究也较为丰富,而涉及清后期至民国初期北京话语音研究的论文却并不多,笔者所见的主要有:藤堂明保(1966)《北方话音系的演变》,俞敏(1984)《北京话音系的成长和它受的周围影响》,李新魁(1985)《普通话语音发展述略》,远藤光晓(1986)《老舍のle と liao》,平田昌司(2000)《清代鸿胪寺正音考》,李子君(2003)《十七世纪北京话声母系统》,侯精一(2010)《北京话连词"和"读"汉"的微观分布——兼及台湾"国语""和"读"汉"音溯源》,远藤光晓(2013)《近150年来汉语各种方言里的声调演变过程——以艾约瑟的描写为出发点》等。

关于北京话方言岛的研究也不可忽视。形成北京话方言岛最主要的原因即移民,无论是陵墓、围场、边防,均为被派遣人员携家带口在异地安家所致。例如笔者一直较为关注的清东陵地区守陵人后代所讲的北京话,尽管几百年来受到周边方言的影响,但其声韵调系统与当代北京话极为相近,甚至保留了不少老北京话的特点。这些老北京话的现象有的带有民国初期北京话的特点,有的甚至可以追溯至清代,十分珍贵。具体研究见于张阳(2011)《清东陵北京话方言岛语音调查》,王远新、张阳、李媛冬(2012)《北京官话方言岛研究:清东陵和清西陵的满族汉语》,陈晓(2015a)《清东陵满族乡语言调查纪略》。

值得一提的是,针对清后期北京话中最重要的语音变化之一——尖团合流,有着不少的研究成果。关于尖团合流的时间,按照各家学说,主要分为三派观点:1. 明代说:李新魁(1985);2. 清代前中期说:唐作藩(2011);3. 清代后期说:藤堂明保(1966)、王力(1985)。另外还有一些其他观点,也都大致能归入这三派学说中。关于北京话尖团合流,笔者自己也有一些见解,具体分析详见本书第六章,此不赘述。

1.3 北京话来源研究

北京话的历史来源研究也是一个重要的领域。这里首推林焘(1987b)《北京官话溯源》,这篇论文尽管篇幅不长,但思路清晰,分析精到,是关于北京话源流的非常重要的一篇论文。论文引用了大量历史文献，认为宋元以来，长期统辖北京官话区的是少数民族政权，包括契丹、女真、蒙古及满族，他们的语言均属于阿尔泰语系。北京话的前身为幽燕方言，在后来的发展过程中很可能受到这些阿尔泰语的影响，但影响不会很大，起重要作用的应该是少数民族统治者的人口政策，持当地方言的汉族人被迫迁徙，与多种语言或方言接触，处于一个人口流动频繁的开放环境中，所以语音变化较快，最终形成古音少、语音结构相对简单、内部差异小的当前面貌。

爱新觉罗·瀛生（1993）《北京土话中的满语》一书中，也专章讨论了北京话的来源问题。该书认为各阶段北京话的形成与民族融合密不可分，现代北京话的形成，最早的源头可以追溯至唐代。唐代幽州地区的方言形成幽州语，到了宋代，幽燕地区更汇集了多个民族，这些少数民族学习汉语，汉族人也学习少数民族语言。而少数民族学习汉语更为普遍，无论辽还是金，均学习汉语及汉文化经典，尤其在翻译汉人诗词时，往往按照自身语言的语法习惯进行改动，这就会对汉语产生影响。元代统一中国，北京话又受到了蒙古语的影响。到了明代，全国各地的汉族人又逐渐迁入北京地区，尤其是洪武、永乐年间北京涌入了大批移民，其中包括军队及其家属、匠人、官吏等，这些人又将其他地区的方言带入北京，改变了元代大都话的面貌，形成了明代北京话。直至清代，大批满族人入关，其中八旗军士中的汉军旗人将他们所操的辽东话带入了北京，与明代北京话融合，形成清代的早期北京话。

其他关于北京话源流的论述也见于一些专书及论文中，例如李新魁（1985）《普通话语音发展述略》，唐作藩（2000）《普通话语音史话》，耿振生（2007）《从历史上的人口变迁看近代北京话的递嬗延续》等。另外，太田辰夫（1950）《清代の北京语について》也简单论及了北京话源流的问题。他认为清代北京话可能不是直接传承于明代北京话，清军入关后旗人居住于北京内城，这些旗人的语言很可能成了当时的内城北京话。

1.4 清后期至民国初期北京话词汇语法研究

关于清后期至民国初期北京话词汇语法的研究，以往由于条件所限，国内学者对这一领域的关注度不够。最早重视其研究价值的是日本学者，有很多精湛的研究成果。近年来，由于《语言自迩集》《燕京妇语》《小额》等材料进入了国内学者的视野，越来越多的国内学者开始关注这一领域，也有了一些很值得借鉴的研究成果。主要研究成果总结如下。

1.4.1 国内学者

赵元任。赵元任先生学识极为丰富，是语言学研究的集大成者，他的著作影响深远，无论是语音还是语法方面的，均是汉语研究者的必读书目。笔者在此主要总结他在北京话语法方面的研究。他的 *Mandarin Primer, An Intensive Course in Spoken Chinese*（1948）是一部影响深远的经典之作，不仅在国内影响甚广，被李荣、丁邦新、吕叔湘等大家先后翻译出版，而且对欧美、日本学界也影响甚大，可以说凡是关于汉语或北京话的研究，此著作都是必引书目。整部书篇幅虽不长，但内容丰富，使用了现代语言学的研究方法，既简洁又全面地总结了北京话的语法以及与语法相关的语音情况。例如："那个""这么""怎么"等词在口语中会发生音变；"他们"一般不能用于无生物（这里使用了当时不为国内熟知的"有生无生"的概念）；区分了"了$_1$""了$_2$"的用法，且提出在北京话中两个不同功能的"了"是同音的，而在上海话和粤语中是用不同音的两个词来表示；汉语中存在呼格，以北京话的"姐姐"为例，在句子中为半上+半高轻声，而在呼唤对方时，第一个字只比第二个字稍低，且整个词尾部的声调降低，这说明北京话以声调变化来区分呼格；北京话口语中"所"用作副词的现象（详见 4.2.4 节）等。虽然其中一些分析还可商榷，但这些现象都是十分重要的发现，直至今日依然是学术研究的热点。

刘一之。刘一之先生作为世代北京人，熟稔京味儿语言和文化。刘一之先生操讲的北京话接近于民国时期的老北京话,还保留着不少表示老北京特有的风土人情及旧京民物的词汇,实属不易。因此,对于北京话的一些语言现象,刘一之先生的眼光就格外敏锐。刘一之先生的一部重要著作即《小额(注释本)》(2011),这部著作对研究清末民初北京话有着重要作用,书中的一千余条注释,既有对北京口语词语的解释,也有对清代制度、旗人风俗、衣饰、食品等的说明,其中不少条目是她遍览同时期文献后考证得出,不仅包括记录北京话的文献,还包括很多史书,如《八旗通志初集》《福惠全书》《大清律辑注》《清史稿》等。并且,书中的一些注释对早年太田辰夫先生的《小额》注释本中的一些问题也提出了新的解释。

刘一之先生另一部重要著作是与矢野贺子先生合编的标点注释《益世余谭》(2014)。《益世余谭》曾是《北京益世报》上的一个专栏,针对当时的一些事件、现象发表评论。《益世报》由比利时籍天主教神父雷鸣远于1915年10月在天津创刊,1916年10月增设北京版。《益世余谭》的作者与《小额》应为同一人,均为蔡友梅(该书落款为其笔名梅蒐),因此《益世余谭》也是清末民初北京话的重要参考文献。刘一之先生对其做出点校注释,为学界首次,并且与《小额》一样,查阅了很多历史、文化书籍及同时期的白话小说,因此有很高的参考价值。

刘一之先生不仅研究北京话,还凭借自身世代北京人的语言条件,进行文学创作,以提供给北京话研究者们更多的纯正北京话语料。例如她2012年出版的小说《面对着生活微笑》,内容是1960年到1979年北京普通老百姓的衣食住行。当时人们吃什么、穿什么、想什么以及邻里关系、同学关系、师生关系、同事关系,还有在那个特殊时代的种种事物。刘一之先生提到:"我写这部小说的初衷是为语言学者提供北京话资料。不仅能为现代的语言学者提供资料,也能为将来的语言学者展现北京话的全貌。不像我们现在研究古代文献,到底哪句是当时的口语,哪句是书面语,都需要做出判断。"该书将儿化韵均明确标出,并且将读音与普通话不同的字做了标注，作为北京话语料的参考价值很高。

张美兰。张美兰先生早期主要致力于元明汉语和禅宗语言的研究，著作颇丰，如《禅宗语言概论》(1998)、《〈祖堂集〉语法研究》(2003)等。近年来，张美兰先生主要的研究方向为清末域外汉语教科书及满汉合璧文献中的汉语特点，也有了不少的研究成果。如《明清域外官话文献语言研究》(2011)，其中介绍了明清时期的众多域外官话文献，包括欧美传教士所著，如马礼逊《通用汉言之法》、威妥玛《语言自迩集》，狄考文《官话类编》等；日本明治时期教科书，如吴启太、郑永邦《官话指南》，广部精《亚细亚言语集》，宫岛大八《官话急就篇》等；朝鲜时代汉语教科书，如李应宪《华音启蒙谚解》《你呢贵姓》《学清》等。不仅列举了大量的文献，还阐明了这些资料的价值、资料所反映的明清汉语官话的南北地域特征、清末北京官话的词汇面貌和语法特点等。该书还通过众多材料，总结出了多个句式的特点，并进行了专章分析，如"给"字句、"叫"字句、"VP+去"句式、列举句式等。另如《〈清文指要〉汇校与语言研究》（与刘曼合编，2013），该书将满汉合璧文献《清文指要》中的汉语部分的7个不同版本进行了比较，总结了因年代或编纂者的不同而呈现的语言变化。

另外，张美兰先生还发表了多篇论文，对清末北京话的研究有很重要的参考价值，如《清末民初北京口语中的话题标记——以100多年前几部域外汉语教材为例》(2006)、《明治期间日本汉语教科书中的北京话口语词》(2007)、《〈语言自迩集〉中的清末北京话口语词及其贡献》(2007)、《清末北京官话的句法特点——以几部域外北京官话资料为例》(2009)、《官话教材〈京语会话〉中的北京话口语词研究》(2009)、《十九世纪美国来华传教士的汉语学习和汉语传播》(2010)、《从〈清文指要〉满汉文本用词的变化看满文特征的消失》（与綦晋合写，2016）等。

其他学者。一些学者的研究方向并非专门集中于清后期至民国初期的北京话，但是他们的某些相关研究也非常具有参考价值，尤其是关于宋元明语言的研究，对于北京话的来源研究具有极为重要的作用。例如江蓝生（1992）《助词"似的"的语法意义及其来源》，江蓝生（1994、1995）《〈燕京妇语〉所反映的清末北京话特色》（上、下），江蓝生、李泰洙（2000）《〈老乞大〉语序研究》，孙锡信（1999）《近代汉语语气词》，冯春田（2000）《近代汉语语法研究》，蒋绍愚、曹广顺（2005）《近代汉语语法史研究综述》，李无未、邱宏香（2007）《日本明治时期北京官话语音课本和工具书》，刘敬林、刘瑞明（2008）《北京方言词谐音语理据研究》，汪维辉（2010）《〈红楼梦〉前80回和后40回的词汇差异》，李无未、杨杏红（2011）《清末民初北京官话语气词例释》，陈明娥（2014）《日本明治时期北京官话课本词汇研究》，杨杏红（2014）《日本明治时期北京官话课本语法研究》等。尤其是江蓝生（1994、1995），使国内学者知道了《燕京妇语》的存在，了解到清末北京话口语特别是妇女的生活口语的样态，开阔了国内学界的研究视野，参考价值很高。

1.4.2　日本学者

太田辰夫。清后期至民国初期北京话词汇语法的研究，首推日本太田辰夫先生，他的很多著作都是近代汉语研究者的必读书目。太田先生一生酷爱清后期的文学作品，对当时文学作品的词汇语法做了大量精到的分析。从20世纪40年代到90年代，太田先生发表了许多论文，其中很多语言现象属太田先生首次提出并研究，极为珍贵。这些论文现主要见于两本论文集，一为《中国语史通考》（1988），二为《中国语文论集》（1995）。太田先生对近现代汉语语法和词汇问题的分析，主要参考《红楼梦》《品花宝鉴》《儿女英雄传》《小额》《北京》等白话小说，以及一些清后期外国人（日、朝、欧美）编纂的汉语教科书（如《官话指南》《语言自迩集》等）。太田先生最令人敬佩之处在于观察细致，视野广阔，发现问题的眼光敏锐，思路也很清晰。尽管很多语言现象他只进行了简单的描写和列举，但是能发现这些问题，就已实属不易。太田先生通过多年的研究经验，总结出北京话最重要的七个特点（1969：286；译文据 1991：213）：

① 第一人称代词的包括式（inclusive）和排除式（exclusive）用"咱们""我们"区别，不用"俺""咱"等。

② 有介词"给"。

③ 用助词"来着"。

④ 不用助词"哩"而用"呢"。

⑤ 有禁止副词"别"。

⑥ 程度副词"很"用于状语。

⑦ "多了"置于形容词之后，表示"……得多""……得远"的意思。

这一结论，在日本学界影响深远，笔者也认为基本上是正确的。尽管第七点有一定争议，但前六点的可信度非常高。这七个特点作为验证某文献语言是否为北京话的一个手段，至今在日本学界广泛使用。太田先生自己也用这七个特点对一些文学作品的语言进行过验证，例如《儒林外史》与《镜花缘》，尽管出现了介词"给"与程度副词"很"，但是其他条件不符合，因此不能算作用北京话创作的作品（1969：287）。这正好与作者的生平与写作风格相符合——《儒林外史》作者吴敬梓为安徽人，《镜花缘》作者李汝珍虽为直隶大兴人，但写作语言明显带有南京官话的特点。后世学者对这七个特点又有一些补充说明，但总体格局不变。

另外，对清末白话小说《小额》首次进行全面分析的也是太田先生。当时国内学者因条件所限，对《小额》等一系列清末白话小说还非常陌生。尽管首次对《小额》进行介绍的是波多野太郎先生 1969 年的论文《评论晚清社会小说小额》，但对《小额》的语法词汇进行全面描述和注释的第一人是太田先生。他于 1969 年对《小额》进行了注释——《社会小说〈小额〉语释及索引》。太田先生十分肯定《小额》对于清末北京话研究的重要价值："本书作为清末北京话……是无以类比的重要之作。"（译文据 1991：303）他在 1970 及 1972 年的论文《〈小额〉の语法と语汇》（上、下）

中，按照词类进行分析，提出了很多珍贵的语言现象。例如副词部分，提到表示突然义的"抽冷子""猛孤丁"、表示"原本"义的"地宫里"都是很重要的现象，尤其是"地宫里"尤为罕见。另外，该论文也提到了表示"完全"义的程度副词"所"（"前半夜所没睡"）。尽管文中没有具体分析，但是仅提出这一现象就已难能可贵。太田先生后来又与竹内诚先生在1992年出版了《小额》的点校注释本，这一版本较前一个注释本更加全面，并且进行了较多修正，是极为重要的一部著作。

1995年出版的太田辰夫的论文集《中国语文论集》中收入了太田先生对近现代北京话的研究论文，其中《"来着"について》（1947）、《"呢"と"哪"について》（1948）、《清代の北京语について》（1950）、《续"呢"と"哪"について》（1950）、《北京语の文法特点》（1964）等论文对清后期至民国初期北京话的研究有极大的参考价值。笔者有幸在2013年与日本青山学院大学远藤光晓教授合作翻译注释了《清代北京语について》一文，该文看似简短，论点不多，似乎只是表格的罗列，但随着笔者注释的深入，愈发感受到太田先生知识的渊博与视野的广博。在当时没有电脑及数据库检索的情况下，太田先生作为一个外国人，饱览中国的各种书籍，从中提取出如此繁多的语言现象，并且制作成一目了然的表格以体现各种语言现象的发展脉络。更难能可贵的是，全文在引用文献版本及例句上几乎没有任何错误，不能不让人叹服。

太田先生不仅致力于清代北京话的研究，并且对元明汉语、中古汉语及上古汉语亦有颇具价值的研究成果，他对整个汉语史都有全面的了解和丰富的经验，不愧为汉语史研究大家。

香坂顺一。香坂先生与太田先生一样，是20世纪近代汉语研究的代表人物。其主要研究方向为近代白话小说中的词汇，他对明清以来的白话小说尤其是《水浒传》中的词汇以及近代白话词汇与现代词汇的关系进行了详细深入的研究，这对研究清代白话小说词汇和北京话词汇的历史有重要参考价值。其研究成果主要有《白话文における语汇继承の一面》(1963)、《旗人が教えた北京官话（1）》(1964)、《旧白话语汇整理上の问题点》(1965)、《近世・近代汉语の语法と语汇》(1967)、《白话语汇の研究》(1983)、《〈水浒〉语汇の研究》(1987)、《〈水浒〉语汇と现代语》(1995)等。其中《〈水浒〉语汇の研究》类似于论文集性质，不仅收录了香坂先生以往的论文，还收录了他对近代汉语中诸多词汇的用法梳理及研究，其中的一篇《中国近世语ノート》是对近代汉语中207个词语或词组的研究，可称得上是一部小型近代汉语词典，在收词数量上虽不比专门的词典丰富，但对每一个词语的研究都十分细致，不仅使用了大量反映北方话的历史文献，还使用了南方话文献，以及日本明治时期汉语教科书、朝鲜资料等，可见其涉猎文献之广泛。文中选择的语言现象不仅有近代汉语中被关注的"咱每""甚的""儿化""得"等，还有许多在当时并未得到充分研究的现象，如将"流水"与"魔驼"作为一组意义相反的词进行研究、"投信"与"索性""爽性"的关系、"狼犹"的意义及分布情况等，可见其眼光之独到。

　　尾崎实。尾崎先生在中国国内或不为学界熟知，但实际上他的成果颇丰，是20世纪中后期北京话研究的代表人物之一。他的研究成果有《旗人が教えた北京官话(2、3)》(1965)、《清代北京语の一斑》(1965)、《"数量"と"程度"——现代中国语における"很"の用法》(1979)、《老舎の小说における"为是"の用法》(1991)、《近代中国における时间の表しかた》(1992)等。其中《清代北京语の一斑》一文使用了晚清白话小说《儿女英雄传》《官场现形记》及老舍小说，再加上汉语教科书《语言自迩集》《自迩集平仄编四声连珠》《官话类编》等材料，通过词汇统计，展示了清代北京话到现代北京话的变化。其使用的汉语教科书是当时国内鲜为人知的材料，因此尾崎先生可谓是研究《语言自迩集》和《官话类编》的先驱者。该论文指出，晚清文献与老舍作品的北京话词汇大致有70%相符，虽然存在作者选择词语的习惯或语言风格问题，但也说明晚清北京话与现代北京话确实存在区别，不容忽视，这为后世的北京话研究提供了空间。另外，尾崎先生的研究角度也十分新颖，例如《清代末期におけるパンの受容度》(1991)，讨论"面包"这一食品在清后期进入中国社会以后引发的"面头""面饼""馒头""面包"等词语的使用情况和语义变化。文中不仅引用了大量清末传教士编写的教科书、字典等材料，分析过程也十分细致，让人信服。

佐藤晴彦。佐藤先生师从太田辰夫先生，继承了太田先生的研究方向与治学态度，并且在整理太田先生的研究成果方面也做了突出贡献。其研究成果如《〈正音咀华〉のことば——近世白话史の一资料》(1973)、《宋元语法史试论——"～里地""～里路""田地""地面"をめぐって》(1983)、《元明语法史试论——"～里地""～里路""田地""地面"をめぐって》(1984)、《〈中国语历史文法〉解体——断代史改编への试み》(2001)、《日本〈老乞大〉の中国语史における价值》(2002)等。另外，太田先生的论文集《中国语文论集》就是由佐藤先生完成的校对工作，十分准确，极少有错误。

近几年神户市外国语大学正准备整理开放的"太田辰夫文库"，佐藤先生作出了很多贡献。不仅提供了不少太田先生的旧藏书，而且还同其他几位学者一起用自己的研究费从太田先生家人手中购入了大量藏书、论文及读书笔记等，这一过程经历了很多困难与曲折，但终究使得太田先生的研究成果得到了很好的整理。这其中不乏一些珍贵的手稿，使我们后辈学者可以从字里行间一睹大师风采，感受大师的治学态度。

落合守和。落合先生不仅对清末民初的北京话有着丰富的研究成果，还对满语及满汉对译文献有着精湛的研究。满汉对译文献如《清文启蒙》(1730)、《清文指要》(1789)、《三合语录》(1830)等，其中的汉语部分应是用当时的北京话写成。关于满汉对译文献的情况，本书将在第3.4节具体叙述。《清文启蒙》的其中一个版本《兼满汉语满洲套话清文启蒙》的罗马字转写及翻译，由落合先生在1989年完成，同时，落合先生还对其中一些语言现象进行了解释，在日本学界被誉为经典之作。其后他又在 1992 年的论文《〈清文启蒙〉北方汉语の口语语汇》中对《清文启蒙》的词汇进行了分析。这些研究都是比较超前的，相比之下国内学者对此关注较晚。

近年来，落合先生主要致力于清末民初北京话的研究。落合先生发现并研究清末白话小说有不少是学界首次，并且版本精良，均为清末民初的白话报刊上刊登的原本。例如民国初期冷佛的白话小说《金镖水》，落合先生首次对其中的语法词汇进行了分析（《〈金镖水〉の言语について》，2013）。另外，落合先生还对清末刊行的《白话北京日报》的总体语言面貌进行了描写（《〈白话北京日报〉の言语について》，2013），这亦属学界首次。落合先生还最早发现了清代"供词口供"的价值（《清代北京刑事档案所见的供词口供》，2011）。这些收藏于顺天府档案的供词，口语化程度较高，尽管经过了记录供词官员的整理疏通，并非逐字逐句的完整记录，但依然保留了口语的面貌，十分珍贵。

山田忠司。山田先生一直致力于清后期至民国初期北京话的研究，成果丰富，如《机能语"给"の用法について——老舍作品をコーパスとして》（1998）、《〈儒林外史〉における"给"の用法》（1999）、《〈三侠五义〉の言语について》（2001）、《清末北京语の一斑——〈燕语新编〉を资料として》（2003）、《〈北京官话——今古奇观〉の言语について》（2004）、《北京话的特点——围绕太田老师提出的七个特点》（2013）、《老舍北京语辞典》（2016）等。山田先生继承了太田辰夫先生的研究思路及方法，对多部清后期的白话小说的词汇语法进行了细致的描写及分析。山田先生的研究（2013：127），证明了太田辰夫先生提出的北京话"七个特点"是准确可信的，尤其是前六项的可信度最为突出；并且提出句末助词"来着"是清末民初北京话最具代表性的标志；以及"很"作为副词，在元代尚多写作"哏"，并且使用频率不高，从清代开始多有使用，且在清中期至后期从北方话传至南方话，形成了大范围的普及。

（日）中国近世语学会。该学会成立于 1985 年，每年 6 月举行研究总会，12月又举行研究集会。该学会主要致力于元明清时期的汉语研究，会刊《中国语研究》每年发行一期，集合了很多优秀的论文成果。尤其是清代北京话的研究，是该研究会的重要组成部分。其会刊《中国语研究》的第一至第三期即是以"清末"为核心，名为《清末文学言语研究会会报》，可见其对清末北京话的重视程度。该学会是清后期至民国初期北京话研究的重镇，不仅集结了很多老一辈的重量级学者，还吸引了很多年轻学者的加入。每年两次的研究会，不仅是研究成果的发表，也是各种文献材料和相关信息的交流，对清后期至民国初期北京话的研究有极大的促进作用。

现任会长内田庆市先生也有丰富的研究成果，尤其在搜集文献方面全面精到，数量众多。例如近几年其主编出版的《语言自迩集の研究》（2015）、《官话指南の书志的研究》（2016）、《古新圣经满汉合璧版·北堂版》（2016）等，所收各文献的版本十分全面，且《古新圣经满汉合璧版》是极为罕见的文献，此前鲜为人知，该影印本的出版，为语言及历史的研究提供了全新的材料。

其他学者。一些学者的研究不仅包括对中国文献的研究，还包括对日本明治时期汉语教科书的研究，在这一方面日本有着丰富全面的藏书，因此研究成果丰富，且价值很高，如那须清（1972）《急就篇の语汇》，鳟泽彰夫（1992）《〈燕京妇语〉解说》，南部まさ、冈部泰枝（2001）《抄译：C.W.Mateer 著〈官话类编〉》，高田时雄（2001）《トマス·ウェイドと北京语の胜利》，濑户口律子（2005）《官话问答便语全译——琉球官话课本研究》，冰野善宽（2010）《〈官话指南〉の多样性——中国语から国语教材》，岩田宪幸（2011）《清代官话管见》，石崎博志（2013）《关于正音资料的几个问题》，下地早智子（2013）《〈官话指南〉里时体标记"了"的用法特征》，板垣友子（2013）《中国语教本〈官话急就篇〉と〈急就篇〉の比较——"问答"の语汇变化》等。

1.5 满语与北京话的关系研究

关于满语与北京话的关系研究，主要集中于二者在语音、词汇、语法方面的相互影响，以及满语衰落等问题。从事这方面研究的学者，主要集中在国内及日本。

1.5.1 国内学者

季永海。季永海先生一直致力于满汉接触和清代满人满语使用情况等问题的研究，有着丰硕的研究成果，例如《论满语中的汉语借词》（1985）、《〈大清全书〉研究》（1990）、《满族转用汉语的历程与特点》（1993）、《从接触到融合——论满语文的衰落（上、下）》（2004、2005）、《关于北京旗人话对北京话的影响》（2006）、《清代满译汉籍研究》（2009）等多篇论文。其中《满族转用汉语的历程与特点》（1993）是较早谈论这一问题的研究性论文之一，该论文引用了大量历史书籍，可信度很高。季永海先生认为，满族人在入关之前及清初，均以满语为主，不会说汉语的旗人尤其是满军旗人及蒙军旗人占有很大比例；至清中期，在政令的强制倡导下，精熟满语的旗人也还占有较大比例，但满汉双语者大大增多；到了清后期，绝大部分旗人不会说满语，已经转用汉语，但仍有不少旗人由于某些官职所需，精通满文，但不会说满语。季永海先生将满语与满文这两个概念分开讨论，对于研究满汉接触及满语衰落有着深远的影响。

《从接触到融合——论满语文的衰落（上、下）》是一篇有重要价值的论文。论文中认为，满人在入关前及入关后较长一段时间，一直是主操满语，并非如一些学者所说，满人在入关之前就已经受到汉军旗人的影响，而精通汉语。例如《三国志》等经典汉族文献，在清初都仍须翻译成满文，若大部分旗人已精通汉语，就无需进行大量翻译了。该论文引用了大量历史文献，条理清晰，使人信服。

爱新觉罗·瀛生。爱新觉罗·瀛生先生作为清室皇族后裔，精通满语，著有多部满语教科书及记录满族文化的专著。他关于语言学的研究虽然不多，但是《北京土话中的满语》（1993）却是一部十分重要的著作。

　　整部著作的字数不多，内容却十分丰富。占据全书大部分篇幅的并不是类似于词典式的词语列举，而是论述宋元直至清代的民族融合的过程中，各阶段北京话的形成及发展，最后专章介绍了北京话中的满语。对于北京话的形成，虽然书中没有按照严格的语言学角度——即几乎没有系统性地分析语音词汇语法的发展变化，而完全是从社会变迁、民族融合的角度来解释，但也给了笔者极大的启示。例如书中引用了还不为当时国内学界所熟知的满汉合璧文献《清文汇书》《清文启蒙》等。另外，最后一章列举的现存于北京口语中的满语词汇，不仅包括现代北京话还使用的一些词语，还包括清代一些小说中（例如《红楼梦》《儿女英雄传》等）使用的一些词语。书中对每个词语做了较为详细的解释，也从语言学的角度提出了这些词语或语法确是来自于满语的证据，例如"像……似的""……来着""白白地"等。由于瀛生先生满汉双语者的特殊身份，使得他比其他人对北京话中的满语借词更加敏感。虽然这种敏感有时候可能会过于广泛，而导致判断产生偏差，但瀛生先生对满汉语接触研究的贡献还是得到了研究者的认可。

　　赵杰。赵杰先生一直致力于"京腔汉语"的研究，他认为"京味儿"的形成与满语的影响是密不可分的。针对这一观点，赵杰先生发表了多篇论文及专著，如《北京话的满语底层和"轻音""儿化"探源》（1993）、《清初满语京语重音前移及其对京腔汉语的影响》（1995）、《满族话与北京话》（1996）、《满语对北京语音的影响》（2002）等。

　　赵杰先生认为，北京话的儿化韵有两种类型，一种为"化合儿化"，为汉语一脉相承；另一种为"拼合儿化"，是受到满语影响的儿化。例如"花儿"一词，化合儿化读作[xua^r]，而拼合儿化读作[xua^ə]，后者是由于满族人说汉语不流利导致，因此成为满式汉语。另外，北京话的卷舌音舌位很靠后很可能是受到满语颤音的影响，颤音在发音不饱满的情况下就会变成 r，使得卷舌音更靠后。赵杰先生的一些观点尽管有待商榷，在学界也有一定争议，但对满汉语接触的研究无疑起着重要作用。

1.5.2 日本学者

以现代语言学的眼光及研究方法，对满汉语关系研究起步较早的是日本学者，由于 20 世纪 30 年代特殊的历史条件，日本学者一直对满汉语关系保持着关注，至今这一领域也活跃着不少优秀的学者。

服部四郎。服部先生是 20 世纪 40—80 年代最重要的阿尔泰语学者之一。他不仅对满语、蒙古语等阿尔泰语言的历史演变有重要研究，还对日语、艾努语、汉语及朝鲜语的历史以及各语言的接触情况有着丰富的研究成果，有关满语及汉语的研究成果例如《吉林省に满洲语を探る》（1941）、《北京语の音韵体系について》（1954）、《满洲语の一人称复数代名词》（1955）、《满洲语口语の音韵の体系と构造》（1956）等。

服部先生的研究音韵、词汇、语法全方位涉及，是一位学识极为丰富的学者。就以服部先生 1941 年的论文《Mongol か Mangol か》为例，其中涉及了范围甚广的历史及方言材料。全文为了说明"蒙古人"一词在历史上的语音面貌及文献中的对音情况，考察了卡尔梅克、布里亚特、喀尔喀、鄂尔多斯、内蒙古、莫戈勒、蒙古尔等蒙古方言区的发音情况，又考察了历史材料《元朝秘史》《华夷译语·鞑靼馆杂字》等文献中汉字对音情况，以及《中原音韵》中汉字音韵、《蒙古字韵》中八思巴文对蒙古语的记录、阿拉伯文对蒙古语的记录情况等，认为在历史对音文献中，是将 maŋ 和 moŋ 转写为"忙"（以及与之同音的字），而将 möŋ 和 muŋ 转写为"蒙"。虽然结论看似简单，但论述过程十分细致，引用的前人研究包括汉语、法语、俄语等多种语言，可见其学识渊博。

寺村政男。寺村先生不仅是满汉语关系领域的权威学者，他的研究还涉及蒙古语、满语、朝鲜语、汉语等各民族语言之间的语言接触，是一位视野开阔的学者。其主要研究成果有：《满洲语文献より见た近世汉语

语汇の研究——满汉合璧西厢记编》(1—8编)(1992—2001),《满洲旗人による近世汉语语汇翻译の实态"西厢记"と"金瓶梅"を中心に》(1994),《东アジアにおける言语接触の研究》(2008),《满汉话条、翻刻、ローマ字转写を翻译》(2008)等。

其中,《满洲语文献より见た近世汉语语汇の研究——满汉合璧西厢记编》(1—8编)是一项历时很长的大部头研究成果,其中不仅有对满汉西厢记语言的研究,还逐字逐句将整部西厢记的满语部分进行了罗马字转写,逐词翻译为日语,再逐句翻译成通顺的句子,体现了寺村先生深厚的学术功底。

《东アジアにおける言语接触の研究》(2008)也是一部非常重要的著作,其中使用的材料很多是前人从未使用或研究过的。例如该著作从子弟书的语言不断发生变化的角度,阐述了满人对汉语的理解及汉语水平逐渐提高的过程。其中运用的子弟书均为精良的版本,如《满汉合璧寻夫曲子弟书》为德国科隆大学藏本,《查关子弟书》为美国印第安纳大学藏本。另外,书中还讨论了《满汉合璧音注成语对待》中的满语及语言现象,寺村先生可谓是对该文献的音注版本最早进行研究的学者。寺村先生认为该文献的发行年代为康熙末至雍正年间,不会晚至乾隆年间。该文献中满语对同一汉字的注音有游移的现象,并且有一部分疑难汉字没有满语注音,还有一部分汉字被编纂者误看成其他汉字,说明当时的满人(至少是注音者)的汉语水平还不是太高。

竹越孝。竹越先生不仅对满语及满汉合璧文献有着精湛的研究,还对《老乞大》《朴通事》等朝鲜时代汉语教科书有着丰富的研究成果。在满语研究方面,主要成果包括《〈宁古塔记略〉に见られる汉字音写满洲语语汇》(1997)、《〈一百条〉系の汉语钞本について》(2011)、《〈兼汉满洲套话〉における满洲语动词の希求法・终止法语尾と中国语との对应》(2012)、《〈兼满汉语满洲套话清文启蒙〉翻字・翻译・索引》(2012)、《翻字翻译〈新刊清文指要〉》(2012—2013)、《试论清代满汉合璧会话教材的汉语性质》(2015)、《从满语教材到汉语教材——清代满汉合璧会话教材的语言及其演变》(2015)、《满汉字清文启蒙[会话篇・文法篇]：校本と索引》(2016)、《子弟书 Katuri Jetere（螃蟹段儿）校注》(与笔者合写，2016)、《满语助词 dabala 与汉语句末助词"罢了/罢咧"相关关系研究》(与笔者合写，2016)、《〈满汉成语对待〉——现存最早的清代满汉合璧会话教材》(2017)等。

其中《〈兼满汉语满洲套话清文启蒙〉翻字・翻译・索引》是继落合守和先生《翻字翻刻〈兼满汉语满洲套话清文启蒙〉》之后的又一部重要的著作。本书对《清文启蒙》中满语的罗马字转写、满文对汉字注音的罗马字转写以及日语翻译，为研究《清文启蒙》的学者提供了便利。全书首先分析了《清文启蒙》的各种版本及价值，指出《兼满汉语满洲套话清文启蒙》是《清文启蒙》系列中唯一一部用满文对汉字进行注音的版本，对于北京话语音的研究意义重大。其中的汉语为北京口语，并且很多句子受到了满语句法的影响而产生出"病句"或"怪句"，但这类句子正是研究满语对汉语影响的关键点。并且，竹越先生将原文中一部分异体字及俗字改为了通用字，方便研究者认读。另外，《试论清代满汉合璧会话教材的汉语性质》(2015)一文对比了满汉合璧文献中汉语句末语气词及助词"么、呢、来着、是呢、罢咧"等与满语词汇的对应情况和规律，并分析了动词"有"的语法位置及方位词"上、上头"的使用情况，总结出了编写者作为满汉双语者，受两种语言互相影响干扰的情况。另外，《从满语教材到汉语教材——清代满汉合璧会话教材的语言及其演变》(2015)，全面细致地介绍了现今可见的满汉合璧会话教材的种类和版本，不仅包括中国和日本所藏的版本，还有欧洲及美国所藏的版本。其中还分析了满语教材对朝鲜司译院的蒙古语教材《捷解蒙语》、西洋人编写的汉语教材（《日常口头话》《语言自迩集》等）的深刻影响，其中的一些文献是鲜为人知，甚至从未被研究过的，极具研究价值。

其他学者。除上述学者著作外，还有山崎雅人(1994)《满洲语资料

による満洲語及び汉语の通时的音韵变化の研究》、岸田文隆（1994）《满洲字による汉字音表记の规范化——满洲字千字文を资料として》、中村雅之（2007）《尖音·团音の满洲文字表记》等。这些论文从满文对汉语的人名、地名等的音译，分析汉语语音的历史变化，往往都引用了大量历史材料，是值得借鉴的研究成果。

1.5.3 欧美学者

关于满语和汉语的语言接触研究，一定要提及几位欧美学者，他们往往会多种语言，知识渊博，可以从多个视角来观察汉语的情况。

Norman Jerry（罗杰瑞）。他的 *Chinese*（1988）一书可谓最经典的著作之一，是汉语研究者的必读书目。该书虽不是专门研究语言接触的著作，但其中的很多观点值得借鉴与思考。例如 1.5 节 Chinese in contact with other languages 提到北京话以及北方一些方言中第一人称区分包括式（inclusive）和排除式（exclusive）这一现象可能来自与阿尔泰语言的接触。5.4 节 Predicatives 提到包括北京话在内的北方话中"叫"和"让"均可表示被动和使动，这有可能是受满语的影响，因为满语的使动和被动都是同一形式（中缀 -bu-）。这些对研究汉语史、北京话的来源与变化都有十分积极的作用。

Hashimoto Mantaro（桥本万太郎）。桥本先生虽是日本人，但我们根据他的学术经历，将其置于欧美学者中讨论。桥本先生也是一位知识极为渊博的学者，尤其是他的"语言地理学"研究具有深远的影响。正因为他学识渊博，所以眼光独到。他的 *The structure and typology of the Chinese passive construction* 一文讨论了汉语的被动结构，其中也提到北方话中的"叫"和"让"既可以表示使动，也可以表示被动，这与南方诸多方言不同，而与满语等阿尔泰语言的情况一致。桥本先生在文中不仅对照了书面满语，还与锡伯语、鄂伦春语、蒙古尔语、东乡语进行了对照，并根据使动与被动的使用情况绘制了汉语方言地图。因此桥本先生认为"叫"和"让"在北方话中身兼被动和使动两项功能或与满语的接触有关。

Stephen A. Wadley。该学者一直致力于汉语研究,他对满汉合璧子弟书《螃蟹段儿》的研究,让西方学者进一步了解了满汉合璧的子弟书这一艺术形式及其研究价值。他的 *The mixed-language verses from the Manchu dynasty in China* 一文对子弟书进行了介绍,又将子弟书《螃蟹段儿》中的满文全部进行了转写,并逐词以英文对译,且标注了语法功能,每一段后还附有整段的英文翻译。更难能可贵的是,他对其中一些语法现象和历史名物进行了解释,有的虽然是作为问题而存疑,还没有作出充分的解释,但这些问题的发现本身就很重要,也为其他学者提供了研究空间。

1.6 小结

综上,前人学者已经对北京话有了很多的研究成果,但是对清后期至民国初期的北京话的研究并不充分,尤其是对某些历史材料的关注方面,国内学者较日本学者起步晚。北京话在形成过程中受到了北方方言和满语的影响,在清代"定型并作为通用语使用"(太田辰夫,1950),到了民国时期又经历了"欧化"的洗礼,词汇和语法系统发生了很大变化,而清后期至民国初期正是这种变化的关键时期。

笔者通过近年来在国内外搜集到的清后期至民国初期北京话的材料,试图分析这一时期北京话中的一些特殊的语音、语法及词汇现象。有的现象在前辈学者的研究中已有所提及,但研究得不充分或有一定问题,笔者试图作出自己的解释。这些前人研究对笔者最大的帮助不仅在于某一问题的结论,更在于其开拓了笔者的眼界,使笔者从中了解应该研究什么,如何研究,以及自身存在的不足之处,这是笔者在研究中受用一生的财富。

第二章 清后期至民国初期社会背景

2.1 清代满汉语言及文化接触概述

清后期至民国初期的语言现象，与清后期开始的社会变迁和生活状况密不可分，笔者在本章将对这一时期的社会情况进行概述。

清开国以后，为了加强对汉人的统治，采取了一系列措施。一方面约束汉人的势力，另一反面又采取怀柔政策，安抚汉人。在这种情况下，出现了满汉语言及文化的大量交流接触，关于这些交流的记载可见于历史书籍、文学作品、文人笔记等。根据这些文献的记载及前代学者的研究可知，尽管满人在政权上是上位阶层，但在语言及文化上汉人是明显的强势，最后满文化尤其是满语被融合在汉文化和汉语的大潮中。

2.1.1 北京城旗民居住情况的变迁

清军入关以后，实行旗民分住，"旗民我疆我理，界限分明"的政策，例如顺治元年（1644）的政令：

> 顺治元年定，民闲无主田房，拨给八旗壮丁。又奏准，清厘无主之地，安置旗下庄头。<u>如内有主之地，犬牙相错，势必旗民杂处，争端易生。应按州县大小，定拨地之多寡，务使旗人聚处一方</u>，阡陌庐舍，耕作牧放，互相友助。而后以清出无主之地，与有主之地互换，<u>令旗民我疆我理，界限分明，经理各别</u>。（《钦定大清会典事例》卷一百五十九，户部八，田赋一，畿辅官兵庄田一）

旗人与民人分住，每一旗有自身固定的居住区域。但其后经过时间的推移，由于人口的增长，北京城内的住房状态已经相当紧张。根据赵寰熹（2012：78，86，126）的研究，清康熙三十四年以后，内城八旗住房已达到饱和状态，只有零星空地，康熙六十一年，康熙帝已计划将旗人派到远郊的郑家庄居住。八旗教场的建设采取了外迁和内城插空建房的两种方式，在外迁到远郊地区（距内城不远）的八旗营房周围建立了供旗人及其家人居住的房屋，这些旗人的居所距离内城外的"关厢地区"不远。"关厢地区"是发达的商业交流区，大批汉人商人、手工业者、娱乐业者均居住于此，这就为旗民交流提供了平台。并且，从乾隆年间开始，本来明令的"内城房产只许旗人相互典卖，旗人民人禁止交易房产"被暗自打破，已有一部分旗人将内城房产卖予民人，甚至出现了民人与民人之间将内城房产进行交易的现象，可见已有民人流入内城，满汉进一步杂居。

道光年间，尽管政策方面依然限制旗民混居，但北京内城中已经有不少民人入住。蒙古旗人松筠所著满文文献《闲窗录梦》（1835？）以日记体的形式记录了道光年间旗人的日常生活，是一部非常珍贵的文献。其中，道光十五年（1835）二月二十四的一则记事为（翻译据承志，2009：481①）：

> 我家从西四牌楼缸瓦市板墙胡同路北第九门迁居至阜成门内马市桥北沟沿路西苏罗伯胡同西头路南，从西至东第二门……<u>房屋的主人，是居住于本胡同的一位姓 ju 的汉人。</u>

内城原本只有旗人可以居住，但这一时期已经有民人入住，并且还是房屋的主人。松筠很自然地记录在日记中，可见这已经是当时的正常现象。因此可见当时旗民混居的进一步加深，并且民人亦可拥有房产。

至清后期，内城已呈现出严重的旗民混居的状态。根据李孝聪、成一

---

① 承志先生的翻译为日语，笔者再翻译为汉语，下同。

农（1999：217）的研究，旗民分住的界限越来越模糊，越来越多的民人入住内城。而在旗人居住的外城前三门地区，旗人的生活方式也由家族聚居转为以个体家庭为单元的散居。入关以来一直实行的"旗民禁止交产"的政策也在咸丰年间出现了明文松动，例如咸丰二年（1852）的上谕：

> 除奉天一省旗地盗典盗卖，仍照旧例严行查禁外，嗣后坐落顺天直隶等处旗地，无论老圈自置，<u>亦无论京旗屯居及何项民人，俱准互相买卖。</u>"（《钦定大清会典事例》卷一百六十，户部九，田赋二，畿辅官兵庄田二）

根据赵寰熹（2012：159—160，169）的研究，咸丰年间，内城的房产交易中，旗民交易、民人之间交易已占约58%，多于旗人之间的交易；在外城的房产交易中，民人更是绝对主导，竟然达到90%，且民人的经济实力也占上风。因此，至清后期，不仅旗人内部的居址分界已不复存在，满汉畛域也已然打破。而随着清末越来越多的外国人进驻北京城，租界的划分使得北京城的格局发生了性质上的彻底改变。旗民之间的区别已然淡去，更多的是中国人与外国人的区别，如东交民巷一带成为无论旗民均无法随便进入的使馆区域。后随着新政的开展，近代警察制度的推行，北京城逐渐进入近代城市管理的轨道，也使得清代开国以来制定的居址制度被彻底打破。

2.1.2 翻译汉文献

满人在入关前已经大量学习汉人的经典文献。但由于满人在入关之前仍然主操满语，因此需要将汉文献翻译成满文。尽管八旗中有汉军旗人，但是当时人数还不多，旗人之间的主要语言很可能就是满语。努尔哈赤执政时期，渴望学习汉文献，却苦于身边汉语人才太少。根据季永海（2004）的研究，《李朝实录》记载，1595年前后，一名汉人被擒于辽东，努尔哈赤拜其为师傅，让他教习汉文，同时辅导努尔哈赤的儿子，给予其丰厚的待遇。其原因为"房中识字者只有此人",但"文理未尽通矣"。即使是"文理不通"的人,努尔哈赤亦要拜为师傅,可见当时汉语人才的匮乏,也可见努尔哈赤急切学习汉语的状态。在此条件下,满人要阅读汉文典籍可谓十分困难。例如《三国志》,据寺村政男(2012)①的研究,努尔哈赤喜读《三国志》,使专人将《三国志》翻译成满文。努尔哈赤读《三国志》并非从文学和娱乐的角度,而是当作兵书和史书进行研读,以其指导战斗,但由于条件有限,翻译并不完全准确。

入关之后,顺治八年出版了正式的《满文三国志》,这一版本只有满文,没有汉文,说明当时的满人看全篇的《满文三国志》全无问题。根据锄田智彦(2013:1—2)的研究,这一版本的《三国志》也是作为兵书出版,并非用于娱乐消遣。光绪八年(1882)陈康祺所作笔记《郎潜纪闻二笔》记载:

> 罗贯中《三国演义》,多取材于陈寿,习凿齿之书,不尽子虚乌有也。太宗崇德四年(1639),命大学士达海译《孟子》《通鉴》《六韬》,兼及是书,未竣。<u>顺治七年(1650),《演义》告成……国初,满洲武将不识汉文者,类多得力于此。</u>(中华书局,1984:513)

清前期还翻译了其他的汉文典籍,多达100余种,如《资治通鉴》《水浒传》《金瓶梅》《平妖传》《西游记》《西厢记》《禅真逸史》《禅真后史》等。另外还甄选了一些经典汉文作品集合成总集,如《性理精义》《古文渊鉴》等,这些也均有满文翻译本。但是,清前期满人的汉语水平不高,这些翻译本多少有不准确之处。根据寺村政男(2008:167—168)的研究,明代小说还基本属于近代汉语的范畴,而满人习得的汉语应为当时的北京话,翻译明小说中的语言有一定困难。再加上文化上的差异,一些汉语中的俗语、歇后语等,翻译上更是难上加难。随着满人汉化程度的加深,

---

① 笔者有幸在2012年9月至2013年1月聆听过寺村先生的课,该观点是寺村先生的讲义内容。

汉语水平提高,出现了满汉合璧的文学作品,例如雍正年间出现了满汉合璧的《三国志》。清中期以后,翻译为满语的汉文学作品越来越少,如乾隆中期的《红楼梦》尚有满语版本,但其后的文学作品就几乎没有满语版本了。

另外,有清一代到了后期,重要的社会现象还包括满人母语转换的完成、旗人地位的下降等,下文进行具体阐述。

2.2 清后期满人母语转换的完成

2.2.1 满语、满文水平的下降

2.1节中提到,清中期以后,满汉杂居的现象已逐渐增多,直至清后期满汉畛域彻底打破;清中期以前将大量汉文文献翻译为满语,但《红楼梦》之后,文学作品的翻译几乎绝迹。满人在各方面越来越深度汉化,最显著的表现即母语转换的完成。

满人的满语满文水平下降,从雍正年间已有发端,如雍正上谕:

> 值班侍卫及守卫护军等,<u>与其长昼闲坐,莫如学习清语。近见新挑之侍卫、护军等,弃其应习之清语,反以汉语互相戏谑,甚属不合。</u>……嗣后各宜勉力,屏其习气,<u>以清语、拉弓及相搏等技,专心学习。</u>(《上谕八旗》,雍正六年[1728]上谕)

侍卫、护军长昼闲坐,以汉语互相戏谑,雍正帝甚为不满,敦促他们学习满语、拉弓等,以不忘其本分本职。

到乾隆年间,这一现象愈发明显。首先从文化方面看,乾隆帝本身就酷爱汉文化,甚于前辈皇帝,尤其是他推崇历代汉人皇室以和田玉为尊的传统,使得新疆和田地区在乾隆时期得到了大量开发。乾隆对私藏和田玉的官员严惩不贷,处以极刑,这相当于承认了汉人的和田玉文化为正宗。在乾隆的书房中,不仅摆满了各种和田玉制品,还收藏了历代汉人书

法家的作品，尤其是王羲之的作品，乾隆帝更是爱不释手。据《郎潜纪闻》（1882）记载："时帆祭酒初名运昌，乾隆五十年升庶子时，命改法式善。法式善者，国语邑勉上进也。……两应大考，俱左迁。相传书法甚古拙，知乾隆朝重字不重文矣。"（中华书局，1984：141）法式善精熟满语，但是书法欠佳，即受到贬黜，可见乾隆对汉字书法的重视程度。当时已经有很多满人自幼先学汉语，成为母语，而后学满语，但难以熟练，乾隆三十一年（1766）满汉合璧的满语教科书《清语易言》序文记载：

　　清语者，我国本处之语，不可不识，但旗人在京与汉人，杂居年久，从幼即先习汉语，长成而后，始入清学读书，学清语。读书一二年间，虽识字晓话，清语不能熟言者，皆助语不能顺口，话韵用字字意，无得讲究之故耳，所以清语难熟言矣。（乾隆三十一年刊本，1a—1b）

另一部稍晚的乾隆五十四年（1789）的满语教科书《清文指要》的序文中也有相关记载，其中提到：

　　清语者，乃满洲人之根本，任凭是谁，不会使不得……若不会说清语，每遇人问及，就张口翻眼，比这个可着有么？比这个可气的又有么？尝见有一等人说起满洲话来，分明是会的话恰乎不得，猛然止住及至想起来，早已脸上臊红了的狠多，这没有别的缘故，皆是平时未学，未习练着说之故也。又有可笑者，满洲话还没有影儿，就先学翻译的，这等人，何异北辕赴粤，煮沙要饭者乎。任凭汉文怎么精要，下笔时，满文短少，不合卯榫，不成套数，虽学至老，难免庸愚名色。（嘉庆十四年重刻三槐堂藏版，1b—2a）

从上面两部文献的记载可以看出，乾隆三十一年的在京旗人已经自幼学习汉语，成为母语，但长成以后也有人学习满语，尽管很难熟练。到乾隆五十四年，很多满人已经不会说满语，平时亦不学不练，作者认为甚为可笑可气，故著书以激励满人学习满语。

后至嘉庆年间，满语的生疏已经渗透至皇族宗室。《清仁宗实录》中记载了嘉庆十八年（1813）的一则事件：

> 十九日庆郡王永璘，并未赴牺牲所视牲，特据实参奏。当令军机大臣询问庆郡王永璘因何迟误。据称因清文生疏，接到宗人府知会时，误认为陪祀，是以未往视牲等语。永璘即清文生疏，伊府中官属，岂无通晓清文之人，何至将视牲认作陪祀，殊属疏玩。永璘著交宗人府严加议处。（卷二百六十九，中华书局1986年影印版，16a）

永璘身为皇室宗亲，贵为郡王，已不精熟满语，并且其府中上下官员，或因疏忽误解了宗人府的知会，但很可能也是因为不熟悉满语所致，可见当时皇室宗亲的满语也十分生疏。

道光十五年（1835），道光帝鉴于众多官员不精熟满语的形势，对满洲侍郎以下至五品京堂官员进行满文考试，其结果为：

> 谕内阁、朕因满洲侍郎以下，至五品京堂，人数众多，其能否通晓清文，未能概知，是以特命分日进内考试。<u>其中翻译通顺，及能翻而有错误者，不过十之三四。竟不能落笔者过半焉，此则甚属非是。清语乃满洲根本，并非分外之事，无论何项出身，俱应熟习。况办理部旗诸务，皆有清文事件，若不通晓，将何异于汉官。岂止为人所笑，不有忝于乃祖乃父耶。嗣后我宗室觉罗暨八旗臣仆，务勤修本业，勉绍家声，断不可不晓清语，不识清字。</u>以副朕务本成全，谆谆诰诫之意，将此通谕知之。（《清宣宗实录》卷二百六十七，中华书局1986年影印版，29a）

这些官员虽并非专攻于满汉翻译，但均为宗室后裔及旗人。十之三四能翻译但有错误，甚至有人不能落笔，因此道光帝特发旨谕以"谆谆诰诫"：务必要晓清语，识清字。

另外，为了选用翻译官员，翻译科举制度从雍正开始正式设立，但嘉庆以后应试者越来越少,根据宫崎市定(1987:190)的研究,乾隆年间翻译乡试的应试者满文五六百人,蒙文五六十人。嘉庆九年(1804)满文蒙文总共四百余人。至道光八年(1828),满文一百三十余人,蒙文二十余人。人数越来越少,水平也逐渐下降,尤其是道光八年的满文举人只有八名,后进行复试,其中四人错误甚多,而取消其参加会试的资格,可见当时整体满文水平衰落的情况。

根据季永海(2005)的研究,到咸丰朝(19世纪后半叶),大多数满人已经过渡到单一使用汉语。可见,越来越多的满人完成了母语转换。

2.2.2 目标语言 —— 北京话

那么,满人母语转换的目标语言是哪种方言呢?根据平田昌司(2000)的研究,在乾隆后期,皇室宗亲所说的汉语即为北京话,而非南方官话。平田先生根据"鸿胪寺"中祭祀唱诵人员的出身,发现乾隆年间规定,鸿胪寺人员仅有直隶音符合标准,其他方音均排斥在外,否则其唱诵全然不知所云。笔者非常同意这一观点,因为在各种历史材料中均可找到证据。例如《郎潜纪闻二笔》(1882)中记载乾隆年间一则趣事:

> 无锡顾震沧先生栋高,举经学入都,荷蒙召见。面谕云:"看汝年衰,是以准令回籍颐养,将来朕巡幸江南,尚可见汝。"顾奏云:"<u>皇上还要南巡吗?</u>"高宗默然。旋赐国子监业衔,放归。先生奏对质直,固不改经生醇朴之气,而圣天子优容宿学,度量与天地同符已。(中华书局,1984:385)

顾栋高面对皇上尚用如此口语,且以句末语气词"吗"来看,应为北京官话,可见乾隆皇帝是完全明白北京口语的,但北京话是否已经成为全国的官话还有待商榷。

到了19世纪40年代,北京话应该已成为全国的官话,或至少是在全国范围内通行顺畅的一种方言。根据1847年英国传教士Thomas Taylor

Meadows 的笔记体著作 *Desultory Notes on the Government and People of China, and on the Chinese Language*，其中第四篇"满族人、皇室成员、皇室家族以及地道北京人所说的汉语"专门介绍了皇室人员所操何种语言，摘录如下（原文为英语，笔者翻译为汉语）：

尽管这种语言被称为"北京方言"，但它却是整个国家的标准语，它在中国的地位如同伦敦英语在英国的地位，伦敦英语在英国全岛被使用于教育机构；也如同巴黎法语的地位一样。……这样看来，说北京话的人口数量超过了世界上任何一种语言。并且，需要承认的一个事实是，北京话也存在于满族统治阶级的家庭以及他们的部下的语言中，尽管他们曾经不得不将汉语作为一种外语来学习；这个王权至今已经统治了整个国家约 200 年；于是官廷中的语言也发生了变化，他们的母语与他们的前辈统治者相比，已经变得不是很流利；这种语言既然被统治者使用，那么肯定是被效仿的对象；而且政府中也都使用汉语，这又更加巩固了汉语的地位。所以皇室家族以及地道北京人都说汉语口语，对此我们并不必感到惊讶，这种语言不仅使用于与政府或政府机构打交道的绝大部分场合中，还大范围地使用于商场交易中。

我在遥远的省份广东随机调查了 231 名说官话的人，到 1844 年为止，我发现有 74 人是地道的北京人，有 15 人来自直隶的其他地区，即北京所在的省，另外 142 人都来自于其他省份。尽管我调查的这些人只是与我们有交流的人，但我也可以确定，有三分之一的政府官员，他们只说北京口语，就像他们在北京一样。并且，就我自身的经验来看，其他人也以同样的方式说着一口流利的北京话，那么可以说，时刻说北京话这种方式比说他们各自的方言要有利得多。

……对上文中的论述需要进行补充的是，我可以证明，北京口语作为整个王国的通用语言，是完全有资格的，就如同伦敦英语在整个

英国的地位一样。(1847:41—44)

书中的这一段记载十分重要,他肯定了19世纪40年代无论是皇室家族还是北京平民百姓,都使用北京话,以北京口语作为日常交流的工具,且全国都在争相效仿。

那么,清中期以后,皇族宗室及北京平民百姓都使用北京话,全国其他地区也在学习北京话。这就使得道光以降,外国人进入中国以后,学习的也是北京话;诸多通俗文学形式也必须趋向于使用北京话创作。关于这一点本书将在第三章详细论述。

2.3 社会变迁与旗人地位的下降

2.3.1 出旗为民

清后期尤其是嘉庆以后,旗人人口经过多年的积累,已经达到一个很庞大的数字,清室要维持如此一大批人的生计,是非常沉重的负担。天理教攻入紫禁城、太平天国攻占南方大片地区等各种武装起义的发生,使得国内局势逐渐纷乱。加之国门被西方国家打开,各种割地赔款条约的签订,清室江山危机重重,国力逐渐衰微。

国力的衰微引发清政府的各种危机。清政府首先要维持皇室及宗室的利益,一方面增加税收填充国库,另一方面重要的举措就是减少维持旗人生计的开支。这一举措及其他的一系列政策,直接动摇了旗人的地位。

旗人中主要是满蒙汉三个民族,另外还有极少数的锡伯族、鄂温克族、朝鲜族和俄罗斯族人。在主要的三个民族中,满军旗人的地位最高,蒙军旗人次之,汉军旗人的地位最低。因此,清政府减少旗人生计的开支,首先着手的对象是汉军旗人。据《钦定八旗通志》记载乾隆七年(1742)及八年(1743)的上谕:

  上谕<u>八旗汉军</u>，自从龙定鼎以来，国家休养生息，<u>户口日繁</u>，其出仕当差，原有俸禄钱粮足资养赡，<u>第闲散人多，生计未免窘迫</u>……如有欲改为原籍者，<u>准其与该处民人一例编入保甲</u>。(《钦定四库全书·钦定八旗通志》卷三十一《汉军出旗》，34b—35a)

  朕因<u>八旗汉军</u>户口日繁，生计未免窘迫，又限于成例不能外出营生，特降谕旨，除从龙人员子孙毋庸更张外，<u>其余各项入旗人等有愿改归民籍与愿移居外省者</u>，准其具呈本管官查奏。(《钦定四库全书·钦定八旗通志》卷三十一《汉军出旗》，36a)

  这就是"出旗为民"政策的出现，明确提到了"八旗汉军""生计未免窘迫"，不包括满蒙旗人。从旗人变为民人，虽然可以自谋营生，但失去从政府得到粮饷的权利，还失去了各种身为旗人的优惠政策。根据赵寰熹(2012：115)的研究，"出旗为民"的政策，使原本不能与民人互相交产的旗人在失去旗人身份以后，可以与民人交产，自己解决生计问题，而不再依靠清政府的粮饷生活。

  清后期，"出旗为民"的旗人越来越多。如嘉庆十二年(1807)的政策：

  十二年奏定。八旗满洲、蒙古告假外出，如因在外年久，或立有产业，娶有妻室，人地相安，情愿出旗为民者，准照汉军例呈明该处地方官，将原领图记执照咨缴原旗，编入民籍。(《钦定大清会典事例》卷六百零六，兵部六五，八旗处分例三，户口)

  从这一记载可以看出，不仅是汉军旗人，满洲、蒙古旗人亦可出旗为民。至同治三年(1864)，又出现了以下的政策：

  同治三年奏准，旗民生计维艰，听往各省谋生。其已在该地方落业，编入该省旗籍者，准与该地方民人互相嫁娶。(《钦定大清会典事例》卷一百五十五，户部四，户口二)

  该政策直接承认旗人生计艰难，建议去往各省自谋生路，旗人民人还可互相通婚，且没有专指汉军旗人。

2.3.2 旗人生活的忧患

根据《郎潜纪闻》(1882)记载：

> 八旗子弟，为我朝丰沛旧人，二百年来，豢养深恩，沦浃肌髓……嘉道以后，威望稍损矣。(中华书局，1984：8)

由于该书作者陈康祺世代官宦，身处仕途，因此对于八旗子弟只能说"威望稍损矣"。但通过当时的种种社会现象及朝廷政策可知，嘉道以后，一些旗人的生计已经非常艰难，可谓"威望甚损"。例如嘉庆三年(1798)的满汉合璧子弟书《螃蟹段儿》中描述了一对旗人夫妇的生活，其中写道(括号内为原文旁译)：

> 有一个 age（阿哥）不知是 hala ai（姓甚么），也不知 colo（号儿）叫做 ai niyalma（何人），……tokso de（屯里）住了二年半，gaiha sargan uthai tubai（娶了个媳妇就是彼处的）蛮子家，也不问 dancan ergi gebu hara（娘家姓字名谁）谁家女，hūlhi lampa i（胡里胡突）娶到了家……吃穿二字 umesi mangga（狠艰难）。(文萃堂本，1b—2a)①

从这段描述可见，嘉庆年间的一些旗人连吃穿都已经很艰难了，娶妻这种大事连对方家的姓名也不问就糊涂了事，可见当时的一些旗人与普通民人已无区别。

满文日记体文献《闲窗录梦》(1835?)中道光八年(1828)二月十六日和二月二十一日的两则记事中提到(翻译据承志，2009：490)：

---

① 关于《螃蟹段儿》不同版本间的校注，参见竹越孝、陈晓(2016a)《子弟书 Katuri Jetere（螃蟹段兒）校注》。

> 正黄旗满洲前锋 ingwen……此人看上去身材短小,一副贫寒相,醉酒成性,是一个十分悲惨的令人生厌的人。……他的祖先在太宗皇帝时期建立了屡屡功勋……为何有如此没有前途的子孙,我深感惋惜。
>
> 正黄旗满洲养育兵 mailasun 欲偷盗民人 lii ci 的被褥,被其发现,深感羞耻,因此喝鼠药自杀。

从上面两则记事可以看到,一名旗人的祖先虽然功勋卓著,但后人已经贫困潦倒;另一名旗人反而要去偷盗民人的被褥。旗人生活的艰难可见一斑。

另外,从文人科举考试中(非翻译科举及八旗科举)旗人登榜情况的变化,也可以看出旗人生活出路的艰辛。清中期以前,旗人身份地位优越,几乎不用奔波劳苦,只凭朝廷每月拨发的粮饷即可丰衣足食,衣食住行各方面都享受特权。如此优越的生活条件,使得绝大部分旗人生活悠闲,不用考虑通过科举来谋得前途。而到了同治四年(1865),旗人才第一次进入鼎甲,登榜探花。《儿女英雄传》(1878)中描述的安公子与安老爷的一段对话,从侧面反映了这一史实:

> 吃饭中间,公子便说:"父亲虽然多辛苦了几次,如今却高高的中了个第三,可谓'上天不负苦心,文章自有定论',将来殿试,那一甲一名也不敢必,也中个第三就好了!"安老爷笑说:"这又是孩子话了,<u>那一甲三名的状元、榜眼、探花,咱们旗人是没分的。也不是旗人必不配点那状元、榜眼、探花,本朝的定例,觉得旗人可以吃钱粮,可以考翻译,可以挑侍卫,宦途比汉人宽些,所以把这一甲三名留给天下的读书人</u>,大家巴结去。这是本朝珍重名器、培直人材的意思。"(聚珍堂初刊本,第一回 10a—10b)

这段话说旗人原本生活优越,宦途宽泛,用不着去争一甲三名。但是到了同治年间,旗人却进入了前三甲。这一现象或许反映了某些旗人确实学问精进,但更重要的是反映了旗人地位的下降,朝廷粮饷的逐渐减少,因此一部分旗人为了生计,只能奋起读书,希冀从科举道路上谋得宦途,亦可看作一种无奈之举。

到了清末,很多旗人从事的已是小商贩、泥水匠、裱糊匠等极为普通的职业(辽宁省少数民族社会历史调查组,1985:93—94),完全失去了旗人的尊贵身份。另外,相声鼻祖朱绍文就是一名汉军旗人,在光绪年间,他一直从事京剧及相声行业,出入于最鱼龙混杂的北京天桥地区,"戏子"行业在清中期以前绝不允许出现于旗人之中。

2.4　旗人"弃雅从俗"

关于旗人的"弃雅从俗",笔者主要是从"子弟书"这一戏曲形式的胜败兴衰的角度来进行观察,这与满人的汉化、旗人地位下降以及后来的进一步趋俗均有关联。

首先,须对旗人对戏曲的喜爱情况进行概述。清政权在入关以前,已经对汉人戏曲有所喜爱,入关以后,尤其是清中期以前,旗人生活优越,时间充裕,更是喜爱出入戏园酒馆,盘桓游玩(铃木靖1988)。例如雍正五年(1727)的上谕:

> 朕视满洲最为关切,乃国家之根本。……又曾降旨禁赴园馆行走,奢侈之人延请宾客,往赴园馆一次,即费数金。兵丁人等有何产业,如此过费,何所恃以为生,若惜此银两以养妻孥,足支一二月之用。(《钦定大清会典事例》卷一千一百四十六,八旗都统三十六,公式六,禁令一)

"园馆"是一种可以喝酒听戏的场所。可以推测,当时满洲旗人盘桓于"园馆"的现象已经很严重,才使得雍正帝发此禁令。后乾隆二十七年(1762)奏准:

乾隆二十七年奏准。前门外戏园酒馆，倍多于前，八旗当差人等，前往游燕者亦复不少，嗣后交八旗大臣步军统领衙门，不时稽察。……出示晓谕，实贴各戏园酒馆，禁止旗人出入。(《钦定大清会典事例》卷一千三十九，都察院四二，五城九，戏馆)

以上记载明确指出，乾隆年间戏园酒馆"倍多于前"，去游玩的八旗人员"亦复不少"，因此发出稽查令。

虽然清政府长期禁止或限制旗人前往戏园酒馆，但旗人出于对戏曲的喜爱，一方面依然前往游玩，另一方面参与内府戏班，还创作八旗子弟自身的戏曲形式——子弟书。据嘉庆年间赵翼所作笔记《檐曝杂记》记载：

<u>内府戏班，子弟最多</u>，袍笏甲胄及诸装具，皆世所未有……中秋前二日为万寿圣节，是以月之六日即演大戏，至十五日止。<u>所演戏，率用《西游记》《封神传》等小说中神仙鬼怪之类</u>，取其荒幻不经，无所触忌，且可凭空点缀，<u>排引多人</u>，离奇变诡作大观也。(中华书局，1982：11)

八旗子弟为了"过戏瘾"，加入内府戏班，也参与演戏，并且排场甚大，"皆世所未有"，演出的剧目为《西游记》《封神传》等反映汉文化的作品。但子弟参与内府戏班演戏只在庆典中才被允许，因为"演戏"被认为是下九流的职业，清室禁止旗人子弟登台演戏，通过演戏赚取费用更是明令禁止，例如道光五年（1825）的规定："凡旗人因贫糊口，登台卖艺，有玷旗籍者，连子孙一并销除旗档。"（《钦定大清会典事例》卷八百二十九，刑部一〇七，刑律杂犯四，搬作杂剧）因为喜爱戏曲作品，只能通过演戏自娱自乐，从而达到精神上的充盈，所以"子弟书"这一曲艺形式得到发展，其始创于八旗子弟，后流传至民间，又有民间艺人进行加工改造。据清末曼殊震钧所作笔记《天咫偶闻》（创作于1895，出版于1907）中记载：

旧日鼓词，有所谓子弟书者，始创于八旗子弟，其词雅驯，其音和缓，有东城调、西城调之分。西调尤缓而低，一韵萦纡良久，此等艺内城士夫多擅场，而瞽人其次也。然瞽人擅此者，如王心远、赵德璧之属，声价极昂，今已顿绝。（北京古籍出版社，1982：175）

可见子弟书这一艺术形式始于八旗子弟，但在清末已经"顿绝"。根据徐德亮（2010：4）的研究，子弟书于乾隆年间发展流传，清末即已衰亡。子弟书中的"子弟"即专指八旗子弟，一开始是八旗子弟内部为了自娱自乐，从《三国演义》《金瓶梅》《聊斋》《红楼梦》等文学作品中取材，创作出韵文体子弟书的形式（长度大致为八十句），后又出现直接感叹时事的原创作品。尽管子弟书由八旗子弟所创，但是与满文化几乎没有关系，从其取材及押韵的方式即可看出均与汉文学一脉相承。并且，大部分子弟书都找不出作者，这体现了八旗子弟的矛盾心态：既要自娱自乐，展现自身才华，但是顾忌到"演戏"有失身份，因此隐姓埋名。根据傅惜华（1954：6）的研究，"在清代的封建制度社会里，这种'子弟书'的曲艺，当然认为是'不登大雅''卑不足道'的一种玩意儿，所以他的作者的姓名与事迹，久已湮没不传"。到后来，子弟书已经不为子弟专有，而是一般民间艺人亦可传唱，可见子弟书的民间化、通俗化。这些民间艺人本来就身份低微，因此可以留名，例如上文《天咫偶闻》中提到的王心远、赵德璧等。

子弟书的文字一开始比较高雅，正如清末富察敦崇《燕京岁时记》（1906）记载：

子弟书音调沉穆，词亦高雅。（北京古籍出版社，1981：94）

但到了清后期，附庸风雅的子弟书也渐渐没有了立足之地。根据傅惜华（1954：10）的研究，子弟书字少腔多，纡徐曲折，民间艺人们难于学习，而听众听起来难以理解明了，因此处于一种"曲高和寡"的状态，逐渐脱离了大众。由于子弟书这些特点，清末旗人几乎不再创作词调高雅的子弟书，更不传唱。再加之道光年间开始国力衰微，旗人地位下降，他们难以气定神闲地去追求词婉韵雅，而是更喜欢市井通俗戏曲。在道咸年间，历来约束旗人前往戏园的规定似有松动，如咸丰二年（1852）上谕：

> 京师五城，向有戏园戏庄，歌舞升平，岁时宴集，原为例所不禁。惟相沿日久，竞尚奢华，如该御史所奏，或添夜唱，或列女座。宴会饭馔，日侈一日，殊非崇俭黜奢之道。至所演各剧，原为劝善惩恶，俾知观感。若靡曼之音，斗很之技，长奸诲盗，流弊滋多，于风俗人心更有关系。现在国服将除，必应及早严禁。着步军统领衙门、五城御史，先期刊示晓谕。（《钦定大清会典事例》卷一千三十九，都察院四二，五城九，戏馆）

从这一记载可见，尽管靡曼之音、长奸诲盗等不利于风俗人心的内容依然明令禁演，女子不可进入戏园，但并未强调旗人不许前往戏园。且戏园戏庄似乎成了歌舞升平的象征，"例所不禁"。这应该为旗人前往戏园提供了便利条件，使其置身于市井戏曲的氛围之中。子弟书《郭栋儿》就描述了当时一名叫郭栋儿的民间艺人，为了迎合听众趋俗的心理，说书时语言唱词粗俗不堪，但听众们却听得十分入神，满堂喝彩：

> 上了场几句诗篇俗派得很，粉红字不敢斟酌含里含糊。形容那古人的相貌五官挪位，改变作今人的话语一味的村粗。……最可笑在座听书多少位，静悄悄鸦雀无声咳嗽也无，说书的见人爱听愈发得意，更把那诸般的丑态义托盘儿现出。……冷不防说一句歇后语，招的那满座听书的笑个足。……（《清蒙古车王府藏子弟书》，国际文化出版公司，1994：45—46）

这一段书明显是一位有身份地位且文化水平较高的人所作，他听不惯"村粗"的语言，但是满座的人却与自己相悖，可见一种无奈的心态。戏曲艺人郭栋儿活跃于咸丰同治年间，该子弟书正反映了当时社会趋俗的众生相。另有《评昆论》将高官公卿追捧说书艺人的趋俗状态以及作者"无立足之地"的无奈情绪表达得淋漓尽致：

> 似我这布衣寒士自惭不类，惟慕爱清音雅调无处安身。……进园门一望院中车卸满，到棚内遍观茶座过千人。……顺围桌一溜儿摆开排着次序，论品级打头跟二挨着碟儿闻。……安场已毕先生才上，好些个阔家恭维如见大宾……令诸公一句一夸一字一赞，众心同悦众口同音。但听得陪着书声成群咂嘴，我暗笑哪里有搭大的葫芦装这些人。……谁知道但有声音全犯恶，我偏又鼻子一酸打了个喷嚏。惹得诸公齐惊看，神情怪我乱清音。……(《清蒙古车王府藏子弟书》，国际文化出版公司，1994：49—50)

尽管该子弟书的创作年代不可考，但根据题目《评昆论》可知，文中的"先生"即戏曲艺人石玉昆，石玉昆最活跃的时段是道光咸丰年间，该子弟书反映的应是19世纪40—60年代的情况。

在这种情势下，词韵雅驯的子弟书根本没有立足之地。为了迎合这种趋势，代替子弟书的曲艺形式单弦、大鼓应运而生。（徐德亮2010：18—20）这两种曲艺形式的文学性或许不及子弟书，但是上至王公贵族，下至市井民众，都对其喜闻乐见。这样，原本高高在上的旗人已经与市井民众的审美趣味完全融合，打成一片。

另外，清后期开始的另一社会事实是外国势力的进入，这是影响中国近代史走向的最重要的历史事实之一。外国势力的进入不仅造成了整个中国社会的变化，更是影响了中国人的思想。社会及思想的变化必然会影响语言，而这种影响又体现于用当时语言记录的各种文献中，本书将在第三章对这些文献的性质进行具体叙述。

2.5 小结

随着清后期国力的衰微，满人汉化程度的加深，绝大部分满人完成母语转换而转用北京话。出旗为民的旗人日趋增多，仍然在旗的旗人地位也日趋下降，甚至从事最普通的行业。因此旗人变得不趋雅而趋俗，越来越喜欢市井通俗戏曲，喜欢与市井民众一起吹拉弹唱。

因此可以想见，文学戏曲作品中的语言也越来越趋俗。换句话说，当时整个社会风气及民众的趋俗，使得当时的人们以更加白话口语的语言来进行创作，从而使受众更广，有更多人可以看懂并流传。那么，笔者有必要将清后期至民国初期众多文学形式的语言性质进行阐述，以体现出这一时段中可见的文本语言的特殊性及价值，接下来的第三章即进行阐述。

第三章　反映清后期至民国初期北京话的材料及其性质

在第二章中，笔者阐述了清后期开始的各种社会现象——满汉畛域的融合，满人母语转换的完成，旗人地位的下降，整个社会的趋俗之风。语言处于社会背景中，无时无刻不受其影响。而某个历史时间点的语言已然消逝，后人可以捕捉到的就是当时被记录下来的语言——文献语言。由于清后期至民国初期特殊的社会背景，也造就了当时文献语言的特殊性。本章将结合第二章所阐述的社会背景，分析清后期至民国初期反映北京话的文献材料的性质、种类及价值。

以往学界使用的这一时期的北京话文献往往是乾隆年间的《红楼梦》、同治年间的《儿女英雄传》，民国初期的老舍作品，近几年有学者开始对清末京味儿小说《小额》及西洋的汉语教科书《语言自迩集》进行研究。但实际上还有很多材料有待挖掘，笔者不仅要使用传统北京话材料《红楼梦》《儿女英雄传》等，还十分重视挖掘其他文献，这些材料有的极少被学界使用，或是很难见到。笔者力求做到全面掌握各种材料，为研究打下坚实的基础。

笔者挖掘的文献材料主要有六大部分，一是白话小说，二是曲艺材料，三是域外汉语教科书，四是满（蒙）汉合璧文献，五是正音材料及音韵学相关著作，六是录音材料。

3.1 白话小说

有清一代的白话小说数量众多。笔者在序言中已经提到，本书主要的研究对象是 18 世纪末至 20 世纪初约 150 年间的北京话，那么选取的白话小说自然也主要集中于这一时间段。但鉴于《红楼梦》的重要性，笔者也将其纳入考察范围之内。18 世纪末至 19 世纪 80 年代使用北京话写成的白话小说不多，或者有的作品无法确定是否用北京话写成，因此笔者选取了学界比较公认的几部小说：《施公案》《红楼梦补》《红楼梦影》《品花宝鉴》《儿女英雄传》等。而从清末 19 世纪 90 年代开始，由于特殊的社会条件，用北京话写成的白话小说骤然增多，笔者有必要对这一时期的白话小说作品的产生背景及性质进行分析。

清末民初反映北京话的白话小说在当时有很可观的数量。但后世因社会动荡，许多小说久已湮没，还有相当一部分小说流落海外，过去鲜有学者关注，现留存并可用的小说材料还有待发掘。2014 年，由周建设主编的丛书《明、清、民国时期珍稀老北京话历史文献整理与研究》把不少清末民初的北京话小说影印出版，可作为研究的一个重要资源。

以往研究中，《红楼梦》与《儿女英雄传》是受关注最多的两部小说。但实际上，这两部小说的语言仍夹杂了一些文言以及其他方言的成分。因此，清末民初的北京话小说应首推以蔡友梅为代表的一批运用纯粹北京话写作的作家群（包括蔡友梅、哑铃、涤尘、剑胆、冷佛等作家）。他们的作品实际弥补了《红楼梦》《儿女英雄传》和老舍创作之间的断层，成为京味儿小说发展史上极为重要的一环。要体现这些京味儿小说的重要性与特殊性，必须将当时的社会背景、社会风气、思想意识与小说语言结合在一起，才能进行全面的观察。

3.1.1 清末国力衰微引发的"开通民智"风潮

在第二章中，笔者已经将清后期以来的社会背景作了叙述，此不赘述。

但此处想强调的是，清朝末年（19世纪80年代以后）至民国初期（五四运动以前）这一时段的社会背景。

第二章已经提到，清朝后期，国力逐渐衰微，旗人地位下降，旗人弃雅从俗。而至清朝末年，这些社会现实愈演愈烈。尤其是甲午海战的失败、戊戌变法的失败以及庚子之变等一系列历史事件的发生，外国使馆频频进驻，北京城满汉畛域彻底打破，清朝政权岌岌可危。《郎潜纪闻》（1882）中的《度支考》以清单式的叙述概括了清后期及光绪年间的社会状况：

> 近年中外士大夫留心时事，莫不以库藏匮乏为忧。……综核出入，终不解咸、同以来，何以与康乾之世赢绌若是其悬殊。……而嘉庆、道光两次裁兵一万六千，计可节省五六十万。至于道光年间，一耗于夷务，再耗于库案，三耗于河决，以及秦豫二年之旱，东南六省之水，并咸、同二朝剿粤逆，剿捻逆，剿回逆，入少出多，原不可以计数。（中华书局，1984：309）

全国范围的内忧外患层出不穷，国库空虚，但北京作为国都，必须粉饰太平，正如本书第二章所述，整个社会风气更向趋俗以及与市井民众共同游乐的方向发展。

但是，整个社会的趋俗之风正悄然酝酿一种思想意识的转变。一批有识之士眼见国贫民弱，亟欲扭转这一局面，而扭转局面的重要条件是加强教育。他们结合西方及日本的教育经验，发现"通俗简便"的事物反而受众更广，易于传播，于是有识之士们欲运用通俗易懂的白话传播知识，开通民智，以达到国富民强的目的。清末白话文运动的先驱黄遵宪曾于1895年在其著作《日本国志·学术志》中提出：

> 余又乌知夫他日者不变更一文体适用于今，<u>通行于俗者乎</u>。嗟乎！欲令天下之农工商贾妇女幼稚，<u>皆能通文字之用，其不得不于此求一简便之法哉</u>。（光绪十六年羊城富文斋版，卷三十三，7a）

因此一批讲求"简便之法""通俗易懂"的文献著作应运而生。其中王照编纂的《官话合声字母》（1900）是当时的一部重要著作，其书的序文及例言精到地阐述了"以通俗易懂开启民智"的宗旨：

中国文字创制最先，自我观之，先入为主，殚精泄秘，似远胜于各国。然各国文字虽浅，而同国人人通晓，因文言一致，字母简便，虽极钝之童，能言之年即为通文之年。故凡有生之日，皆专于其文字所载之事理，日求精进。无论智愚贵贱，老幼男女，暇辙执编寻驿，车夫贩竖，甫定喘息即于路旁购报纸而读之，用能政教画一，气类相通，日进无已。而吾国通晓文义之人百中无一。……且吾国古人造字以便民用，所命音读必与当时语言无二，此一定之理也。语言代有变迁，文亦随之。孔子之文较夏殷则变易，句法增添新字，显然大异，可知亦就当时俗言肖声而出，著之于简，欲妇孺闻而即晓，无文之见存也。……今各国教育大盛，政艺日兴，以及日本号令之一，改变之速，固各有由，而言文合一、字母简便，实其至要之原。……用此字母专拼白话，语言必归划一，宜取京话。……百余兆人皆解京话……是京话推广最便，故曰官话。官者，公也。公用之话自宜择其占幅员人数多者。……此字母专为无力读书，无暇读书者而设，故务求简易，专拼北人俗话……（庚子年裱褙胡同义塾藏版，1a—5a，18b）

该序文强调了"语言代有变迁，文亦随之""文言一致""言文合一"的重要性，不仅可以使妇孺老少、智愚贵贱人人皆明事理，气类相通，还可以使国富民强，如日本一样改变之速。且此套字母专拼白话，并且是北京话，因为"百余兆人皆解京话……是京话推广最便，故曰官话"。前文2.2节已经阐述了北京话在清后期以后的影响力之大，全国都在学习效仿。以北京白话作为教育之凭借工具是十分必要的，也是最适宜的选择。

因此，运用北京白话来进行文学创作，开启民智的白话小说如同雨后春笋般成长起来。有识之士们纷纷开办报社，在报纸上连载白话小说，以吸引普通民众的目光。当时连载白话小说的报纸有《爱国白话报》《京话日报》《京话时报》《白话国强报》《白话捷报》《北京白话报》等。从这些报纸的名称上看，无不突出"京话""白话""国强"的宗旨。其中蔡友梅作为清末民初京味儿白话小说的代表作家，其"白话小说亦可开启民智"的思想在各类作品中均有体现。他的代表作《小额》（1908）中其友人德少泉在序文中提到：

> 丁未春，北京进化报社创立，友梅先生以博学鸿才任该馆总务，尝与二三良友曰："比年社会之怪现象於斯极矣。魑魅魍魉，无奇不有。势日蹙而风俗日偷，国愈危而人心愈坏，将何以与列强相颉颃哉？报社以辅助政府为天职，<u>开通民智为宗旨</u>，质诸兄有何旋转之能力，定世道之方针？捷径奚由，利器何具？"是时，曼青诸先生俱在坐，因慨然曰："<u>欲引人心之趋向，启教育之萌芽，破迷信之根株，跻进化之方域，莫小说若！莫小说若！</u>"于是友梅先生以报余副页，逐日笔述小说数语，穷年累日，集成一轴，书就，命予序首。（光绪三十四年和记书局本，2页）

上文提到的《进化报》，根据《北京报纸小史》记载："《进化报》，设于东单北大街，社长蔡友梅，编辑杨曼青、乐缓卿、李问山，体裁白话。蔡氏等皆为旗族，故其言论新闻注意在八旗生计问题。"[①]

后至民初，蔡友梅（署名"梅蒐"）在《北京益世报》的专栏"益世余谭"中对实事、现象发表评论时提到：

> 西儒威利有云："<u>改良社会风俗，小说为无上利器。</u>"利器是什么呢，就是快家伙。无上利器就是至快的家伙。如此看来，<u>小说这宗东西，关系是很大啦</u>。可是威利先生所说的小说，是那宗高尚的小说，真能<u>引人入胜、感化人心</u>。要是那宗不够资格的小说，也是宗利器，可不

---

① 转引自刘云《〈小额〉及其作者蔡友梅》，载于《小额（注释本）》（2011），113页。

是改良风俗的利器，是败坏风俗的利器。同是利器，损处跟益处，可就差的太多了。按小说、辞曲、评书、戏剧、讲演、白话报、幻灯、油画等等，都与社会教育有极大的关系。若果组织完善、设施得法，社会受益实在不浅。可是这几样里头，尤以评书、戏剧为最要。这两宗玩艺儿，识字不识字的人，都可以观听，现身说法，感人最深，效力也最大。……现在风俗薄弱，道德沦亡，<u>要打算挽救人心、改良风俗，非由戏剧、小说、评书入手不可。</u>（1920年4月29日）

社会教育，关系至重。因为人生在世，离不开社会，因此常受社会的影响。风俗习惯良美，国民道德自然高尚。风俗习惯不良，国民道德自然堕落。可是能制造风俗习惯的，有一宗东西，就是小说，因为小说有镕铸社会的力量。……按小说一门，人所同嗜，<u>普通人看报纸，抓起来先看小说。</u>记者常在阅报处调查，颇有经验。年轻学生，尤其爱看小说。<u>果能实行改良，与社会教育有极大的关系。</u>西哲有云："强国自小说始。"（1920年5月15日）

因此，为了"改良风俗""开通民智"，必须使用最通俗、受众最广的方法：小说、评书、白话报、戏剧等。可见，"百余兆人皆解京话"是京味儿小说产生的重要条件；而开启民智、移风易俗、改良社会、增强国力的意识是京味儿白话小说数量骤增的主要原因。

3.1.2 清末民初白话小说与五四白话文运动以来白话小说之区别

本节所说的"清末民初"主要指19世纪90年代至20世纪10年代，也就是五四白话文运动以前；"五四白话文运动以来"是指20世纪20年代至中华人民共和国成立前这一时间段。这二者在时间上是连续的，且各自时间均不长：前者只有30年左右的时间，而后者还不到30年。但就在这短短近60年的时间，整个中国文学意识发生了巨大的变化——以五四白话文运动为重要分界线，小说等文学形式的语言也随着文学意识的变化而发生了转型。因此,要分析清末民初白话小说的特殊性和重要性,不可避开整个文学意识的变化。

3.1.2.1 清末民初的文学意识

在 3.1.1 节中,笔者分析了清末岌岌可危的国情而导致的"开通民智"之风潮,主要方式是以北京口语白话来教育普通人甚至是底层人,以达到挽救人心,改良风俗的目的。

这其中,"通俗易懂"是最重要的一个关键词,也是当时文学意识中最重要的要素之一,那么这就导致"通俗易懂"的文学作品可能会缺乏一定的文学性和艺术性,而事实也的确如此。根据夏晓虹(1985)的研究,白话文作为开通民智的工具,在语言的要求上是"我手写我口",以接近口语为最高标准。而当时表达新事物、新观念的新名词刚刚从国外输入或由文人造出,尚未在下层社会流行,未进入日常生活的口语中,相当一部分被排斥在白话文之外。白话文作为宣传、教育的手段,文章不必写得有文采,"辞达而已矣"。如果有了华丽的辞藻,普通民众反而不解其意,达不到"开通民智"的目的。因此当时的一些作品放弃了对文学性的追求,是一件比较无奈的事情。关于这一点,笔者较为同意。笔者查阅了众多以蔡友梅为代表的京味儿小说家的作品,在语言及思想意识上无疑具有很高的价值,但在文学性方面确实比较欠缺。因为其本身用的是北京口语,日常的口语白话不可能有很华丽的辞藻。在 2012 年北京大学的一次学术讨论会的自由讨论时间,刘一之先生也提到蔡友梅等人的小说语言"太贫",甚至让人越看越烦。这似乎贬低了这些白话小说的价值,但也正说明这些小说为了反映普通人的普通事、普通人的口语白话,不得不在一定程度上放弃文学性。

另外,根据高玉(2001)的研究,清末的白话文运动是语文大众化运动,是文化的普及运动。当时的白话在本质上是工具性的语言,其目的是向大众宣传浅显的思想,即宣传对于大众来说被文言遮蔽的思想。清末只有白话文运动,没有语言变革运动。清末白话文运动本质上是语言工具运动,也就是说,提倡大众语和民间口语的目的是用白话宣传文言文的思想,不是建立一种新的语言系统。清末白话本质上是古代白话、民间口语和大众语的混合物,当时的白话没有脱离古代白话和民间口语的范围,这与当时的总体环境和人们的知识结构有关。因此在文体及叙述手法上依然沿袭古代白话小说的章回体形式,即使清朝逊国以后的一段时间也同样如此,这在五四白话文运动之前几乎无一例外。

3.1.2.2 五四白话文运动以后的文学意识

清朝逊国以后,整个社会形态发生了根本的变化。但在文学意识和思想上较清末实际变化不大,甚至没有变化。蔡友梅为代表的一批京味儿小说家依然沿袭自身的创作风格及语言风格进行创作。直至五四白话文运动(1919)以后,文学意识才发生了根本变化。

其中,梁启超是最关键的人物之一。梁启超在戊戌变法失败以后,远渡日本。在日期间阅读了大量日本书籍,受到日本书体的耳濡目染,将其带入了自身的作品中。根据夏晓虹(1985)的研究,梁启超提倡以"俗语文体"写"欧西文思",是一种"新文体"。这种文体是以传播西方思想新文化为其主要内容的,时而夹杂外国文法及外国词汇。新文体从域外引进新名词以弥补中国语言之不足,并使之普及,进入口语。新文学运动的发起者和提倡者们继承这一思想,将新名词、西洋词法加入文学中,形成欧化的白话文。另外,新文体的倡导者们汲取了古代经典白话小说中优美的语言及写作技巧,甚至文言词汇,又接受了清末白话的启蒙意识,再加上五四精神,形成了一股巨大的潮流,这是清末的白话运动不可比拟的。

五四白话文运动是思想解放运动,它导致了汉语语言体系的诸多变革,导致了中国文化和文学的现代转型。根据高玉(2001)的研究,五四白话文运动主要是由一批接受了西方文化教育和熏陶的知识分子发动的,由于知识结构、学识修养以及外语思维和新的话语方式,白话在运用过程中,其性质已悄然地发生变化。五四白话已经脱离文言,成为一种独立的语言系统，一种具有西方思想和思维特征的语言体系。在工具的层面上，它与古代白话没有区别，但在思想的层面上，它大大不同于古代白话，它借用大量西方的术语概念范畴和话语方式，从思想和思维上改变了性质。

值得一提的是，蔡友梅、剑胆等作家的京味儿小说，有的创作于20世纪20年代，也就是五四白话文运动以后。但是，这些京味儿小说家并没有受到五四白话文风的影响，依然沿袭着自己一贯的创作风格。

综上所述，清末的白话文、白话小说等文学形式是为了"开通民智""改良风俗"，以"通俗易懂"为核心宗旨，上至文化人，下至底层市井民众，均能看懂读懂，而使其受众达到最大化，因此语言上使用了北京口语白话。限于当时的环境，只能无奈地放弃一定的文学性。另外，在文学意识上依然是中国传统思路，沿袭章回体或说书体的叙事方式，用词酌句均为普通百姓所熟知的，很少纳入新名词，更没有欧化语法，否则普通百姓反而无法理解。而五四白话文运动提倡的是新思想，纳入了文言词汇、大量新名词、西洋词法、欧西文思，在整个思想范畴上发生了很大的转变。它不同于清末白话，它有自身一套术语及概念。在叙事方式上，也不再沿袭中国传统的章回体模式。五四白话文运动是传统文与现代文的分水岭。因此，清末白话小说并非如以往所说的因清末与五四时期在时间上间隔太近，而缺乏研究价值。实际情况是，清末白话文尤其是北京地区的京味儿小说无论在思想意识还是叙事方式上都不同于五四白话文运动以后的白话小说，是当时真实口语的反映，作为北京话语料具有重大的价值。

3.1.2.3 清末民初与五四白话文运动以后白话小说之文本对比

上节提到，以五四白话文运动为分水岭，以白话进行创作的文学作品从通俗易懂的传统中国式口语白话转变为加入了新名词及欧化语法的带有欧西文思的现代白话。那么，笔者认为有必要将这两个时期的代表性文学作品的语言进行比较。由于笔者并非研究文本分析，因此只做一个简单的对比。

清末京味儿小说中最具代表性的作品无疑是蔡友梅的《小额》(1908)；

而五四白话文运动以后的京味儿小说家自然首推老舍。老舍使用北京话进行创作，充满京味儿，可以说是学界共识，此不赘述。老舍作品尽管可以看作当时的北京话，并且也有很多北京特有的名物风土词汇，但老舍长期留学英国，精通英语，接受了西方思想的熏陶，作品中存在着外来词及欧化语法。为了在时间上更为接近，笔者选择老舍早期的作品《老张的哲学》（1926）。为了在内容上方便对比，笔者分别选取《小额》及《老张的哲学》中开篇描写主人公的部分。

《小额》：

> 西直门城根儿住着一个姓额的，人都管他叫小额。从先他爸爸放阎王账，专吃旗下，外带着开小押儿，认得几个吃事的宗室，交了两个北衙门跐堂的，喝，那字号可就大啦。要说他的财主，每月的钱粮包儿，真进个一千包儿、两千包儿的。后来给他儿子办了一份库兵，花了五千五百多两银子。后手啦，老头子死啦。小额当了三年的库兵，算是好，没出多大的吵子（贼星发旺），家里的钱是挣足啦。把小押儿也倒出去啦。自己看着这点儿账目，心满意足。又有些个不开眼的人这们一捧臭脚，小额可就自己疑惑的了不得啦，胡这们一穿，混这们一架弄，冬天也闹一顶染貂皮帽子带带，也闹一个狐狸皮马褂儿穿穿。见天也上甚么通河轩啦、福禄轩啦听听书去。后头也跟着一个童儿，提溜一根仙鹤腿的水烟袋，大摇大摆，学着迈方步又迈不好（何苦），没事也带副墨镜。要是不摸底的，真疑惑他是卸了任的府道。到了茶馆、饭馆儿，都称呼他额老爷（洋绉眼），他自己也以额老爷自居。（光绪三十四年和记书局版，1—2页）

《老张的哲学》：

> 老张的哲学是"钱本位而三位一体"的。他的宗教是三种：回，耶，佛；职业是三种：兵，学，商。言语是三种：官话，奉天话，山东话。他的……三种；他的……三种；甚至于洗澡平生也只有三次。洗澡

固然是件小事，可是为了解老张的行为与思想，倒有说明的必要。

　　老张平生只洗三次澡：两次业经执行，其余一次至今还没有人敢断定是否实现，虽然他生在人人是"预言家"的中国。第一次是他生下来的第三天，由收生婆把那时候无知无识的他，象小老鼠似的在铜盆里洗的。第二次是他结婚的前一夕，自对的到清水池塘洗的。这次两个铜元的花费，至今还在账本上写着。这在老张的历史上是毫无可疑的事实。至于将来的一次呢，按着多数预言家的推测：设若执行，一定是被动的。简言之，就是"洗尸"。

　　洗尸是回教的风俗，老张是否崇信默哈莫德呢？要回答这个问题，似乎应当侧重经济方面，较近于确实。设若老张"呜乎哀哉尚飨"之日，正是羊肉价钱低落之时，那就不难断定他的遗嘱有"按照回教丧仪，预备六小件一海碗的清真教席"之倾向。（自然惯于吃酒吊丧的亲友们，也可以借此换一换口味。）而洗尸问题或可以附带解决矣。

（商务印书馆1929年版，1—2页）

显而易见，这两段文本同为描写小说的主人公，但两者的语言风格即叙事方式完全不同。具体分析主要有以下几点：

《小额》中句末多次出现语气词"啦"，在同时期的其他北京话小说中也多有出现。而《老张的哲学》却没有一例。"啦"是表示强烈肯定、强调变化的语气词，语气较重。（孙锡信，1999：178—179）

老舍的作品中的人称名词及专有名词前时常带有较长的修饰，这是明显的欧化色彩。（李刚、张昕，2007）在上文举出的《老张的哲学》这一小段文本中，此种较长的修饰就出现了多次："由收生婆把那时候无知无识的他"；"人人是'预言家'的中国"；"有'按照回教丧仪，预备六小件一海碗的清真教席'之倾向"。而《小额》中却没有这样的现象，不仅这一段文本没有，整部小说也极少出现。

老舍作品经常使用倒装句，这在古代白话中很少见。（李刚、张昕，2007）在上面的文本中即出现了一例："两次业经执行，其余一次至今还没有人敢断定是否实现,虽然他生在人人是'预言家'的中国。"其中将"虽然……"后置。

老舍作品中常有设问句的使用:"洗尸是回教的风俗,老张是否崇信默哈莫德呢?要回答这个问题,似乎应当侧重经济方面,较近于确实。"这显然受到欧化句式的影响,这在《小额》没有一例。

《小额》中有作者对角色人物的直接评论,如文本中括号内的"贼星发旺""何苦""洋绺眼"等。这是古代章回体小说的一个重要特征——类似于说书人现场叙述,时常与观众互动。这在《小额》中比比皆是,在其他清末民初的京味儿小说中也时有出现。由于要与观众互动,因此往往要使用强烈的语气,这也就解释了上文所述的"啦"的使用差异。而老舍的作品中尽管也使用括号,如"(自然惯于吃酒吊丧的亲友们,也可以借此换一换口味。)",但这不是作者与读者之间的互动,而只是对前述内容的补充说明。这不仅体现了老舍的作品并非使用中国传统章回体的叙事模式,也体现了一种思想意识的转变。

综上所述,清末至五四白话运动之前的白话小说是使用民间白话口语写作的,鲜有新名词,无欧化语法,承袭的是中国传统思想和叙述模式,因此这一时期的京味儿小说反映的是体现纯正中国传统思想的北京口语。五四白话文运动之后的白话小说加入了大量新名词,也有不少欧化语法,反映的是受欧西文思影响的新文化新思想。可见清末民初京味儿小说有不同于五四以后文学的重要价值。但笔者同样十分肯定老舍作品的价值,其语言尽管在语法上受到欧化语法的影响,但老舍毕竟作为土生土长的北京人,其作品也多反映北京的名物人事,充满京味儿,是民国以后北京话作品的代表。

3.1.3 查阅书目

在本节开篇部分,笔者已经提到,18 世纪末至 19 世纪 80 年代的北京话语料,笔者选取了《施公案》《红楼梦补》《品花宝鉴》《红楼梦影》《儿女英雄传》等作品，另外鉴于《红楼梦》的重要地位，也将其纳入考察范围之内。而五四白话文运动以后的小说作品主要集中于老舍。具体版本如下：

庚辰本《红楼梦》（1760）：《古本小说集成》据徐酮旧藏本原本影印，上海古籍出版社，1995。

程甲本《红楼梦》（1791）：仓石武四郎藏萃文书屋藏板。

程乙本《红楼梦》（1792）：程乙本新镌全部绣像红楼梦，广文书局影印，1977。

《施公案》（1798）：《绣像施公案传》，《古本小说集成》据道光庚寅（1830）夏镌文德堂藏板原本影印，上海古籍出版社，1995。

《红楼梦补》（1819）：《古本小说集成》据嘉庆二十四年己卯（1819）藤花榭刊本原版影印，上海古籍出版社，1995。

《品花宝鉴》（1848？）：《古本小说集成》据上海古籍出版社藏刊本影印，上海古籍出版社，1995。

《红楼梦影》（1862）：《古本小说集成》据光绪丁丑（1877）聚珍堂刊本影印，上海古籍出版社，1995。

《儿女英雄传》（1878）：《古本小说集成》据山东大学图书馆所藏聚珍堂初刊本影印，上海古籍出版社，1995。

老舍作品，如果是民国时期的作品，笔者尽量选择民国时期出版的版本，以保证更接近于作品原貌。由于作品较多，此处不繁举，下文引用老舍作品，会写出具体出版时间及出版地。

而对于清末民初京味儿小说作品的总结，有刘云（2013）《早期北京话的新材料》一文，文中列举了各种小说名称及当时所载报刊的名称。这些小说往往一开始在报纸上每日连载（如《爱国白话报》《顺天时报》《益世报》《京话时报》《白话国强报》《白话捷报》《北京白话报》等），全部连载结束后，报社会将该小说装订成册，然后以完整的形式发行，方便读者阅读，例如1913年的《金镊水》的页面中缝就有"阅报诸君将此页按日存留以备装订成册"。笔者根据刘云论文的记述以及自身掌握的材料将这些小说作品及版本列举如下：

蔡友梅：

1908《小额》：光绪三十四年和记书局排印版。

1913—1919《新侦探》《大小骗》《苏造肉》《海公子》。

1915《张和尚》《谢大娘》《王有道》《苦家庭》。

1919—1921《苦哥哥》《一壶醋》《五人义》《方圆头》《姑作婆》《理学周》《麻花刘》《裤缎眼》《刘军门》《苦鸳鸯》《张二奎》《铁王三》《花甲姻缘》《鬼吹灯》《赵三黑》《张文斌》《小蝎子》《曹二更》《董新心》《回头岸》《酒之害》《鬼社会》《二家败》《人人乐》：北京大学"清末民初北京话系统研究"项目成员点校版。

1918《连环套》：《白话国强报》民国七年十月二十日发行。照片版。

1918《驴肉红》：《白话国强报》民国七年十二月十七日发行。照片版。

1919《郑秃子》：《白话国强报》民国八年二月二十五日发行。照片版。

1919《大樱桃》：《白话国强报》民国八年六月二日发行。照片版。

1919《白公鸡》：《白话国强报》民国八年九月十四日发行。照片版。

1919《胶皮车》：《白话国强报》民国八年十月十九日发行。照片版。

剑胆：

1916—1919《阜大奶奶》《花鞋成老》《文字狱》《衢州案》《错中错》《七妻之议员》《皇帝祸》《无头案》《黄粱梦》《玉碎珠沉记》：北京大学"清末民初北京话系统研究"项目成员点校版。

哑铃：

1913《何喜珠》《劫后再生缘》：北京大学"清末民初北京话系统研究"项目成员点校版。

自了生：

1914《李傻子》《于小辫》《张铁汉》：北京大学"清末民初北京话系统研究"项目成员点校版。

冷佛：

1912《春阿氏》：静宜署签，爱国白话报馆刊，民国二年十二月十二日，《明、清、民国时期珍稀老北京话历史文献整理与研究》影印版，2014。

1913《金镙水》（部分）[1]，白话捷报社刊，民国三年。

穆儒丐：

1924《北京》：民国十三年一月廿五日印刷，民国十三年二月一日发行，照片版。

耿小的：

1933《滑稽侠客》：百花文艺出版社，1986。

笔者查阅资料的原则为：上文注有影印版、照片版的，必然以这些版本为依据；若实在没有影印版或照片版，即查阅后人整理版，但这些整理版必须是经过多次校对、可信度高的版本[2]。

3.2 曲艺材料

曲艺材料主要包括清末民初的相声、评书、子弟书、戏曲、时调小曲和鼓词等作品。在2.4节中，笔者已经提到子弟书与评书等艺术形式随着时代的变迁而在语言风格上发生变化，甚至有的因风格雅驯而出现衰落。这些曲艺作品大部分是由民间艺人所作，受众又是普通民众，因此呈现出口语化的特点。

---

[1] 特此感谢落合守和先生的慷慨提供。

[2] 关于后人整理版，感谢清末民初北京话系统研究（11JJD740006）项目成员及北京大学中文系各位同学的校对整理。并特此感谢王洪君教授、竹越孝教授、郭锐教授、刘一之教授、刘云老师、落合守和教授为笔者提供的丰富材料。

3.2.1 相声

相声这一艺术形式定型于清末北京,根据侯宝林等《相声溯源》(1982:5—6)的观点,相声是吸收多种艺术形式的因素而形成的,在萌芽阶段由于其不稳定性,可能既带有相声艺术的某些特点,又带有其他艺术形式的某些特点。而真正定型应该是在同治至光绪年间的"国服"期间,京剧艺人朱绍文改行说相声,成为相声的鼻祖,活跃于北京各大庙会及天桥地区。根据其活跃地点来看,相声一开始的受众即为北京的普通市井民众。相声运用北京口语进行创作,这是学界的共识。

相声这种艺术形式为了适应不同时期受众的需求,不断改进,一直发展至今,受众都为普通大众,所以相声作品对于北京话的研究有着重要的意义。不过,清末时期的相声作品有相当一部分已经失传,现今仍流传的一些传统相声作品已经被后世演员进行了改动,变成了当前的北京话,所以真正反映早期北京话面貌的作品并不多。现可查的作家作品有清末李德钖、焦德海、马德禄等"八德",清末民初张寿臣,清末民初常氏家族,民初马三立、刘宝瑞、侯宝林等人及其作品。

鉴于后世文本往往经过改动,笔者使用相声材料的原则为:若有当时的演出录音材料,必然以录音材料为准;若无录音材料,才以文本材料为据。

3.2.2 子弟书等时调小曲

本书在第 2.4 节中将子弟书的源流与旗人地位下降之间的关系做了分析。总体来说,子弟书始创于八旗子弟,风格雅驯;随着时间的推移,创作及传唱子弟书的变为民间艺人,辞藻也变得相对平实,但依然保持着较为高雅的风格,不过也出现了一些宣扬淫情的作品,如《灯草和尚》《升官图》等,是为了迎合大众口味而出现的作品。直至同治以后,子弟书由于其较为高雅的风格与整个社会的趋俗之风格格不入,逐渐失去了立足之地。另外,子弟书字少腔多,民间艺人难于学习,因而被语言更通俗,词调更简单自由的单弦、大鼓等时调小曲取代。但无论是子弟书（尤其是民间艺人演唱的子弟书）还是时调小曲，其中都有不少北京口语词汇，因为子弟书是"描绘八旗子弟生活习俗和北京市井民间社会风情的形象史料"，"是市井民间最喜闻乐见的一种通俗文艺"①，而时调小曲"大半都是小市民写作的，在民间特别在城市中流行"②。如子弟书《葡萄架》：

> ……第一有人来观之不雅，潘金莲呲牙儿一笑眼角儿一翻，说傻丫头，除你爷来有谁到此，你瞧着些儿，趁着他没来我眠一眠。小春梅撒娇儿一瞅说可不是呢，我还要在山后掐花儿扑蝶儿玩。不言潘氏在花园内，西门庆拜客归来到后边，换上了随便的衣衫，香茶一盏。……西门庆说作怪的囚根子何处去？你娘在那里？春梅一拍，说闹翻了天。那不是他么？你悄悄像个什么人样，也不管个什么一丝儿不挂在那里高眠。西门庆说，谁管他呢，特来找你，春梅说，哼，这可不能，我这里正玩。……（《清蒙古车王府藏子弟书》，国际文化出版公司 1994：121）

时调小曲《婆媳顶嘴》：

> ［白］像我们这做媳妇的，个个不气长。终朝打骂实难当，也是我命中无修下，哎哟天哪前世里烧下断头香。这也是我爹妈无主意，信了那媒婆子猴儿娼妇的话，把我说到这里来。公公一天家糊里糊涂的，光听我婆婆的话。婆婆一天家醉魔咕咚的，不是喝，可就是耍。我那小女婿子，比我小着四五岁，吃饭不知饥饱，睡觉不知颠倒，可叫我和他怎么着过，这到多偺才是个了手。……［唱］思量奴的命薄，哎哟思量奴的命薄。公公婆婆嘴头儿碎过，他悖晦着心，光说人家的

---

① 北京市民族古籍整理出版规划小组（1994）《清蒙古车王府藏子弟书·前言》，国际文化出版公司，1—2页。

② 据赵景深（1987）《明清民歌时调集·白雪遗音·序》，上海古籍出版社，455页。

错。公公老絮过,哎哟婆婆老乞婆,过来过去寻找我,这委曲,叫我怎么过。女婿下了学,哎哟终日把我魔,给他预备下这个,他要那个,那个小东西,大了也不成货。[白]方才不是骂了我婆婆两句么,他若听见了,他可准依我。[老白]好孩子。[小白]吃饭哪。[老]你们瞧瞧他,方才和我一块儿吃的饭,怎么一个时候,他就会忘了,你的心事也多。[小]唱茶呀。[老]我不喝茶,喝了你妈的饭汤了。[小]你老人家甚么时候来的。[老]你问的是我么,从你那命儿薄的时节来的。[小]嗳呀,这不都是叫他听见了么,趁着我这小嘴子快,我合他搅罢。[老唱]媳妇你好差,哎哟天天不着家,背前面后把我咯咂,是我娇养的你,背地里将我骂。[老白]你这孩子,背地里自言自语的,做甚么。[旦白]我没有做甚么。……(《明清民歌时调集·白雪遗音》,上海古籍出版社 1987:686—687)

这两段文本的语言均带有较强的北京口语色彩,较典型的特征如句末语气词"呢"(而不用"哩")、"么"、"哪"的使用,疑问代词"多偺",时间名词后的"家"表时间长等用法。但是,值得提出的是,无论是子弟书还是时调小曲,均要按照一定的唱腔、曲牌及韵律进行创作。有了这些因素的束缚,子弟书和时调小曲的语言不可能完全反映日常口语,因为"唱"和"说"是有本质区别的。因此,这种以唱为主的艺术形式尽管可以作为北京话的语料,但也只能作为参考辅助之用。

笔者依据的子弟书文本主要为北京市民族古籍整理出版规划小组在1994年整理点校出版的《清蒙古车王府藏子弟书》。车王府藏子弟书是迄今为止保留曲目最丰富的抄本,不仅版本可靠,后人的整理也十分细致,除了一些淫情成分被删除以外,基本尊重其原貌。时调小曲依据的是《明清民歌时调集·白雪遗音》(上海古籍出版社,1987)。《白雪遗音》是清嘉庆、道光年间罕见的小曲总集,编者为嘉庆年间的华广生。其中的小曲篇目十分丰富,在20世纪50年代以前,全本的《白雪遗音》从未翻印出版过,直至1959年中华书局才将全本排印,但也只是内部发行。后上海古籍出版社在 1987 年将《霓裳续谱》与《白雪遗音》合订出版为《明清民歌时调集》,这才使得更多人可以看到其全貌。另外,笔者与竹越孝先生合作校注了满汉合璧的子弟书《螃蟹段儿》(发表于《神户外大论丛》,2016 年,63—101 页)。

3.2.3 戏曲剧本 —— 北大图书馆藏"玉霜簃藏曲"等新材料的挖掘

随着清后期整个社会风气的世俗化,高贵清雅的文学形式已逐渐失去了受众,口语趋俗的文学形式受到青睐。但是具有千年历史的戏曲(主要是京剧、昆曲等)有着自身悠久的传统,有着固定的套路。尤其是很多剧本均源于元杂剧,自元代以来,唱词与口白变化很小,如雍正年间金埴所作笔记《不下带编巾箱说》记载:

> 戏曲至隋唐始盛……唐谓之梨园乐……元人杂戏则有十二科名目……今优人登场氍演古戏今戏者,<u>多法元人院本,不能出其范围十二科之外</u>。(卷四,中华书局,1982:75)

可见戏曲剧本的一脉相承,即使到了当代,京剧、昆曲凡是上演传统剧目,剧本及唱词也承袭传统,大多没有质的变化。

但是戏曲的目的是要有更多人追捧,为了适应观众的需求,戏曲剧本也不得不做一定的改动。由于唱词有固定的套路和曲韵,一旦改动就失去了韵味,往往只能对口白进行改动。尤其是丑、净、外等角色,本身担负的职务就是插科打诨,因此最适合与时俱进、因地制宜地进行改动。如《不下带编巾箱说》记载:

> 埴尝谓洪昉四曰:"古今善恶之报,<u>笔之于书以训人,反不若演之于戏以感人为较易也</u>。然则梨园一曲,原不徒为娱耳悦目而设,<u>有志斯民者,诚欲移风易俗,则必自删正,传去奇始也</u>。"(卷四,中华书局,1982:75)

这一段记载说明，为了移风易俗，戏曲就根据当时的社会风气进行删改。那么或许可以推知，根据地域的不同，口白就要改为当地人能听懂的语言，否则不利于"以感人为较易也"。随着社会风气的趋俗，口白也趋向当时的口语白话。

3.2.3.1　新材料：北大图书馆藏"玉霜簃藏曲"

笔者在此特别想提出的是曾经在北京大学查阅到的一批戏曲材料。北京大学图书馆于2005年购得一大批戏曲剧本，原为戏曲名家程砚秋（1904—1958）旧藏，每部剧本均有"玉霜簃藏曲"的印章为证（"玉霜"为程砚秋的字）。在程砚秋收藏之前，这批资料大部分原为北京梨园世家金匮（苏州）陈氏的旧藏，少部分来自怀宁曹氏家藏，其后人将其发卖，为梅兰芳和程砚秋分别竞买收藏。北大图书馆购得程砚秋藏本，共函装本586册，散仓本985册（参见吴新雷，2010）。后北大图书馆古籍部进行了细致的修复及编目工作，将原本各页分别嵌入新的线装本中重新装订（即"金镶玉"本），分类放入统一定制的楠木盒中，使这批珍贵文献能得以长期保存。

这些戏曲剧本珍贵之处主要体现为以下五个方面：

（1）跨越年代甚久，数量庞大。根据北大图书馆古籍部重新整理后的初期目录可知，这批资料上自清代顺治年间，下至民国初期，跨越三百余年，共1961册，绝大部分是昆曲，包括全本、零本、折子戏及散页。剧目有《太平钱》（顺治七年，1650）、《金印记》（康熙十七年，1678）、《金兰谊》（雍正七年，1729）、《彩毫记》（乾隆乙卯年，1795）、《西厢记》（嘉庆戊午年，1798）、《寻亲记》（道光元年，1821）、《三国志》（咸丰八年，1858）、《十全福》（同治元年，1862）、《西游记》（光绪六年，1880）、《浣沙记》（民国七年，1918）等。（2）均为"梨园本"，即反映当时实际演出的剧本，而非"案头本"（即文人剧本）。"案头本"几乎不包含口白，"梨园本"则有丰富的口白，亦可在实际演出时临时改动口白，若反响良好，还可直接在演出本上添加修改，因此一定程度上反映了实际的语言情况。（3）有的剧本还有关于唱词的工尺谱、身段谱及锣鼓（在中国戏曲中的地位相当于西方的指挥）的记录，故据此可复原当时唱腔、舞台表演情况等信息。其中工尺谱和身段谱尤为丰富，在1961册中，工尺谱共有470册，身段谱共75册。另外，还有按角色不同而单独成册的"角色本"，例如《伏虎韬》（光绪二十一年，1895）中"火夫"一册，均为"火夫"这一角色的全部唱词和口白。（4）所有剧本均为手写本，系清代伶人所记，虽有的字迹过于潦草，或因年代久远的原因，难以辨认，但大部分字迹清晰工整。（5）有的剧本可以确定使用的时间，例如有的记有奉旨进宫演出的谕旨，有的则是有对公众演出的日期。正因为有这些珍贵之处，这批资料已被鉴定为国家二级文物。

鉴于"梨园本"可根据观众反响修改，一定程度上反映了实际的语言情况这一特点，有些作品的口白很可能反映的是北京话。而且，从某些剧本的内容和风格上还可以看出当时的社会情况，很有借鉴意义。但也有遗憾之处，如有的剧本口白极少或过于零碎简短，无法作为长篇语料；有的剧本严格遵从一脉相承的惯例，几乎完全没有改动；一些剧本只有残本，无法观其全貌。由于笔者能力及时间有限，无法遍览所有，至今共查阅了五十余种剧目①。

前文提到，戏曲"多法元人院本"，"玉霜簃藏曲"系列剧本中亦是如此，例如曲牌方面确实沿袭了元曲曲牌（点绛唇、脱布衫、山坡羊、粉蝶儿、石榴花、朝天子、红绣鞋、剔银灯、川拨棹、驻马听、集贤宾、普天乐、新水令、沽美酒、小桃红等），内容方面亦没有出"十二科"之外。同一剧目在不同年代的不同版本中，唱词部分几乎没有改动，即使口白的语言也多保留了元曲的语言特点，以下简单列举几个体现元曲特点的例子②（由

---

① 笔者能有幸一睹"玉霜簃藏曲"的原貌，是特别受到博士期间导师王洪君教授的推荐与支持，以及北京大学图书馆李云、吴晓云、潘筠、朱强、杨云等诸多老师的帮助，特此致谢。
② 之所以判定这些语言现象是沿袭元曲所致，主要依据是顾学颉《元曲释词》（中国社会科学出版社，1983）及徐沁君《新校元刊杂剧三十种》（中华书局，1980）。

于该剧本均为写本,故无页码。下同):

① 衬字"也么"。

《蝴蝶梦》:"少不得重赴祭央会上,再结同心带裙也么钗,恁且自思来。"(丙子年①)

② 句末助词"也么歌"。

《琵琶记·坠马》:"险些儿跌折了腿也么歌,险些儿撞破了头也么哥。"(具体时间不详,可能为道光年间)

③ 用"每"表示人称代词复数,有时也用"们"。

《才人福》:"生:你每两个的言语我一些也不解。……生:我们回去罢。"(道光元年,1821)

④ 句末助词"来"。

《狮吼记》:"外:待我闪过一边,听他说些什么来。"(光绪年间)

《西厢记》:"旦白:他罪你什么来。"(具体时间不详,可能为嘉庆年间。)

⑤ 句末助词"则个"。

《百顺记》:"生:你们一个磨墨一个拂纸,待我写字则个。"(乾隆元年,1736)

⑥ 介词"着"。②

《西游记(猴子)》:"玉帝真真知趣,晓得俺老孙爱吃果子的,着我看守着这桃园。"(年代不详)

⑦ "兀的+不"结构表反问语气。

《十全福》:"兀的不痛杀人也!"(同治元年,1862)

但是,前文也提到,戏曲根据时代的变迁和需求,也要"必自删正"。这种"删正"在程砚秋家藏的戏曲剧本中具体有两种表现:一为直接在剧本上删改。即在同一文本中,有删改的痕迹,且前后字迹不同。这样的删

---

① 关于"丙子年"所指具体年代,见下文对《蝴蝶梦》两个版本的对比分析。
② 也有观点认为此"着"仍为动词。

改往往是修正错字，或伶人根据具体演出的需要而自行对情节进行增补省略。另一种是同一部戏曲作品在不同时期进行的改动，这样的改动应该不是伶人临时的改动，而是根据作品经过长期演出积累的经验而进行的改动，直接从文本中看不到删改的痕迹，必须将不同时期的作品进行比较才能看出区别。笔者曾比较了几部不同时期的同一作品，其中显现的趋势是，绝大部分作品在文字上几乎没有改动，一脉相承；少部分作品进行了改动，且往往是向接近于当时实际语言的方向改动，越接近于清末，这种现象越明显。例如《千金记》不同版本：

《千金记·拜将》（同治乙丑年，1865）：
丑：大家前去观看一回。
《千金记·拜将》（光绪十八年，1892）：
丑：我们大家去看一看。

《千金记》中的改动极少，惟此处改动较为明显。从这句话可以看出，同治本的语言明显是沿袭传统风格，而光绪本已经在个别地方修改为更接近清代口语的用法。

《蝴蝶梦》不同版本：

《蝴蝶梦》（顺本堂，丙子①）：
生：咳，不是冤家不聚头，冤家相聚几时休。早知死后无情意，索把生前恩爱匀。你道他说<u>些</u>什么<u>来</u>。
占：他怎么样讲呢？
生：不像你<u>每</u>男子死了一个妻子又娶上一个，出了一个又对一个，况且你又不曾死，可不冤杀了人。……
生：咳，只是可惜。
占：可惜什么<u>来</u>。

---

① "丙子"二字，据一甲子为一周期推算，丙子年有1936年、1876年、1816年等，其中1936年可以排除，那么可能性最大的是1876年和1816年，但还不能确定具体年份。

《蝴蝶梦》(光绪十年,1884):

生:咳,不是冤家不聚头,冤家相聚几时休。早知死后无情样,索把恩情一笔勾。你道他说些什么。

旦:他怎么样讲呢?

生:不像你<u>们</u>男子死了一个又讨一个,出了一个又对一个,况又不曾死,可不枉杀人呵。……

生:咳,只是可惜。

旦:可惜什么。

无论前一个版本是1876年还是1816年,均比后一个版本的1884年要早。从1884年版可看出其白话程度稍有加深,尽管基本句式相同,但是用字的微妙区别即可看出演出者或记录者的态度。前一个版本更有元明语言的痕迹,如句末的"来"还多有出现,后一个版本已弃用;前一个版本中"你<u>每</u>"的"每"在后一个版本改为了"们",正符合当时的语言状况。戏剧语言的变化相对保守,但根据时代的不同,也不得不进行改动。

另外,在笔者已调查的五十几部戏曲剧本中(主要为乾隆年间至清末,康熙雍正年间为数不多),乾隆嘉庆年间的剧本依然比较传统,承袭元杂剧的底本;但是到了咸丰同治年间,出现了口白偏多、唱词偏少的剧本,而且口白十分口语化,甚至出现了色情成分。

3.2.3.2 《十全福》

在此笔者要特别提出的是,同治元年(1862)的《十全福》即是"玉霜簃藏曲"中"口白甚多,且口语化"的典型代表。其作者不详,抄录人陈金雀,末页题款:"同治元年十一月十七日学古篆伶人陈金雀煦堂抄录完竣。"陈金雀,字煦堂,昆曲生角,嘉庆至同治年间人,原籍苏州,少年时期即被送入北京,后入宫廷演戏,甚得嘉庆帝的喜爱,赐名"金雀"。陈金雀不仅戏曲造诣颇深,还抄录了不少戏曲剧本,撰写了诸多其他著作。据刘达科(2001)的研究,陈金雀著有《七声反切易知》《见同杂记》《填词姓氏考》《明心宝鉴》《剧出群书目录》和《杂剧考原》。陈金雀之子陈寿丰亦为伶人，孙陈嘉梁为笛师（参见斯维，2015）。"玉霜簃藏曲"资料中，陈寿丰与陈嘉梁抄录的作品也多有出现。另外，根据周明泰《京戏近百年琐记》（1951）记载："青衣梅巧玲……妻为昆生陈金爵之次女，名昆生永年之胞妹。"（传记文学出版社，1974：18）。又，"青衣陈啸云……江苏苏州人……为咸丰年昆乱老生陈天爵之孙，陈金爵之侄……金爵系梅巧玲及名昆旦瑞堂春钱阿四号玉寿之妻父……天爵金爵二名为咸丰所赐，金爵有孙名桂亭，唱昆小生，为姜妙香之母舅，程砚秋之教师也。"（传记文学出版社，1974：42—43）据此可知，陈金雀与陈金爵应为同一人，"金雀"为嘉庆所赐，"金爵"为咸丰所赐，可见陈金雀整个大家族都投身于戏曲之中，且与程砚秋也有深厚的渊源。

笔者所见的《十全福》版本为全六本，共四十四出，半页宽 13.4 厘米，高 25.5 厘米。每本分别记有"十全福头本目录""十全福二本目录""十全福三本目录""十全福四本目录""十全福五本目录""十全福六本目录"，目录页及正文首页均有"玉霜簃藏曲"之印。正文半页凡 6 行，每行 25 至 30 字不等。全书有朱笔句读，凡角色名均用小字加朱笔括弧标示，曲牌名各字分别用朱笔圆圈标示，字迹清晰。偶有朱笔改订，例如："并不是故意→并不是故意"（头本·恻救），"谅女婿心然欢喜→谅女婿必然欢喜"（二本·嘱骗），"索愤你纳，拿出去→索性你纳，拿出去"（三本·揽聘）等。除此本外，《十全福》还有其他版本，根据李修生等（1997：648），其中"清钞本"或为最早一部，但仅存头八出。

《十全福》讲述的是明成化年间的一个故事。主人公林俊得中进士，被任命为刑部员外郎。同朝为官的国师继晓，系一恶僧，为给皇帝配制灵药，欲以婴孩为药料。林俊因弹劾继晓，反遭罢黜，前往扬州欲与曾有婚约的言家小姐完婚，途经山东，收留桑长兴为仆，随侍左右。林俊至扬州言家后，言老爷因得知林俊已被罢黜，故悔婚。林俊不得不投奔至其舅王巡抚家中，王夫人及其内房丫环爱玉对林俊甚为照顾，将其安置于花园居住。扬州当地痘司殿有一道士赵一坛，其妻仰氏，有一外甥女妙玉。一日林俊偶遇妙玉，得知妙玉长期受仰氏虐待，故欲救妙玉于水火，约定夜晚在痘司殿商定计策。凑巧桑长兴亦游荡至痘司殿，欲与仰氏偷情，阴差阳错被王巡抚家丁殴打并捕获。林俊因桑长兴胡作非为，遂将其驱逐不用。后桑长兴偶遇继晓手下万福，万福此时受继晓派遣，正在往江南拐骗婴孩，桑长兴遂与其共同进行拐骗勾当，后二人抓住林俊献于继晓。继晓为报弹劾之仇，派人杀林俊，不料其人却被林俊之犬咬死，林俊逃走。桑长兴发现死者尸体，认为是林俊所杀。林俊逃往痘司殿，被仰氏调戏，正被赵一坛撞见，遂被误认为是奸夫。继晓一行人随后至此，借机将林俊囚禁。妙玉知林俊蒙受不白之冤，遂同爱玉一起想方设法为林俊洗刷冤屈。后继晓拐骗婴孩之事败露，皇帝醒悟，处决了继晓、桑长兴一干人等，对林俊论功行赏，授扬州府印。言小姐、爱玉与妙玉三人均嫁与林俊为妻妾。全剧内容十分丰富，还穿插了倭寇作乱等历史事件。

《十全福》中林俊、言小姐等社会地位较高的人物口白就有很强的文言色彩，例如：

> 林俊：吁，原来如此。咳，只是我老爷，性好风流，情耽花柳，最爱征歌选色，酷喜倚翠偎红，正妻不过以德容为重，如宾似友。
> 言小姐：我方才正要问你，言言带刺，语语含机，不想我父乱命所逼，恨死晚矣。……妹子有何急事这等慌张。

但是剧中诸多社会地位较低或反面人物，如仆人（爱玉）、犯人（桑长兴、万福）、普通妇人（妙玉、仰氏）等的语言却非常口语化，在"玉霜簃藏曲"的众多藏本中，《十全福》口白所占比例甚大，显得尤为特殊和珍贵。现摘录部分口白如下（画线部分为北京话词汇或语法现象）：

> 乳娘：公子不要乱跑，<u>回来</u>看栽着了。……
> 馨郎：爱玉快同我去顽儿去。……爹，<u>你纳</u>万安罢，<u>狠</u>是错不了。
> （头本·留爱）

言吉交：<u>今儿</u>他到来了。
言瑞：阿一歪妈妈跑死了……老洪班人箱多来了。……
言吉交：还要唱甚的戏，快快儿滚下去罢。……
余胡子：王老爹，我们<u>明儿</u>到贵寓磕头赔罪，请下去罢。……
（二本·嘱骗）

桑长兴：<u>不差什么</u>，有二更天了罢。……我闷<u>得慌</u>，不上去。
仰氏：你坑死我了，上去罢。……
妙玉：我告诉<u>你纳</u>罢，我也有点子心事。……
仰氏：你再强，我个又要打了。
妙玉：你就是打死我，我是不睡定的了。……
仰氏：<u>敢是</u>你心上有什么不完的事，想要<u>了局</u>么。……
妙玉：我越想越恨，还得<u>找补</u>几下。……这如今四更了，也不来的了，我个也要去睡了。……怎么胡儿八道，换了丧良心，弄得我心里糊里糊涂方才弄了个希乎脑子烂腾腾。……
仰氏：娼妇，贼在那里？这么<u>炸庙</u>。
妙玉：什么<u>炸庙</u>，我亲眼看见一个人在<u>你纳</u>房里出来，还抱着个孩子，嘴里自己嚷拏贼，碰我一个大觔斗，开了大门去了。……阿一哇，波罗盖多跌破了……真个了不得。
（二本·庙哄）

妙玉：我也不同你<u>抬这些死杠</u>，让了你罢。
爱玉：扯淡，这才是狗拏耗子，多管闲事，林相公有事，与你什么相干。……这个告诉你罢，林相公是我家的人，这才想方法救他，为什么连你们多要救出来，放屁不臭。
妙玉：咳，我与你前辈子，是什么冤家，恨得我这么个利害。
（四本·送辱）

桑长兴：什么，我靠本事吃饭，拉笼朋友算什么事儿。咳，就是要饭，也是穷人后门，你动不动薄我，我是要饭的花子，哥哥，你招架着罢。

万福：你有什么本事？

桑长兴：我的本事多着的呢！

（五本·暗护）

妙玉：什么本事？

桑长兴：哪，<u>拍花</u>。

妙玉：什么？<u>拍花</u>！你也配。

桑长兴：什么配，我是国师亲口传授咒语，还有一道灵符，照着孩子这么一拍，跟我就走。……不要说是大人，就是假<u>老老</u>，也得跟我走。

妙玉：是了，我前日个，就是他们的人拍我的了。……

桑长兴：有人好试，<u>咱们</u>两个人拍谁呢？……我好容易学来的，这么教你了？好自在话。……照着孩子顶心，这么一拍。

（五本·觌骂）

妙玉：我的妈耶，栽死我了。……吓，你是王府上，和我<u>抬扛</u>的姐姐，你怎么也在此？……

爱玉：这么说，<u>偺们</u>两个不是冤家了。……咳，慌什么，你总不用<u>言语</u>，依我答应。……年轻的只有<u>偺们</u>两。……这才是好机会。救林相公，正在这个当儿里，难遇见的，随我来。……他是才到这里，甚么儿不会。……我有一点小<u>顽意儿</u>，会弹弹，又会唱唱清曲。

（五本·幻救）

桑长兴：事不宜迟，前后总是一刀，说也是白说，杀，杀！

仰氏：罢了，说不得。伸得长长儿的脖子，给你杀罢。……

桑长兴：阿呀，我的肉蛋。宝贝，我下得手么？但是放了你，我也站不住了。……

仰氏：依着我，一点也不难……趁这<u>当儿</u>，<u>咱们两</u>逃往他州郡，好图下半辈子过活，好不好。

（六本·淫逃）

万福：呔，丧良心，你本要饭花子，如今丰衣足食，你怎么到来害我？

桑长兴：呸，你开口要饭，闭口要饭，算你引荐进府，也不见怎的不勾<u>交过</u>，太爷走了，怎么样？

万福：你既要走，<u>各人</u>走罢了，怎么我的银子你偷了去？……

桑长兴：列位，不要听他，拐子头儿就是国师，他就是国师的包里人，不见的婴儿，都是他骗去的，你们打出乱儿来，有我。

（六本·察情哄观）

该剧本尽管还保留了不少元明语言的风格，但是在戏曲剧本有严格套路的规定下，已经是非常口语化了。上文所列的"现摆着这些看戏的太爷们在这里，你丢我的丑，燥我的皮么"一句，显然是在与观众互动，这在"玉霜簃藏曲"剧本中是很罕见的，可见《十全福》这出戏注重观众的反应与态度，所以采用了口语化的说白。该剧本发生地点虽主要在江南，但与北京有很大关联，例如剧中人物林俊在北京得中进士，获得官职；桑长兴一开始去往北京投亲，后在途中被林俊收留，后又阴差阳错遇见从北京前往江南的万福，习得"拍花"之术。并且，按照抄录者陈金雀的生平，他多年在北京演出，尽管不能断定陈金雀是否出演过《十全福》，但根据斯维（2015）的研究，《十全福》带有一定的宫廷演剧色彩，这些或许都可说明《十全福》曾在北京上演过。因此，剧本中的说白很可能带有北京口语成分，仔细观察，确实如此，例如（依据太田辰夫，1964，1969 以及拙文，2015d）：

第一人称代词区分包括式（inclusive）"咱们"与排除式（exclusive）"我们"。例如："有人好试，<u>咱们</u>两个人拍谁呢？"

相当于第二人称敬语的"你纳""你能"。例如："我告诉<u>你纳</u>罢，我也有点子心事。""<u>你能</u>也是白想他了。"

程度副词"狠"用于状语。例如："爹，你纳万安吧，<u>狠</u>是错不了。"

大量使用句末助词"呢"，不仅表疑问，还有表感叹、提醒对方注意的用例。例如："人来人去，怎么光栽在你纳身上<u>呢</u>？""我的本事多着的<u>呢</u>！"后一句这样表达提醒对方注意的语气尤其是北京话的特点。

句末助词"……是（似）的"。例如："甚的意思，又不死人，到像号丧<u>是的</u>一样抱头大哭。"

缀于某些形容词、动词后的"……得慌"。例如："我闷<u>得慌</u>，不上去。"

反复疑问句用"VP+不V"结构。例如："你丢了我儿子，不去找回来，到来嘲笑我，打你这臭蹄子。<u>你找还兄弟不找</u>？"

用"了不得"作补语，而少用"不得了"。例如："谁知夫人二娘一见了我，就喜欢得个<u>了不得</u>。"

"去"在连动句中置于 VP 后。例如："一发胡说了，拿到当官理论<u>去</u>。"

北京话口语词语例如"今儿"、"明儿"、"俩"（多写作"两"，但不接量词）、"老老"、"敢是"（表"敢情"）、"找补"、"溜搭"、介词"打"（表起点）、"起根儿"、"各人"（表"自己"）、"走道儿"、"悄没声儿"、"临了儿"、"撺掇"、"白饶"、"抬杠"、"交过"（相当于"嚼裹"）、"多咱"、"了局"、"言语"（表"说话"）、"劳叨"（唠叨）、"回来"（表"一会儿"）、"顽意儿"、"炸庙"（表"惊叫乱喊"）、"拍花"、"当儿"（表"事情发生的某一时刻"）、"不差什么"（表"差不多"）等。

值得一提的是，该剧本中表示人称代词复数均用"们"，而没有"每"。笔者观察到的现象是，咸丰以后的剧本中，"们"占据了绝对优势，"每"

只偶尔出现。可见越往清后期，戏曲剧本的语言也越贴近实际语言。

另外，笔者注意到，同治以前剧本的口白多沿袭传统，通俗成分少，而同治以后能出现《十全福》这样口白甚多、语言通俗的剧本，是与当时的社会环境及思想意识有密切联系的。正如前文 2.4 节及 3.1 节所述，社会的趋俗以及开启民智的风潮，使得一些十分通俗口语作品很快地成长起来。相对保守的戏曲，也不得不受到这种风潮的影响，但主要是跟随趋俗之风而进行改动，而非开启民智。在嘉庆之前，昆曲雅部被视为正统，受到士大夫的喜爱，且对不利于风尚的内容明令禁止，如嘉庆十八年（1813）的上谕：

> 演唱淫词艳曲，及好勇斗狠戏剧，于人心风俗大有关系，着该御史等严行查禁，以端习尚。(《钦定大清会典事例》卷一千三十九，都察院四二，五城九，戏馆）

但到了道光同治年间，昆曲雅部逐渐走向衰落，更加通俗易懂的戏曲形式却蓬勃发展，较粗浅的内容也进入了戏曲。就如同《十全福》，不仅有大量通俗的口白，亦有较为粗俗的语言，甚至偶有情色成分，本身作为昆曲作品，明显与传统的"昆曲雅部"风格有所差异，却正符合时代及思想意识的变迁。

因此，特殊的社会环境造就了与其相符的剧本的产生，《十全福》在当时众多沿袭传统的戏曲剧本中，确实是一部颇具特色的剧本，不仅口白比例甚大，保存了大量早期北京话口语现象，且反映了当时戏曲演出的实际情况，尽管其中依然存在文言、南方方言（如吴语等）的成分，但不能因此忽略其价值。一部《十全福》，包含了万千内容，无论是对戏曲史、汉语史还是北京话的研究都有积极作用。

3.3 域外教科书

域外教科书对于清后期至民国初期北京话的研究有着巨大的作用。以往对北京话的研究很少提到域外教科书，近年来这些教科书才逐渐受到重视。域外教科书开始大量出现的时期是19世纪50年代，当时特殊的社会条件，各国传教士、军队、领事相继入驻北京，为了和当地人交流，编纂了各种汉语教科书，这些教科书较为详细地反映了当时北京话或其他方言的面貌，是研究清后期至民国初期北京话的宝贵资料。域外教科书按照地域不同主要分为三大类：西洋传教士等编纂的汉语教科书，日本明治时期汉语教科书，朝鲜时代汉语教科书。

3.3.1 西洋传教士等编纂的汉语教科书

清后期以来，尤其是鸦片战争以后，越来越多的外国人进驻北京。他们为了传教及经商上的便利，必须学习汉语。因此，一批由西洋传教士及翻译官等编纂的汉语教科书陆续出现。其中以威妥玛（Thomas Francis Wade）《语言自迩集》（初版1867，二版1886，三版1903）最为学界所知，对它的专项研究也陆续出现，如张卫东（2002）《语言自迩集——19世纪中期的北京话》，内田庆市等（2015）《语言自迩集の研究》等。《语言自迩集》不仅全面记录了当时北京话的语音、语法、词汇，并且在二版、三版中还加入了很多解释，对清后期北京话的研究有着十分重要的作用。之所以认定其为北京话，不仅可以根据后人研究可知，最主要的还是从《语言自迩集》的编纂背景和其序文中得知。以下笔者以《语言自迩集》为中心，简要地分析当时一批汉语教科书中语言的性质。

3.3.1.1 编纂背景：以《语言自迩集》为着眼点

作者威妥玛为鸦片战争时期英国军队第98联队的一名士官。他在前往中国的路途中，对汉语抱有浓厚的兴趣，但同行的其他人似乎对汉语并不关心，因此他一个人独自学习汉语（高田时雄，2001）。1842年到达香港以后，威妥玛被任命为翻译官，但其后由于健康原因返回英国疗养。后又于1845年返回中国，并决意退出军队。其后，他在香港作为英国领事的翻译官，活跃于政府与高等法院等重要场合。又于1853年调任上海，任上海副领事一职。他主张与中国的外交不能用枪炮进行恐吓，而应该交流文化，以达到相互理解的目的。当时，英国方面的翻译人员汉语水平并不高，甚至很差，因此英国方面急需优良的汉语翻译人才。

威妥玛一边充当翻译官，一边行走于中国各地（主要是香港、上海、北京），当起了临时的汉语教师，并继续完善着他自身的汉语教育思想。后在1859—1860年间出版了三部教科书《寻津录》《问答篇》《登瀛篇》，这三部教科书的内容均不多，是他汉语教育思想的初体现。

1862年，因中英条约条款的交涉问题，威妥玛去往北京赴任。在工作闲暇之余，又搜集了大量材料，经过6年的酝酿，终于出版了《语言自迩集》（1867）。该书从搜集材料到成书出版，花费了20年的时间，是其汉语教育思想的集大成作品。后又于1886年发行了第二版，对第一版进行了改动并加入了很多新内容，从中可以看出不同时期语言的变化；还对一部分内容作了英文翻译，这样我们可以参考英文而更准确地掌握当时某些词句的汉语意义。威妥玛于1895年逝世，后人又将《语言自迩集》进行了整理，于1903年发行了第三版。第三版的内容只包括第二版的第一至第四章，因为编者认为这四章内容最有利于习语者的学习（1903年版前言）。

3.3.1.2 反映北京话

清后期出现的汉语教科书因为出版目的的不同，反映了不同的方言。从19世纪50年代以后，反映北京话的汉语教科书大量出现，其原因是北京话成为了全国的通用语言，且用北京话与官方打交道更为便利（详见下节）。其中的代表作《语言自迩集》即反映的是北京话，无论从当时的社会背景还是书中的序言，均可得出结论。在前文2.2.2节中，笔者已经提到，在乾隆后期，皇室宗亲所操方言为北京话，而非南京官话；至清后期，

第三章 反映清后期至民国初期北京话的材料及其性质

不仅皇室宗亲及北京人说北京话，全国也在争相效仿学习北京话。1834年版的《正音撮要》的序言可以侧面反映这一史实：

> 语音不但南北相殊，即同郡亦各有别，故趋逐语音者，一县之中以县城为则，一府之中以府城为则……而天下之内又以皇都为则。故凡缙绅之家及官常出色者无不趋仰京话，则京话为官话之道岸。……（道光甲午年学华斋藏版，3a—3b）

可见北京话在当时中国的重要性，已超过南京官话，外国人编纂汉语教材肯定要参考这一因素。而更重要的证据是《语言自迩集》的序文：

> The Nanking mandarin, he (Mr. Edkins) observes, is more widely understood than that of Peking, although the latter is more fashionable, but he admits that "The Peking dialect must be studied by those who would speak the language of the imperial court, and what is, when perified of its localisms, the accredited kuan' hua of the empire."
>
> The opinion here cited but confirms a conclusion long since arrived at by myself, to wit, that Pekinese is the dialect an official interpreter ought to learn. ……（1867: vi）

威妥玛在此引用了 Edkins① 的观点：尽管南京官话在更大范围内被中国人所理解，但是北京话更加流行。而且更重要的是，如果想与皇室宗亲及北京当地人交流，就必须学习北京话，从这一意义上讲，北京话才是这一国家的官话。因此威妥玛认为，针对这种情况，北京话应该是优先学习的对象。《语言自迩集》正好适应这一需求。

《语言自迩集》是一部里程碑式的汉语教科书，他首次全面细致地总结了北京话的语音、词汇、语法，并且加入了大量的长篇语料，甚至对北

---

① Edkins 全名 Joseph Edkins，其代表作有汉语教材 *A Grammar of the Chinese Colloquial Language, Commonly called the Mandarin Dialect*（1857 初版，1864 二版）。

京话的推广都起到了非常重要的作用（高田时雄，2001）。更重要的是，作者在编纂过程中一直在请教北京人，不断改进，如课文中有一段内容可能就出自作者与一北京人之间的对话："那一部书却老些儿，汉文里有好些个不顺当的。先生说得是，是因为这个，我早已请过先生从新删改了……都按着现时的说法儿改好的，改名叫《谈论篇》。"有北京人参与改订，可见其中反映的北京话可信度很高。

鸦片战争以后，更多的外国军队及使馆入驻北京，因为要与中国政府打交道，必须学习中国政府能听懂的且流行于全国的北京话。因此，鉴于当时的社会背景和在《语言自迩集》的带动下，西方人陆续出版了多部汉语教科书，很多都反映当时的北京话。例如F.H.Barfour（1883）*Idiomatic Dialogues in the Peking Colloquial*（《华英通俗编》）的序文中就提到他是受到威妥玛的影响而著成此书：

> A few words only are necessary to introduce this little manual to the student of Pekingese.
>
> As regards orthography, I have, with a few unimportant exceptions, followed the systems of sir Thomas Wade.......（1883：v）

尽管其中提到作者不同意威妥玛的一些观点，但从其具体分析中不难看出，作者是研读了《语言自迩集》以后，才提出这些观点的，可见当时《语言自迩集》的影响之大。另外，该书的书名中就有Peking Colloquial的字样，并且在序文中也提到了Pekingese，因此该书无疑也反映的是北京话。

3.3.1.3 查阅书目及其性质

关于西洋传教士及翻译官等编纂的教科书，除《语言自迩集》以外，笔者查阅的文献目录及版本为（下文中提及西洋汉语教科书文献多据此）：

Joseph de Prémare（1728）：*The Notitia linguae Sinicae*.（何群雄编著《初期中国语文法学史研究资料》，三元社，2002，原本影印。）

Stephanus Fourmont（1742）：*Linguæ Sinarum Mandarinicæ hieroglyphicæ grammatica duplex. Latinè, & cum characteribus Sinensium. Item Sinicorum Regiæ Bibliothecæ librorum catalogus, denuò, cum notitiis amplioribus & charactere Sinico, editus.* Chez H.-L. Guerin. ex typographiâ J. Bullot.

R. Morrison（1815）：*Grammar of the Chinese Language*（《通用汉言之法》）. Printed at the Mission-press.

A. Rémusat（1822）：*Elements de la Grammaire chinoise*（《汉文启蒙》）. Paris: Maisonneuve.

Thomas Taylor Meadows（1847）：*Desultory Notes on The Government And People of China.* London：Wm. H. Allen and Co.

Thomas Francis Wade（1859）：*The Hsin Ching Lu, or, Book of Experiments*（《寻津录》）. Hongkong. MDCCCLIX.

Joseph Edkins（1857、1864）： *A Grammar of the Chinese Colloquial Language, Commonly called the Mandarin Dialect.*（1857一版 Shanghai: London Mission Press；1864二版 Shanghai: Presbyterian Mission Press.）

Joseph Edkins（1862、1864）：*Progressive Lessons in the Chinese Spoken Language: With Lists of Common words and phrases, and an appendix containing the laws of tones in the Peking dialect.*（1862一版 Shanghai: London Mission Press；1864二版 Shanghai: Presbyterian Mission Press.）

Paul Perny（1873）：*Grammaire de la langue chinoise*（《西汉同文法》）. Paris：Maisonneuve；E. Leroux.

C. Rudy（1874）：*The Chinese Mandarin language after Ollendorff's new method of learning languages.* Geneva: H. Georg.

F. H. Barfour（1883）：*Idiomatic Dialogues in the Peking Colloquial*（《华英通俗编》）. Shanghai: North-China Herald Office.

Camille Imbault-Huart（1888）：*Cours éclectique graduel et pratique de langue chinoise parlée*（《京话指南》）. Parise: Ernest Leroux.

A. Forke（1894）：*A Comparative Study of Northern Chinese Dialects.* The China Review Vol. 21 No. 3.

C.W.Mateer（1900）：*A Course of Mandarin Lessons based on idiom.* Rev. ed. Shanghai: American Presbyterian Mission Press.

A.Seidel（1901）：*Chinesische Konversations-Grammatik im Dialekt der nordchinesischen Umgangssprache.* Heidelberg: Julius Groos's Verlag.

C. W. Mateer（1903）：*A Course of Mandarin Lessons, Based on Idiom*（《官话类编》）. Shanghai American Presbyterian Mission Press.

A. Vissère（1914）：*Premières leçons de chinois, langue mandarine de Pékin.* 3e ed. E.J. Brill.

Chauncey Goodrich（1915）：《官话萃珍》，东京文求堂影印版。

K. Bernhand（1918）：*A Mandarin Phonetic Reader in the Pekinese Dialect, with an Introductory Essay on the Pronunciation.* P. A. Norstedt.

J. Percy Bruce, E. Dora Edwards, C.C.Shu（1930）：*Linguaphone Oriental Language Courses-Chinese.* London: Linguaphone Institute.

必须指出的是，这些教科书中，时间为19世纪40年代以前的可能反映的并非北京话，而倾向于南京官话。如Joseph Edkins（1857）的序文中就提到了两位前人Joseph de Prémare与R. Morrison著作的性质：

> Prémare appears to have been influenced by the dialects west of Nanking, and Morrison by those of the southern provinces...（1857: iii）

Joseph de Prémare（1728）*The Notitia linguae Sinicae* 与R. Morrison（1815）*Grammar of the Chinese Language*（《通用汉言之法》）这两部著

作中记录的语言受到了南京话以及南方方言的影响。这与当时中国的社会情况是符合的。当时鸦片战争还没有爆发,没有大量外国使馆入驻中国,只有少量外国人以经商为目的驻留中国,几乎不与身在北京的皇室宗亲和政府人员打交道,不用熟知北京话。另外,尽管乾隆时期皇室宗亲所操汉语为北京话,但是北京话的影响还没有完全波及全国,直至十九世纪三四十年代以后,北京话才逐渐成为全国效仿学习的对象。

另外,从 Joseph Edkins（1857、1864）*A Grammar of the Chinese Colloquial Language, Commonly called the Mandarin Dialect* 的前后两个版本的变化上来看,Edkins 对南京话与北京话的态度发生了转变。在 1857 年第一版中,Edkins 没有明确说明该书反映的是何种方言,只总括为 Chinese 或 Mandarin[①],但书中介绍了较多北京话的现象,如:

> 'Liau 了 is the sign of the preterite, and the past participle… La 拉 and .lo 咯, are used occasionally in Peking as finals in indicative sentences. Thus 是拉 shï', la and shï'. lo, for yes, it isso. (1857:217)

其中标于汉字注音四角的","" ′ "". "等符号,表示该字的声调。即"shï'、la"分别表示去声与平声,".lo"表轻声。而在 1864 年第二版中,Edkins 明确提到该版本增加了很多北京话的现象:"In this edition many corrections have been made. In pronunciation a fuller exhibition of the northern sounds as heard in Peking…"这与威妥玛在《语言自迩集》（1867）的序言中引用 Edkins 的观点一致:"尽管南京官话在更大范围内被中国人所理解,但是北京话更加流行。并且更重要的是,如果想与皇室宗亲及北京当地人交流,就必须学习北京话,从这一意义上讲,北京话才是这一国家的官话。"从语言的易于理解上看,Edkins 更倾向于南京官话,

---

① 根据古屋昭弘的研究,Mandarin 一词明代即已出现,并非指北京话,而是指官话。该观点来自古屋先生 2013 年的课程讲义。

但他又不得不承认北京话更为流行,因此在1864年的第二版中,Edkins加入了很多北京话的现象。

值得一提的是,19世纪40年代以前的教科书尽管没有完全反映北京话,只能作为辅助参考之用,但是其中有一些朴素且精到的语言学解释(例如 R. Morrison,1815),并且每个汉字大多标有注音,可以观察到一些有价值的语音现象。

3.3.2 日本明治时期的汉语教科书

日本与中国的文化交流由来已久,已有千年历史。因此日本历史上一直关注学习中国的古典文献,其文化中也融入了大量中国文化的因素。但是日本自明治维新(1868)以来,整个社会形态发生变化,从闭关锁国到积极学习西方文化,国力迅速增强。因此,为了在文化学习及外交方面更为顺畅,积极实施语言学习的举措,汉语学习也发生了重大的变化,以下具体叙述。

3.3.2.1 社会背景

日本明治维新初期,积极学习西方文化,在外语学习方面也热衷于英语、法语、德语等发达国家的语言,而对汉语的学习在这一时期较少有人问津。1871年《中日修好条规》签订,为了培养外交上的汉语人才,日本外务省设立了"汉语学所"进行汉语教育,但此时的这些汉语学所教授的并非北京话。根据六角恒广(1961:41—43)、邵艳(2005)的研究,这些汉语学所教授的是南京官话。其原因为,当时的汉语教育还没有摆脱"唐通事"的传统教育模式。"唐通事"是日本江户时代(1603—1867)设置于长崎及萨摩藩等地区的一种翻译职业,负责日语与汉语间的互译。由于当时的唐通事主要与中国东南沿海地区交往密切,所以使用的汉语为南京官话或接近于南京官话的一种方言①。

---

① 主要是受漳州方言或福州方言影响的一种汉语方言。

后明治维新的成功，标志着幕府统治的江户时代结束，整个社会体制发生变化，隶属于幕府的唐通事也没有了立足之地，除了极少数的几人进入维新政府担任翻译人员以外，绝大部分唐通事都被遣散或改行。因此，明治初期，政府缺乏汉语人才，只有几名原唐通事可用。这几名原唐通事就顺理成章地成为了这一时期的汉语教师，教授的也是他们所知的南京官话或受到南方方言影响的汉语，而教育方式也几乎没有改变。

3.3.2.2 从南京话向北京话教育的转换

上文提到，日本明治初期，汉语学所教授的汉语主要为南京官话，而非北京话。但积累了多年的外交经验以后，日本政府意识到北京话比南京官话更为实用，更易于与清政府交流。具体事件为，1874年柳原前光出任驻华大使，此时亟需精通北京话的翻译人员。当时日本的各教育机构均教授南京官话而非北京话，几乎无法找到精通北京话的人才（邵艳，2005）。而正以此为契机，日本的各教育机构开始高度重视北京话的学习。1876年，北京人薛乃良到日本东京外国语学校进行北京官话的讲授（六角恒广，1961：48），同年，东京外国语学校的三名学生被外务省派遣至北京学习北京话（六角恒广，1988：122）。

因此，从1876年开始，北京话教育正式开启，几乎全面替代南京官话。根据六角恒广（1988：120）的研究，日本的汉语教育自从以北京话为对象以后，彻底打破了唐通事时代的教育方式，才真正具备了近代化的特征。

根据六角恒广（1961：47—48）、邵艳（2005）的研究，自1876年始，最早开设北京话教育的是东京外国语学校，其后是民间的日清社、兴那会支那语学校等。这种转换最初的困境是没有北京话教材。而在这种困境下，日本方面发现了威妥玛编写的《语言自迩集》，将其作为现成的北京话教材。而随着汉语水平的提高，也开始讲授《红楼梦》。（六角恒广，1961：48转引何盛三［1928］《北京官话文法》）

从各教育机构开始教习北京话开始，日本的一批政界及教育界人士开始编纂自己的汉语教材。民间组织日清社的创始人广部精是这一时期的重要人物。广部精的日清社一开始教授的是南京官话,后因 1877 年的西南战争被迫关闭。自此广部精加入了同人社,继续教授汉语。(六角恒广,1988:164)在这一时期,他与东京外国语学校的汉语教师及清国公使进行交流,开始对北京话的教育进行研究。后鉴于威妥玛《语言自迩集》的影响力,广部精以《语言自迩集》的内容为基础,于 1879 年出版了《亚细亚言语集》,其凡例中提到:

> 此部多取英国威钦差选《语言自迩集》,以及德国翻译官阿氏著《通俗欧洲述古新编》等书,以汇成一本。然间或有削彼字添此字,或有举后件为前件,盖以适邦人习读为顺次。其不见于《自迩集》《述古新编》者,皆余所作也。……(青山清吉藏版,卷一·凡例)

另外,驻厦门领事福岛九成也鉴于北京话的影响力,受到《语言自迩集》的启发,于 1880 年出版了《参订汉语问答篇国字解》,其中提到了北京话在与中国"贸易日盛"的社会背景下的重要性:

> 我邦与清邻国也……今重修旧好,往来日重,贸易日盛,是清语在我士民,奚啻酬应之际哉。……余奉命使清,职供领事,驻闽厦岛,<u>适友人以英使威公妥吗所著《问答篇》</u>①<u>见示,纯属燕山之音,余喜其有心世道,公余之暇反复细读</u>,向之所览清语各书,未有加于此者,余弗忍私淑之,广播诸世。惜夫初学者未易畅晓也,兹不揣孤陋,译以我邦音义,其与我邦语言不相符者,略为删改,间补己意,共得百三章……(力水书屋藏版,序)

作者福岛九成是驻闽厦的领事,但是他并不主张学习当地方言或南京官话,而是主张学习"燕山之音"。他看到反映北京话的教材《问答篇》,十分喜悦,又自行编纂出一部更适合日本人学习的教科书。

---

① 指威妥玛在 1859 年出版的《问答篇》。参见前文 3.3.1.1 节。

第三章　反映清后期至民国初期北京话的材料及其性质

自此，日本学习北京话的教科书如雨后春笋般地发展起来。不仅如此，日本还派遣了多名留学生前往北京学习，同时也聘请了多名精熟北京话的中国人前往日本进行汉语教育。如被后世多次重印的教科书《官话指南》（1881），即是日本派往北京学习的两名留学人员吴启太、郑永邦所著：

兹有吴启太、郑永邦者，皆东洋长崎人也。<u>因随公使驻北京，公余之暇，即潜心于语言之学</u>，天资既敏，人力亦勤，积数年之攻苦，而凭空结纂，设为问答之词……仆等偶然过访，适其稿置案头，急索而观之，<u>见其口吻之合，神气之真，与其发挥议论之详切，实为动中肯綮</u>……光绪七年辛巳小阳月下浣燕京董裕寿金国璞拜序。（明治十四年初版，1881：2a）

可见作者吴启太、郑永邦的北京话水平已经非常高，几乎与北京人相仿，得到了两名北京人董裕寿与金国璞的赞扬肯定。另外，陆军步兵大尉福岛安正，在驻北京公使馆期间，聘请绍古英继作为其汉语教师，后合作编辑出版了汉语教科书《四声联珠》（1886）。其书是在《语言自迩集》的第七章"练习燕山平仄编"的基础上编纂而成，开篇的"叙"及"序"均强调了该书是用于学习北京话的：

叙："福岛大尉<u>原《自迩集》平仄编作《四声联珠》十卷，以便武弁之学燕话者</u>。盖学燕话者，不熟四声，不特混死活之别字，且混同字之死活。然四声既熟，而不熟言语，其如学燕话者何哉。"

序："步兵大尉福岛安正，曩在北京二年，<u>就《自迩集》更编一书，名曰《四声联珠》，以便于我学燕语者</u>。"

上文中为《官话指南》作序的"燕京金国璞"，正是后来被聘请前往日本的汉语教师，他不仅常年在日本教授汉语，还编著、改订了多部汉语教科书，例如1898年与平岩道知共著《谈论新篇》、1903年著《改订官话指南》、1904年著《今古奇观》等，是日本近代汉语教育史上的重要人物。除金国璞以外，还有多名中国人被日本聘请。下表简单列举了日本在1876年以后聘请的中国籍汉语教师的任职情况（根据六角恒广1988、邵艳2005总结得出）：

表 3.1

姓名	在职期间	机构
王治本	1876—？	日清社、同人社
薛乃良	1876—1878	东京外国语学校
袭恩禄	1878—1880	东京外国语学校
蔡伯昂	1880—1881	东京外国语学校
关桂林	1882—1884	东京外国语学校
张 滋	1880—？ 1882—1884	兴那会支那语学校 东京外国语学校
沈文藻	1890—？	日清贸易所
金国璞	1897—1903 1897— 1900—？ 1900—1901	高等商业学校附属外国语学校 东京外国语学校 善邻书院支那语学校 台湾协会学校
张廷彦	1897—？ 1900—1901 1906—1909	高等商业学校附属外国语学校 善邻书院支那语学校 东京外国语学校
于冲汉	1900—1901	善邻书院支那语学校
夏顿皑	1897—？ 1900—1901	高等商业学校附属外国语学校 善邻书院支那语学校
高 逸	1901	台湾协会学校
贺培桐	1901—1902	台湾协会学校
马绍兰	1902—1908	台湾协会学校

当时的社会条件，聘请这么多的汉语教师并不容易，可见日本人学习北京话的积极态度。这些中国籍的教师不仅教习汉语，有的还要参与教科书或字典的编纂与校订，如上文提到的金国璞，另外还包括张廷彦（1905）《官话文法》及与平冈龙城等合编（1937）《日华大辞典》，马绍兰与足立忠八郎合编（1905）《北京官话通译必携》等。因此，日本明治时期的教科书中反映的北京话是十分地道的，可信度很高。

3.3.2.3 查阅书目

笔者查阅的日本（19世纪70年代—20世纪50年代）出版的汉语教科书及辞典，主要书目及版本如下（下文中提及日本明治时期汉语教科书文献多据此）：

中田敬义（1878）《北京官话伊苏普喻言》，无尽藏书房版。

广部精（1879）《亚细亚言语集》，青山清吉藏版。

福岛九成（1880）《参订汉语问答篇国字解》，力水书屋藏版。

吴启太、郑永邦（1881）《官话指南》，明治十四年初版，长崎县平民杨龙太郎出版。

吴启太、郑永邦（1893）《九江书会本官话指南》，光绪十九年癸巳岁九江印书局活字印版，

福岛安正（1886）《自迩集平仄篇四声联珠》，陆军文库版。1902再版，东京博文馆。

宫岛大八（1897）《官话篇》，善邻书院藏板。

深泽暹（19世纪90年代）《北京官话全编》，写本。

孟繁英（1900）《燕音集》，明治三十三年嘉平月。写本。

御幡雅文（1901）《华语跬步》，东亚同文会藏板。

御幡雅文（1908）《增补华语跬步》，东亚同文会藏板。

金国璞（1904）《北京官话今古奇观》，文求堂藏版。

宫岛大八（1904）《官话急就篇》，善邻书院藏板。

青柳笃恒（1904）《支那语助辞用法》，善邻书院藏板。

北边白血（1905）《燕京妇语》[①]，丙午岁在青原山（出版地不详）。
清语学堂速成科编（1906）《清语正规》，东京文求堂。
江口良吉（1908）《清语参考：发音及会话》，长崎重诚舍。
本田清人（1917）《实用支那语教本：北京官话》，大阪屋号。
石桥哲尔（1918）《支那语捷径》，瞭文堂。
加藤镰三郎（1924）《北京风俗问答》，大阪屋号。
饭河道雄（1924）《支那语难语句例解》，大阪屋号。
中谷鹿二（1932）《华语助字の活用》，善邻社。
冈田博（1937）《支那语小音声学》，大阪骎骎堂。
平冈龙城、张廷彦等（1937）《日华大辞典》，东洋文化未刊图书刊行会。
三原增水（1938）《中国语惯用语句例解》，第三书房。
藤枝丈夫（1938）《现代支那语の发音指导》，东京育生社。
本田善吉（1939）《支那语常用语词注解》，外语学院出版部。
吴主惠（1942）《支那言语组织论》，大阪骎骎堂。
鱼返善雄（1942）《支那语の发音と记号》，东京三省堂。
铃木直治等（1956）《中国语常用虚词辞典》，江南书院版。

其中，深泽暹《北京官话全编》是在日本新近发现的材料，大致成书于19世纪90年代，全书共378章，是内容颇丰富的一部文献。其他教科书的绝大部分收于三套丛书：一是波多野太郎（1984—1987）《中国语学资料丛刊》，二是六角恒广（1991）《中国语教本类集成》，三是李无未（2013）《日本汉语教科书汇刊》。这三套丛书收集了大量日本明治时期的教科书，不仅数量庞大，而且版本优良，均为原版影印，是研究清末民初北京话的宝贵资料。

[①] 《燕京妇语》严格来说并非教科书，但因其作者不详，又现藏于日本，因此姑且列于此处。

3.3.3 朝鲜时代汉语教科书

所谓"朝鲜时代",主要指朝鲜半岛上最后一个王朝"李朝",其时间跨度大致是元明清三代。这一段时间内,李朝与中国交往密切,编纂了不少汉语教科书,其中最具代表性的即《老乞大》与《朴通事》系列。朝鲜时代汉语教科书的特点在于,大多有谚文注音,并且其注音基本做到了与时俱进,一部教材在不同时期再版时,谚文注音会根据当时的汉语语音而修订,因此便于观察语音的变化情况。同样,词汇也会根据不同时期语言的状况而修订。蒋绍愚(2005:1—2)指出[①]:

> 这些教科书都力求用地道的汉语口语来写,而且是用当时通行的、而不是已经过时的口语来写,所以即使是同一种教科书,也要不断地加以修改。这就给我们留下了一批十分难得的、贴近当时汉语口语的语言资料。这一点在《老乞大》《朴通事》系列的教科书中表现得最为清楚。《原本老乞大》是今天见到的《老乞大》系列的最早的一个本子,它的语言鲜明地反映了元代语言的特点。但后来,汉语发生了变化,用它来作会话教科书已经不合适了,于是就要改写。朝鲜《李朝实录》成宗十一年(公元1480年)十月乙丑条记载:"御书讲。侍读官李昌臣启曰:'前者承命至正汉语于头目戴敬,敬见《老乞大》《朴通事》,曰:"此乃元朝时语也,与今华语顿异,多有未解处。"即以时语改数节,皆可解读。请令能汉语者尽改之……'"

文中提到的《老乞大》《朴通事》就有好几个版本,不同时代都有所改动。这几个版本是:

《原本老乞大》:大约出版于高丽末期,不晚于1346年。

《老乞大谚解》:据1483年汉文本,后加入谚文注音并于1670年刊行。

《朴通事谚解》:1677年刊行。

---

① 摘自汪维辉主编(2005)《朝鲜时代汉语教科书丛刊》中蒋绍愚先生所作序言。

《老乞大新释》：1761 年刊行。
《朴通事新释谚解》：1765 年刊行。
《重刊老乞大谚解》：1795 年刊行。
《华音启蒙谚解》：1883 年刊行。

必须指出的是，《老乞大》《朴通事》的原作者无法确定，但为朝鲜人的可能性很大。根据竹越孝（2017）的研究，《老乞大》《朴通事》系列的编纂过程中有中国人参与校订，而《华音启蒙谚解》的编纂者只有朝鲜人，没有中国人参与。因此，这些教科书的语言还可能存在少许不准确之处。另外，朝鲜时代汉语教科书是否完全反映北京话还是一个值得商榷的问题。根据中村雅之（2006）的研究，16世纪的《老乞大》《朴通事》版本中，谚文注音左侧记音为"俗音"，右侧记音为"正音"，"俗音"还带有浊音及入声，而"正音"已无浊音与入声，反映的是当时的北京时音，但可能并非纯正的北京话，而是受到南京官话影响的北京话。其原因在于明代迁都北京以后，有大量南京人进入北京，当时的北京话必然受到南京官话的影响。但在清朝中期以后（18世纪中叶至19世纪初以后），北京话的影响已逐渐大于南京官话，因此北京话可能已不受南京话的影响。鉴于朝鲜教科书会随着时代的变迁而改动，这一时期的谚文注音及语法应反映当时的北京话。

综上，笔者认为，朝鲜时代汉语教科书的谚文注音反映的是趋于北京话的时音，语法词汇也反映当时的北京话，至少是北方官话。但在反映程度及准确性上，稍微逊色于前文提到的西洋传教士编纂的教科书和日本明治时期教科书。但其作为北京话研究的语料还是可以胜任的，尤其在语音方面，有很高的参考价值。

关于朝鲜时代汉语教科书的原文及版本，最值得关注的是首尔大学校编（2003）《奎章阁资料丛书·语学篇》、汪维辉主编（2005）《朝鲜时代汉语教科书丛刊》以及汪维辉、远藤光晓、朴在渊、竹越孝（2011）《朝鲜时代汉语教科书丛刊续编》。这三部丛书将朝鲜时代重要的教科书均收入其中，选取的版本也十分精良可靠，并附有原本影印。笔者调查的朝鲜时代汉语教科书均源自这三部丛书。具体篇目除了上文提到的《老乞大》《朴通事》各版本以外，还包括：

《骑着一匹》（1826 以前）、《中华正音》（1860 左右）、《华音撮要》（1877）、《学清》（1885）、《关话略抄》（19 世纪后期）、《你呢贵姓》（19 世纪后期）、《汉谈官话》（1902）。

3.4 满（蒙）汉合璧文献

3.4.1 满（蒙）汉合璧文献的重要价值

满（蒙）汉合璧文献作为北京话的研究材料很早就被提出（李德启、于道泉，1933；太田辰夫，1951），但是国内学者真正将其作为北京话研究资料是较晚的事。满（蒙）汉合璧文献主要有两大部分，一为满汉合璧的文学作品，如满汉《三国志》、满汉《西厢记》等（详见本书第 2.1 节）。这一类著作汉语部分即为原本的小说作品，对清后期至民国初期北京话研究的帮助并不明显。而另一类满蒙汉合璧的教科书却十分有价值，且又以其中的"会话书"的价值为最，因为其中的汉语部分是用北京口语写成的，十分浅易，是研究北京口语的宝贵资料。尽管其中的汉语语法一定程度上受到了满语影响而出现了"满式汉语"，但这种看似不符合语法的满式汉语也正可以作为语言接触的研究对象。

值得一提的是，这些教科书的序言十分有价值，其中不仅记录了当时的社会状况，更重要的是反映了满人对汉语的态度及满人的满语水平。从这些序言可以看出，正因为清中期以后满人基本完成了母语转换，才出现了一批满语教科书来帮助满人学习满语。《清文指要》（1809 重刻本）的序言已在 2.2.1 节有所列举，在此笔者列举另一部满蒙汉三合教科书《三合语录》（1830）的序言：

夫清语者，乃八旗之土音，溯自我朝定鼎以来，渐习汉语，嗣后八旗生长京城，同习汉语，欲说清语，必须学习。乾隆年间，曾有智公讳信者，特编清语百条，言浅而明，意贯而该，以教旗人，洵为便捷，无如书少，未能裨众。迨后仰业圣恩，特开翻译乡会科场，时有教读学馆。而蒙古翻译与蒙古语言又不相同，因照智公百条清语，译出蒙文质之。御前行走正红旗，满洲副都统巴林辅国公额驸德勒克，条条按蒙古土语改正。近年文乡会试中额加广，中后陞途较速，又兼六部以及外省办事多用汉文，于是习汉文者日多，习清文者日少。而教读满蒙师长学馆亦属寥寥，无书焉学。吾辈均系蒙古旗人，不敢膜视，随将前书满洲蒙古话条，赘以汉语，三合缮写成编，付之枣梨，以裨后学云尔。

可见这些教科书均为鼓励学习满语、蒙古语所作，所面向的对象主要是八旗子弟。而八旗子弟"生长京城"，母语转换的目标语言为北京话（详见2.2.2节），编著这些教科书的作者也为八旗子弟，所以其中的汉语为北京话。例如《清文指要》（1789）中的一段对话：

往那里去来着？
我往这里一个亲戚家去来着。
顺便到我家里坐坐。
阿哥你在这里住着么？
是新近搬了来了。
要是这样，喒们住的能有多远。要知道早不看你来了吗。……
阿哥我不吃烟，长了口疮了。
要是那样，取茶去。……
不啊，阿哥别，我还要往别处去呢。
怎么了，现成的又不是为你预备的，吃点去是呢。
罢呀，一遭认得你家了，另日特来。

（三槐堂藏板，卷中 5b—6b）

这一段对话口语性很强，且其中的"来着"、"喒们"、句末语气词"呢"、句末疑问语气词"吗"、禁止副词"别"、连动句中"去"置于宾语之后，都是北京话的特征。

另外值得一提的是，《清文启蒙》（1730）的一个版本《兼满汉语满洲套话清文启蒙》（1761）[①] 的汉文部分，标有满文注音，由此可以了解当时北京话的语音情况，极具参考价值。该版本在本书第六章中分析北京话语音部分发挥了重要作用。

其中一些满（蒙）汉的文献对后世教科书的编纂有很大影响，如《清文启蒙》。根据竹越孝（2015）的研究，《清文启蒙》卷二"兼汉满洲套话"后被翻译为蒙古语，形成《捷解蒙语》（1737）一书，此书为朝鲜王朝的司译院"蒙学"的教科书。后又被翻译为英文，成为 *Translation of the Ts'ing Wan K'e Mung, A Chinese Grammar of the Manchu Tartar Language*（1855）一书，长期在欧洲作为学习满语的教材而被使用。而《一百条》系列教科书也是影响深远，从单一为满语的《一百条》（1750）发展出了满汉合璧本《清文指要》（1789），蒙汉合璧本《初学指南》（1794），满蒙汉合璧本《三合语录》（1830），后又演变为汉语教科书《问答篇》和《语言自迩集·谈论篇》（1867）。因此研究这些教科书的语言，不同版本之间的对比也是一条重要的研究思路。

3.4.2　查阅书目

笔者所查阅的满（蒙）汉合璧文献的书目及版本如下：
刘顺（1702）[②]《满汉成语对待》，康熙四十一年听松楼梓行。
舞格（1730）《清文启蒙》，查阅版本有二：三槐堂梓行版；宏文阁藏板。
舞格（1761）《兼满汉语满洲套话清文启蒙》，出版署不详，写本，东

[①] 关于该书的研究及罗马字转写详见落合守和（1989）及竹越孝（2011）。
[②] 此书的作者和具体年代还有待商榷，所列信息来自 Walter Fuchs（1936）*Beiträge zur mandjurischen Bibliographie und Literatur*, S.80。

洋文库藏本。

智信（1750）*Tanggū meyen*（《一百条》），出版者不详。

李延基（1751）《清文汇书》，京都英华堂藏板。

博赫（1766）《清语易言》①，出版署不详。序言落款"乾隆三十一年镶黄旗蒙古步军统领衙门主事博赫解任养病之暇辑录"，后有乾隆三十九年（1774）改订本。

富俊（1780）《三合便览》，出版署不详，序言落款"乾隆岁次庚子仲春谷旦，秀升富俊谨识于绍衣堂"。

佚名（1789）《清文指要》，查阅版本有二：乾隆五十四年双峰阁刻本；嘉庆十四年夏重刻三槐堂藏板。

富俊（1794）《初学指南》，乾隆甲寅年，绍衣堂版。

刘东山（1827）《单清语》，道光七年八月，正蓝王昌茂印刷。

佚名（1830）《三合语录》，道光十年新镌，五云堂版。作者为一蒙古旗人，具体姓名不详。

厚田万福（1884）《重刻清文虚字指南编》，光绪十年甲申阳月朔，宣统己酉年刻，镜古堂书坊梓行。

3.5 正音材料

所谓"正音"，历来有多种含义，笔者此处暂不讨论其历史。若只着眼于清代，所谓的"正音"主要指书面语里的正确发音及钦定韵书里所反映的音韵系统。（石崎博志 2013：40）如莎彝尊《正音咀华》（1853）中的"十问"中就有这样的记载：

何为正音？答曰：遵依钦定《字典》《音韵阐微》之字音即正音也。何为南音？答曰：古在江南建都，即以江南省话为南音。何为北音？

---

① 关于此文献的罗马字转写和不同版本间的校注，参见竹越孝、陈晓（2017）。

答曰：今在燕建都，即以北京城话为北音。（咸丰癸丑麈谈轩校订原版，1a）

其中所说的《字典》即《康熙字典》（1716），所谓正音，是依照《康熙字典》与《音韵阐微》（1728）所定之音，其中有入声，分尖团。但清中期以后，尤其是乾隆以后，"正音"的实质发生了变化，表面上仍推崇《音韵阐微》，实际已逐渐变为北京音，这与清中后期北京话在全国范围的巨大影响有密切关系。侯精一（1962：23）对于《正音咀华》有精辟的论断：

> 我们都知道《康熙字典》和王兰生的《音韵阐微》的标音，都未摆脱传统的保守作风，两者所订的语音系统都不能代表当时的实际语音。所以，如果遵依这个正音系统，那就无法学习"官话"了。但从莎氏所记录的语音系统来看，<u>实际上"正音"的标准是他所说的"今在燕建都，即以北京城话为北音"的北音</u>。在这里由于受到时代的限制，莎氏的"言"和"行"背道而驰，一方面不得不遵依传统的正音标准，另一方面又要承认当时的实际情况。这是很重要的一点，它告诉我们，在一百多年以前，<u>北京语音已经上升为当时"官话"的标准音</u>，尽管这个事实有时还不能公然提出，但是情况已很明朗化了。……除去语音材料以外，作者还记录了大量的"官话"词汇。……

因此，《正音咀华》所反映的已经是北京话的语音词汇，尽管也有保守的部分，但仍具有较高的参考价值。另外还有一部重要著作，即高静亭《正音撮要》（1834），前文亦有提到，该书的序言中明确提出了北京话的重要性以及在全国的影响力，现摘录如下：

> 子产有辞，郑人赖之甚矣，言语之科，不可不讲。而正音之务，尤不可不先也。<u>正音者，俗所谓官话也</u>。人无言不足以发心之情，音不正不足以达言之旨，故不工于官话者，平时虽有满胸锦绣，才技超群，间里同侪推为巨擘，一朝大宾当前，或南腔或北调，人皆献酬交错，

阔论高谈,彼独一语不通,一言不发,虽有切近急迫之事亦郁结而难伸。惜哉！英雄得用武之地竟为钝器所阻,甚至仕途不通,冤情莫诉,惭悔自忍,咎将谁归。书有云：楚大夫欲其子之齐语也。古人为子弟求利达之计岂浅哉。有志者勿视为不急之务可耳。

……各处物件称谓不同,方言成语有别,若不撇俗,则字音虽佳,立言终不合式,谈吐支吾,眉目不辨,讲一事便指手画脚,摇首绉眉,亦不能详其意旨,非惟无益,反足误事,可不慎哉！

语音不但南北相殊,即同郡亦各有别,故趋逐语音者,一县之中以县城为则,一府之中以府城为则,一省之中以省城为则,<u>而天下之内又以皇都为则。故凡缙绅之家及官常出色者无不趋仰京话,则京话为官话之道岸。</u>仆生于南邑西樵隅僻之地,少不习正音。年十三随家君赴任北直,因在都中受业于大兴石云朱夫子数年讲解经书,指示音韵,故得略通北语。及壮返里,入抚辕充当弁职,不时奉公入都,车马风尘,廿年奔逐,南北方言,历历穷究。告致之后,小隐泉林,乡族后进及附近咸友<u>问正音者接踵而至</u>,仆不揣冒昧,妄为指引……（道光甲午年（1834）学华斋藏板,1a—4a）

因此,《正音撮要》中反映的也是北京话,尽管其作者并非北京人,但他少年时长年居住于北京,后又"不时奉公入都",来往二十年,因此对北京话的记录应该是比较准确的。

清代著作冠名以"正音"的材料并不多,以上文提到的《正音撮要》和《正音咀华》最具代表性,笔者分别调查了这两部著作的不同版本,具体如下：

《正音撮要》：道光甲午年（1834）学华斋藏板、光绪乙巳年（1905）麟书阁藏板。

《正音咀华》：咸丰癸丑年（1853）麈谈轩校订原板、同治乙丑年（1865）右文堂发兑版。

3.6 录音材料

关于录音材料，由于技术条件所限，民国初期的录音材料尚有零星留存，清末则是凤毛麟角。目前国内可找到的反映清末北京话的录音材料只有少数的几段相声，如光绪年间百代公司1908年录制的相声，主要是李德钖与张德全合说的传统相声《对对子》《怯封钱粮》等，现藏于首都图书馆。由于年代久远，声音质量欠佳，但依然十分珍贵。

另外，十分值得一提的是，笔者在日本有幸听到了民国初期的北京话录音材料，该材料为 J. Percy Bruce、E. Dora Edwards 与 C. C. Shu 1930年合编的名为 *Linguaphone Oriental Language Courses-Chinese* 的汉语教材，其中的 C.C.Shu 即舒庆春(老舍)。其中课文的录音均为老舍所朗读。通过这个录音，后人可以很幸运地听到老舍年轻时候的声音和他所讲的北京话，因此这一录音材料极为珍贵。在这个录音中，笔者终于亲耳听到了笔者一直研究的"所+VP"结构的例句，由于这一用法现已消亡，所以听到这一例句时心情异常激动，感慨万千。关于该录音中一些具体的语言现象，笔者将在本书第四章和第六章论及。

3.7 其他材料

其他材料的范围很广泛，因为要研究清末民初北京话，不能脱离当时的社会生活背景，因此史书、清人笔记、地方志(尤其是其中的方言志部分)都是重要的参考资料。

另外，根据日本学者落合守和的调查，清代审讯犯人时的供词也是重要的研究材料。因为犯人的文化水平往往不高，因此所说的均为口语。现在可见的口供主要为乾隆以后所录，正好可作为清中期以后北京话的材料。笔者有幸得到落合先生的馈赠，得以看到这些供词的部分面貌，现摘录如下：

顺天府嘉庆二十五年(1820)张福增供称：

> 小的拾起铁锹照着赵良头上打了一下，赵良哎哟一声，即将坐起，又躺倒在炕里边。窗台下小的母亲惊醒，就俯在赵良身上。小的不理会，又用铁锹打了一下……小的随手拿起窗台上的菜刀，在顶心上砍了七八下，赵良就死了。小的恐怕人知道，要灭赵良尸身，随将赵良头上血迹用小的衣服擦了。小的将赵良背拉到东头沟里，用小的系裤条子将赵良脖项上套住，拉到小庙东边……。

但必须指出的是，这些口供是通过记录官的记录所得，为了通顺起见，记录官会进行一些修改，可能会降低其口语性。

另外，东北某些地方的方言被学者认为可以反映清中期北京话的面貌，例如拉林河畔的北京话。笔者在这里想提出的另一个方言点，即河北遵化清东陵。清东陵有一大批当年皇陵守墓人的后裔居住在陵区周围。按清代皇陵制度，居住于各陵周边的人主要是内务府旗人，他们世代为清代皇族守陵，其后代至今依然在此生活。他们尽管居住在河北遵化，但是却说着一口纯正的北京话。这样的北京话均来自前辈的代代相传，他们历代以说北京话为骄傲，因为这样更能体现他们皇族守墓人的身份，以区别于周边的当地人。尽管他们已经与当地女子通婚（遵化、唐山等地），但是他们的语言受到周边方言的影响很小。笔者已对当地语言进行了调查，发现当地语言在语音、词汇的某些方面的确与老北京话一致，但是大部分语音、词汇更接近当代北京话。详细信息可见拙文《清东陵满族乡调查纪略》（2015a）和《清东陵の人と言语》（2017a）。

清代的文人笔记也记录了很多社会现象和社会风俗，其中也包括一些语言现象，笔者在上文中已经提到不少这样的笔记体著作。笔者查阅的清代笔记均来自中华书局1980年至2005年陆续出版的《清代史料笔记丛刊》，版本可靠，点校精良。由于书目较多，在此不一一列举，笔者在引用时会注明具体信息。

3.8 小结

笔者以上列举的北京话材料，均与当时的社会背景与社会环境密不可分。清后期开始出现的一批用口语白话创作的文学戏曲作品及教科书，是与国力的衰微、外国的入侵、满人的母语转换、社会的趋俗、民智的亟待开启密不可分的。笔者现今已调查的文献中，越到清末，文献语言越呈现出使用北京口语白话进行创作和编纂的趋势。此时的北京口语不同于夹杂文言的书面语，也不同于五四白话文运动以后夹杂着欧化语法的白话，而是中国思维式的民间口语。

正因为文献语言出现了"北京口语"化的趋势，后人才有幸得以利用这些材料来管窥当时北京话的面貌，笔者在下文中所分析的语法、语音现象也均得益于这些文献材料才能顺利完成。

文中语料来源的版本均按本章所列，若一部文献有多个版本，且无法从年代上区分的，一般情况下依据的是所列举的第一个版本。

第四章 清后期至民国初期北京话的语法现象

4.1 清后期至民国初期北京话语法特点概述

笔者在第二、三章已经阐述了"清后期至民国初期"这一历史时期的特殊性。有清一代尽管一直定都北京，但是清中期以前北京话的影响还没有波及到全国，并非全国的通用语，南京官话具有更大的影响力。顺治至康熙前期，满人的母语仍然是满语，有相当一部分满人的汉语还不精熟；康熙中期以后，虽然渐渐出现了更多的满汉双语者，但大部分的满人仍能熟练掌握满语。

而清中期以后，尤其是乾隆后期至嘉庆年间（18世纪末）开始，社会形态发生了诸多变化。首先是满人已经完成了母语转换，且目标语言并非南京官话，而是北京话。随后北京话的影响力逐渐波及全国，各地无不"趋仰京话"，积极学习北京话，这也是与统治阶级使用北京话密不可分的。文学作品中也出现了用北京话创作的白话小说，最具代表性的即《红楼梦》，后接二连三出现的《红楼复梦》《红楼梦补》等也都沿袭《红楼梦》的风格进行创作。

道光时期，尤其是鸦片战争以后，社会形态又发生了很大变化。在以《儿女英雄传》为代表的北京话小说相继出现的同时，外国公使及军队的入驻，了解到北京话的特殊地位，为了在通商、政治及文化交流上更加便利，大量编纂汉语教科书，这些教科书均以北京话为基础，这在客观上进一步加深了北京话的影响力。另外，这一时期的国力进一步衰微，旗人地位下降，生活窘迫，与市井平民融为一片，因此原本风格相对高雅的"子弟书"几乎没有了立足之地，取而代之的是更通俗的戏曲形式，如单弦、相声等。整个国家的岌岌可危激发了一批有识之士通过"开通民智"进行救国的热潮，开通民智就要用通俗易懂的文学形式传播良好的社会风气，因此清末以蔡友梅为代表的一批"京味儿小说家"应运而生，这些小说家活跃至民初，创作了大量反映纯正北京口语的白话小说。

在这种社会背景下，文献语言的风格也发生着诸多变化。其中一些语言现象是首次出现于清后期以后的文献中。例如在下文4.2节、4.3节、4.4节阐述的三个语法现象："所+VP""这个/那个+VP""简直（的）+VP"。还有的语法现象同样或出现于这一时期，或尽管前代已有，在这一时期使用上发生了一些变化。这些现象由于笔者精力有限，不能详尽分析，但是有必要在此列举。

4.1.1 语法现象列举

笔者考察了18世纪初至20世纪初两百多年间的20部反映北京话的白话小说、教科书、满汉合璧文献、戏曲文献中的语法现象。尽管18世纪初的作品并不属于"清后期至民国初期"的范围，但也是非常重要的参照点，因此纳入考察范围。这些文献的版本及具体信息均在第三章有详细叙述，此不赘言。

在语法现象的选取方面，笔者的主要依据是太田辰夫（1950）《清代の北京语について》，以及拙文（2013）《论清代北京话》，后者是对前者的翻译注释，笔者对文中提到的全部文献进行了重新查阅，找出例句，并提出了一些不同的见解。又根据笔者自身的研究经验（例如拙文2013b，2015b，2015d），加以补充修改，从而制成表4.1及表4.2。其中重点选取语气词，尽可能将清后期至民国初期的主要语气词都罗列出来，同时包括这一时期北京话的一些代表性词语及语法结构。现逐条说明如下：

语气词：

罢：句末语气词。表示"完""放弃"义的动词"罢"不进入选取范围。

么：句末语气词。"什么""怎么""这么""那么"等词中的"么"不进入选取范围。

嘛：句末语气词。

吗：句末语气词。

哪：句末语气词。

呢：句末语气词。尤其重点选取非疑问语气词的"呢"。

咧：句末语气词。表列举时使用的"咧"，例如《小额》中的句子"没为别的(为甚么)，就为节咧、年咧，有个大事小情儿的，贪图他进点儿贡"，不纳入选取范围。

咯：句末语气词。

啰：句末语气词。

啦/拉/喇：句末语气词。

阿：句末语气词。

啊：句末语气词。单独使用的表感叹的"啊"不纳入选取范围。

呀：句末语气词。表示惊呼的"哎呀""啊呀""阿呀"等词以及单独使用的"呀"不纳入选取范围。

哟：句末语气词。表示惊呼的"哎哟""嗳哟"等词以及单独使用的"哟！"等不纳入选取范围。

哇：句末语气词。表示惊呼的"阿哇""阿一哇"等词不纳入选取范围。

其他词语/结构：

了$_2$：句末助词。笔者尽量选取只担负单一功能的"了$_2$"，若实在无法找出，才选取同时担负"了$_1$了$_2$"两种功能的例子。

罢了：句末助词，表"仅此而已"。表示"完了""行了""算了"

等实词义的"罢了"不纳入选取范围。

罢/吧咧：选取原则同"罢了"。

来着：句末助词，表示"曾经发生过什么事情"。

多喒/咱/昝/偺/站：时间疑问代词，来源于"多早晚"，表示"什么时候"。

咱们：第一人称代词的包括式（inclusive）。

俩：数量词，后面不能接其他量词。

似/是的：句末助词。表示跟某种事物或情况相似。

别（禁止）：副词。表示禁止或劝阻。

别（揣测）：副词。通常与"是"合用，表示对事件的揣测，且往往是不愿意发生的事情。

所+VP："所"为程度副词或语气副词，表示"完全""实在"义。详见下文 4.2 节。

这个/那个+VP：表示强烈感叹语气的句式。详见下文 4.3 节。

简直$_2$：副词。表示"索性""干脆""直截"义，详见下文 4.4 节。

下面两个表按照年代先后排列。例句后的数字表示页数，有的作品根据章回数或卷数的不同会重排页数，因此有的数字前会有汉字数字，表示章回数或卷数，例如《清文启蒙》的"二 5b"中的二表示"卷二"。另外，《十全福》系手抄本，无页数信息。表中的空白格表示无此用例。

表 4.1

文献 词汇	满汉成语对待 1702	清文启蒙 1730	清语易言 1766	清文指要 1789	红楼梦(程乙本) 1792	初学指南 1794	重刊老乞大 1795	三合语录 1830	正音撮要 1834	正音咀华 1853
罢/吧	后来想了一想罢,他们正高幸呢。(一10a)	想必是往我们家来了罢。(二5b)	不论怎么告诉吧。(10b)	说一天的话儿罢。(中6b)	周姐姐搀着不拜罢。(六9a)	到家里说问好罢。(上14b)	咱们一同去罢。(3a)	预备戴孔雀翎子罢。(一35a)	咱们两个商量罢。(二47b)	各位世兄都完娶了罢。(二7b)
么	你当是他的本事上立起来的产业么。(二39a)	只是往别人家行走么。(二6a)	阿哥你所学的话都记得么?(4a)	阿哥你在这里住着么?(中5b)	你能够在行么?(十六10a)	你是外人么,只是不学罢咧。(上2a)	还是你父母教你去学的么?(2b)	你是外人么,只说不学罢咧。(一3b)		酒够了么?(二7a)
嘛										行装都办齐了嘛?(二11a)
吗					要知道,早不看你来了吗。(中5b)	完了吗?怎么不说了。(十七14b)	阿哥你不是这等说吗。(上16b)		你还犟吗?(二48b)	这位是蒋老师吗?(二18a)

（续表1）

文献＼词汇	满汉成语对待 1702	清文启蒙 1730	清语易言 1766	清文指要 1789	红楼梦（程乙本） 1792	初学指南 1794	重刊老乞大 1795	三合语录 1830	正音撮要 1834	正音咀华 1853
哪	天哪！谁求他那一涝儿的甚么。（一31a）				嗐们都是死人哪！（六十七15a）				还有外面的症候哪。（一11a）	这个最要留心哪。（二18b）
呢	别信他，坑你呢。（二9a）	这样无理的事也有呢。（二2b）	现今又读满洲书呢。（4a）	又何愁不能呢。（中5b）	我的老老，告诉不得你呢。（六6b）	听说你如今学满洲书呢。（上1a）	你们是好人歹人，敢容留你们住呢。（15a）	听说你如今念满洲书呢。（一1a）	还有多远呢？（二45b）	在京里的名声怎么样呢？（二1b）
咧		阿哥我去咧。（二40a）	告诉是咧。（6b）		那里还有吃饭的工夫咧。（六11b）	你是外人么，只是不学罢咧。（上2a）				
咯				我进去咯。（中9a）					拿秤的拿秤咯！（三10b）	夫子答道："不是咯。"（续编57b）

(续表2)

文献\词汇	满汉成语对待 1702	清文启蒙 1730	清语易言 1766	清文指要 1789	红楼梦（程乙本）1792	初学指南 1794	重刊老乞大 1795	三合语录 1830	正音撮要 1834	正音咀华 1853
啰										岂敢,一定好的啰。(二1a)
拉/啦/喇										差不多到省喇。(二1b)
阿	不教忽略的漂阿,闭目合眼的昏头搭脑挣命。(一42a)			我叫他是罩衣裳的架了阿。(下14a)					这个货不儱头阿。(三10a)	
啊	叫人把他怕,后来处处留啊。(二40b)	但是阿哥来了空坐了啊。(二40b)	果然因告诉了啊。(9a)	这也果然不是告诉你他们知道的事啊。(下12b)	快出去告诉你二爷去是不是啊。(六十七16b)	皆是阿哥的恩惠啊。(上1b)	如今赶上赶不上啊。(1a)	并非天生带来的啊。(一9b)		近来诗兴好啊。(二1a)

（续表3）

文献＼词汇	满汉成语对待 1702	清文启蒙 1730	清语易言 1766	清文指要 1789	红楼梦（程乙本）1792	初学指南 1794	重刊老乞大 1795	三合语录 1830	正音撮要 1834	正音咀华 1853
呀	后来想了一想罢呀，事情要紧。（16a）	那样奏作的都是假呀。（三3a）	告诉过的是谁呀？（9a）	我还是在这里坐着呀。（下11a）	到底告诉我是怎么着呀？（九十六7b）	阿哥喜呀，说放章京指出来了。（上15a）	罢呀，包起来，我拿去。（一30b）	皆是阿哥的恩惠呀。（一3a）		就会闹事呀。（二18b）
哟					姑娘们，罢哟！六十（9b）			我哟，是过了时的人。（二100b）		
了₂	走到门口见没进来，说是撩了去了。（一10b）	就说我杀了人了么。（二30a）	告诉将完生了气了。（11a）	阿哥骑着，我躲了你了。（中8b）	越发没了时候了。（六7a）	我也灰了心了。（上2b）	我学了半年有余了。（2b）	我也灰了心了。（一5b）	有了小娃子了。（二33a）	吾兄这样的文才，很合适了。（二1b）

（续表4）

文献＼词汇	满汉成语对待 1702	清文启蒙 1730	清语易言 1766	清文指要 1789	红楼梦（程乙本）1792	初学指南 1794	重刊老乞大 1795	三合语录 1830	正音撮要 1834	正音咀华 1853
罢了	把事情撩在一边子腾个空儿罢了。（一9a）	前日没得工夫罢了。（二33a）		他也是学会的罢了。（中3a）	今年不过二十岁罢了。（六66b）	谁见魂灵来受享了呢，也还是活人攒塞罢了。（上20a）		只好叩谢罢了。（一4a）	慢慢捱罢了。（一44a）	
罢/吧咧		也由着我罢咧。（二3a）	大不过告诉吧咧。（10a）	就只是拜谢罢咧。（中2a）	这种女人死，死了罢咧。（2a）	你是外人么，只是不学罢咧。（上2a）		你是外人么，只说不学罢咧。（一3b）		不成敬的，不过便饭罢咧。（二5b）
来着	满心里要进去来着。（一10b）	该当望喜去来着。（二4b）	我先读汉书来着。（4a）	我往这里一个亲戚家去来着。（中5b）	林妹妹死的时候，你在那里来着。（一百8b）	何等相亲相爱来着。（上20b）	你几时在王京起身来着。（1a）	是何等有爱何等亲近来着。（一35b）	何曾不收拾来着。（一7a）	

（续表5）

词汇\文献	满汉成语对待 1702	清文启蒙 1730	清语易言 1766	清文指要 1789	红楼梦（程乙本）1792	初学指南 1794	重刊老乞大 1795	三合语录 1830	正音撮要 1834	正音咀华 1853
多嚼/咱/耷/站/早晚	咱们多耷也会信着人的意儿。（一22b）		多咱告诉？（5a）	多嚼嚼们弟兄们也去叫他瞧瞧。（续上10a）	我多早晚闹着要去了？（三十一4b）	到多嚼我也去念书。（上6b—7a）	你多站从王京来的？（22b）		多早晚了？（二6b）	多耷收稻子呢？（二2a）
咱/耷/嚼们	咱们多耷也会信着人的意儿。（二22b）	咱们都是好朋友。（二5a）		多嚼嚼们弟兄们也去叫他瞧瞧。（续上10a）	耷们这进京去，原是先拜望亲友。（四8b）	满洲话，是咱们头等头要紧的事。（上1a）	咱们一同去罢。（3a）	咱们方近竟没有清书学房。（一15b）	咱们两个商量罢。（二47b）	
……似/是的	查了个没了当,到相立刻就死的是的。（17a）	身体虚飘,脚底下踩着棉花瓜子是的。（二27b）	好象告诉是的。（11b）		只当我们眼里没有人似的。（六9b）				骂起人来就撒村,满口忘八是的。（一3a）	

（续表6）

文献\词汇	满汉成语对待 1702	清文启蒙 1730	清语易言 1766	清文指要 1789	红楼梦（程乙本）1792	初学指南 1794	重刊老乞大 1795	三合语录 1830	正音撮要 1834	正音咀华 1853
别（禁止）	别信他，坑你呢。（二9a）	若不能成你的事，你也别恼。（二8b）	别告訴。（5a）	别错过了机会啊。（中4a）	别由他们乱碰。（六11a）	你们别说嘴碎。（上8a）	别教走了气，自然熟了。（6b）	别说寻错缝子。（一19b）	别弄脏了。（二19b）	你别当他是个庄稼汉哪。（续编62a）
别（揣测）					别是路上有人绊住了脚，舍不得回来了。（十二1a）					
所+VP										
这个/那个+VP										
简直$_2$										

表 4.2

文献 词汇	十全福 1862	语言自迩集 1867	儿女英雄传 1878	官话指南 1881	四声联珠 1886	今古奇观 1904	小额 1908	春阿氏 1912	大樱桃 1919	老张的哲学 1926
罢/吧	伸得长长儿的脖子，给你杀罢。	天短没有空儿，事情得搁着罢。(41)	你看着明日上得路了罢。(三15a)	连来带去，总的十几天罢。(27b)	那么，我也学罢。(一3a)	打算要和他闹一场罢。(3—4)	你走你的吧。(8)	二位都不是外人，就在一处坐罢。(2a)	那们你就快作罢，咱们回头再说话儿。(8a)	听明白没有？去罢。(1929：27)
么	你丢我的丑，燥我的皮么？	这是该管的么？(118)	你们店里不是都有打更的更夫么？(四15b)	您这一向贵恙都好了么？(1b)	本来那是官话么。(一23a)	不是白叫他们害了么。(11)	要说他的外科么，好像稍差一点。(115)	不是你们领催文爷家么？(2a)		
嘛										
吗		你怎么这么说呢，你是外人吗？(214)	接了人家两三吊钱，给人搁下，人家依吗？(四5a)	您还不知道他那脾气吗？(1b)	你忘了《上论语》上子曰："饭蔬食饮水，乐亦在其中"的话了吗？(九32a)		我不是抓会去了吗？(14)	难道这些事，还能瞒得了我吗？(2b)	明天请你吃饭，你还不去吗？(6b)	你们赔得起黄金吗？(1929：28)

（续表1）

文献\词汇	十全福 1862	语言自迩集 1867	儿女英雄传 1878	官话指南 1881	四声联珠 1886	今古奇观 1904	小额 1908	春阿氏 1912	大樱桃 1919	老张的哲学 1926
哪	要扰定我哪，就是这么个光身子在这块。	老大人让你哪。(101)	不听，不听给钱哪。(四10a)	我还小哪，今年二十四岁。(五32a)	那得过了门才能知道哪。(1a)	店里头有一个老和尚念经哪。(4)	一瞧老头儿同恒爷这儿吃饭哪。(11)	腆着脸还哭哪。(6b)	你剃剃头刮刮脸哪。(7b)	二哥，又招兵哪！(1929：65)
呢	这个意思，还得讲个价钞呢。	那一件坎肩儿裁了还没缝呢。(43)	这还有二十多里呢。(四4b)	我们俩如今都闲着，可作什么好呢？(2b)	我还不能顺嘴儿说呢，还得学。(一2b)	我怎么能单放他一个人呢。(19)	我还不知道呢。(10)	我还要找你去呢。(5b)	有好事还惦记着他们家姑爷呢。(6b)	我告诉你，你要哭呢？(1929：97)
咧		秀才倒不准咧。(209)	咱就是这么办咧。(四6a)	你这赢也不过是瞎猫碰死耗子罢咧。(二42a)	这不过彼此作为问答，说着玩儿罢咧。(54b)			得咧，大嫂子别碎发啦。(6b)	只好拿法律惩治一般苦黎民百姓吧咧。(12a)	

（续表2）

文献\词汇	十全福 1862	语言自迩集 1867	儿女英雄传 1878	官话指南 1881	四声联珠 1886	今古奇观 1904	小额 1908	春阿氏 1912	大樱桃 1919	老张的哲学 1926
咯		真是玷辱了满洲咯。（132）								
啰			如此姑妄言之姑妄听之罢啰。（三十12a）							
啦/拉/喇			姑娘你道如何啦阿？（十6a）				堂官是早走啦。（8）	普二弟你不用说啦。（3a）	骂苦了哥哥啦。（6a）	小三立正，立在我脚上啦。（1929：15）
阿		都无非是由浅及深的这个理阿。（74）	姑娘你道如何啦阿？（十6a）		是阿，不错，总得勤学。（一2b）					

（续表3）

文献 词汇	十全福 1862	语言自迩集 1867	儿女英雄传 1878	官话指南 1881	四声联珠 1886	今古奇观 1904	小额 1908	春阿氏 1912	大樱桃 1919	老张的哲学 1926
啊		连老子娘，都叫人家咒骂啊。(211)	嗟们就动手啊。十七(6b)	您这拿来的，都是什么书啊？(27a—b)	那一部书很好啊。(九33a)	敢情这群人，是一伙子强盗啊。(9)	干什么这们横啊。	嫂子你这们的指甲，怎的这么长啊？(11a)		可就不易出手啊。(1929：192)
呀		分的还是令兄的多呀。(107)	你肚子疼呀？（三14b）	都是买谁家的货呀。(9b)	可不是玩儿的呀。(二29b)	可就问他们这是谁呀。(7)	今儿个怎么这早晚儿呀。(8)	你怎么胡挑字眼儿呀。(3a)	反正你得去呀。(8a)	咱们祖宗的名声可要紧呀。(1929：192)
哟			兄台罢哟，他想是忘了。(180)	这事到底是可哟，是不可。（九22a）						
哇	样样又干不来，怎么好法了哇。		我大妹子好哇。（三十九22a）				别跟爷爷闹哇。(9)	这个凶手哇，啊，出不了本院的人。(21a)	磕的是那门子头哇。(3a)	

(续表4)

文献\词汇	十全福 1862	语言自迩集 1867	儿女英雄传 1878	官话指南 1881	四声联珠 1886	今古奇观 1904	小额 1908	春阿氏 1912	大樱桃 1919	老张的哲学 1926
了₂	如今到落了单了。	他新近不是放了巡抚了么。(107)	真成了个白赶路儿的了。(三 13a)	须已经白了多一半儿了。(1a)	着了凉了。(六 69a)	他得了这个意思了。(2)		豁出这条老命,我也不活着了。(14b)	反正寿文我给他作就是了。(8a)	我活了快六十岁了。(1929: 99)
罢了	吴来由没良心罢了。	到夜里三更天就躺在炕上罢了。(41)	一个疼媳妇儿,一个疼女孩儿罢了。二十(四 5a)		也就只好怨命罢了。(五 32b)					
罢/吧咧		兄台要念书,也是好事罢咧。(210)	他也不过是个人罢咧。三十三(29a)	你这赢也不过是瞎猫碰死耗子罢咧。(54b)	不过晚上睡觉罢咧。(七 25b)				只好拿法律惩治一般苦黎民百姓吧咧。(12a)	

(续表5)

文献 词汇	十全福 1862	语言自迩集 1867	儿女英雄传 1878	官话指南 1881	四声联珠 1886	今古奇观 1904	小额 1908	春阿氏 1912	大樱桃 1919	老张的哲学 1926
来着		你怎么说来着？（115）	他还问咱老爷子来着呢。（十七7b）	您是和谁打官司来着？（18b）	我拿他打狗来着。（一12b）	在华云寺庙里避雨来着。（19）	我竟在南屋哄孩子来着。（12）	方才洗孝衣来着。（7b）		他们讲什么来着？（1929：106）
多咱/咱/昝/僭/早晚	我这一躺不定多咱才能勾出来。	他多咱回来？（41）	他到底赶多昝才来看我来呀。（三十九22a）	多昝走的？（27b）	多咱才回去呢？（八77a）	多咱是个发迹呀？（3）		是多昝听见官司有信啦？（68）		
咱/昝/喒们	咱们两个人拍谁呢？	僭们今儿商量半天才定规。（60）	咱们这行啊，全仗的是磨搅讹绷。（四5b）	那么昝们一两天准见。（9a）	不是咱们这儿本地生长的。（一16b）	昝们说一句话。（6）	昝们算丧透啦。（4）	喒们是朋友相交。（3b）	咱们回头再说话儿。（8a）	等事情完了咱们算账。（1929：66）
俩	年轻的只有昝们俩。	他们俩起初相好。（58）	咱们俩是一条线儿拴俩蚂蚱。（四5b）	喒们俩一同去好不好。（2b）	可不是么，快俩月了。（一37a）	俩马并着走。（30）	咱们爷儿俩一半天见吧。（13）	你们娘儿俩，也值当拌嘴。（13a）	我真能敬他俩嘴吧。（5a）	①

① 书中尽管使用了"俩"字，但后接"个"："你们哥俩个东屋里坐。"（1927：16）谨慎起见，暂不列为例句。

(续表6)

文献 词汇	十全福 1862	语言自迩集 1867	儿女英雄传 1878	官话指南 1881	四声联珠 1886	今古奇观 1904	小额 1908	春阿氏 1912	大樱桃 1919	老张的哲学 1926
……似/是的	到像号丧是的一样抱头大哭。	实在像马棚儿似的。(71)	好一个小黑驴儿,墨定儿似的。(四5a)	我刚才听见自鸣钟噹噹的打了两下儿似的。(4b)	仿佛个帽子似的。(二51b)	说出话来就仿佛刀子似的。(2)	就听得门口儿嚷嚷成一个人阵似的。(20)	那孩子鲜红似的。(7a)	吧搭儿吧搭儿,真是梆子似的。(1b)	象小老鼠似的在铜盆里洗的。(1929:2)
别(禁止)		他说你别哭,我送你点儿玩意儿。(89)	别管那些,咱们踹开门进去瞧瞧。(六10a)	再别作那害人的事情了。(42a)	别扠腰,别伸懒腰。(一10b)	把您的命害了,您可别怪。(10—11)	祥哥也别生气啦。(7)	别跟他吵嘴了。(3b)	二爷您可别多心。(3b)	起初就别送学生来念书！(1927:28)
别(揣测)			别是他也上茅厕去了罢。(三十五29a)							

(续表7)

文献 词汇	十全福 1862	语言自迩集 1867	儿女英雄传 1878	官话指南 1881	四声联珠 1886	今古奇观 1904	小额 1908	春阿氏 1912	大樱桃 1919	老张的哲学 1926
所+VP		两样儿都不好,楷书所不能写。(93)		我去找了半天,我的马所没找着。(46a)	姑娘怎么能说所不明白呢?(五41a)	拍着屋门直嚷了半天,所没人答应。(25)	皆因为心里有事,前半夜所没睡。(18)	成日际闲话到晚,把我们那一位所给闹急了。(26a)		看着所不象人的呢,打,杀,这叫爱恶人。(1926:9)
这个/那个+VP							善大爷这个气,就不用提啦。(27)			你可不知道现在年青人心里那个坏呀!(1927:195)
简直₂/剪直		这扇子不好,简直的拿给他。(252)	老爷剪直的拿白话说说是怎么件事罢。(四十61b)		不但疑惑,简直的说他不贞洁。(五53b)	简直的说吧,彼此都没安着好心。(46)				

4.1.2 对相关语法现象的分析

对于表 4.1、表 4.2，此节按照"句末语气词"和"其他词语/结构"两大类，着重分析研究其中几个典型语法特点。

4.1.2.1 句末语气词

1. 罢

"罢"作为语气副词，明代后期业已出现，在清代普遍使用。清后期以前均写作"罢"，没有写作"吧"。"吧"往往用作拟声词，或出现于"嘴吧""哑吧""哈吧狗"等词中。根据孙锡信（1999）的研究，句末语气词"罢"写作"吧"出现于 18 世纪后期，但用例极少。在笔者调查的这 20 部作品中，最值得关注的是《清语易言》(1766)，已经出现了"吧"的用例，且没有"罢"。但笔者调查的 18—19 世纪的其他材料中没有"吧"的用例，直至《小额》(1908) 出现了"吧"的用法，并且是"罢""吧"混用，且仍以"罢"居多。此后白话小说中"吧"的用例逐渐增多，但民初老舍作品《老张的哲学》中，仍以"罢"居多。可见，《清语易言》(1766) 中只出现"吧"而没有"罢"是极个别的情况，有可能是作者自身的使用习惯。在 20 世纪 30 年代以前，以写作"罢"为优势，而"吧"在写法上全面替代"罢"是现当代才出现的情况。

2. 么，吗

句末语气词"么"与"吗"是联系紧密的两个语气词，表示疑问或揣测。根据孙锡信（1999）的研究，"么"在晚唐五代业已出现，至明代才零星出现了"吗"替代"么"的例子，直至清中期以前，都是"么"占据绝对优势，"吗"则凤毛麟角。笔者的调查也基本证实了这一点，在 20 部作品中，"吗"最早出现于《清文指要》(1789)，其后，直至 19 世纪末的作品中，"么""吗"并存，使用频率均不低。但 20 世纪初的《小额》(1908)，"么"的用法已经极少，"吗"的用例占绝大多数，而"么"专司"怎么""什（甚）么""这/那么"等词语，并且还表示强调语气，例如上表《四声联珠》："本来那是官话么。"其前后文为：

> 那么,"这儿""那儿"该当说甚么？——该当说"这里""那里"。
> 不错,我听南省地方人,都是说"这里""那里"的多。
> 本来那是官话<u>么</u>。

可见最后一句没有疑问语气,而是表强调,这应该是北京话的特点。

到了民国初年《大樱桃》(1919)、《老张的哲学》(1926)已完全不见"么"的用例。可见,在写法上"吗"于20世纪初已替代了"么"。但在当代北京话口语中,句末语气词"么"依然很常用,不仅表示疑问语气,还表示强调语气。

3. 阿,啊,呀,哪,哇

句末语气词"阿"与"啊"一样,均来自语气词"呵","阿"一直从元代使用到清代(孙锡信,1999)。"啊"在明代才出现,功能与"阿"相同。从笔者调查的20部作品来看,从1702年的《满汉成语对待》到1886年的《四声联珠》,大部分的作品中存在"阿"的用例,这是元代以来的沿用。但值得注意的是,《四声联珠》中"阿"只有一例,绝大部分为"啊"。其后的《今古奇观》《小额》《春阿氏》《大樱桃》《老张的哲学》中均没有"阿"的用例,而只有"啊"。可见,清末以后,在写法上,"啊"已经占据绝对优势,渐渐不再使用"阿"。

值得提出的是,"呀""哪"及"哇"是否均为"啊/阿"的语音变体,在笔者调查的20部作品中发现一些有趣的现象。若将以往普遍观点进行总结,其变化规律为:啊→呀 /i,y,a#_ ;啊→哪 /n#_ ;啊→哇 /u#_。由于这几个语气词的语音在清代北京话中与现代几乎相同,因此可以基于以上音变规律进行讨论。孙锡信(1999)认为,从《红楼梦》开始,"呀"的使用已经基本符合语音规律。但据笔者调查的情况,清中期以前"呀"基本符合这一规律,主要以感叹、反问两种用法为主。清中期以后,"呀"逐渐出现了疑问语气词的用法(并非反问),例如《清语易言》(1766):"告诉过的是谁<u>呀</u>？"程乙本《红楼梦》(1792):"到底告诉我是怎么着<u>呀</u>？"但用例很少,且程乙本《红楼梦》的"呀"均出现于高鹗续写后四十回。

直至 19 世纪 70 年代以后，"呀"的疑问语气词用法才变得比较常见，例如《儿女英雄传》（1878）"你肚子疼呀？"《官话指南》（1881）："都是买谁家的货呀？"《小额》（1908）："今儿个怎么这早晚儿呀？"并且这几例均不符合"啊→呀"的音变规律。因此，是否"呀"在充当疑问语气词时，可以不受音变规律的束缚，还须进一步细致研究。

另一个语气词"哪"，直至 19 世纪初均符合以上音变规律。但从《正音撮要》（1834）年开始，"哪"违反了这一条件："还有外面的症候哪。"自此以后，违反条件的"哪"出现得越来越多。根据太田辰夫（1970、1972）的研究，《小额》（1908）中一些违反条件的"哪"实际类似于"呢"，是"呢"语音的变体：ne → na。《正音撮要》中的"哪"例也符合这一情况。这种违背条件的"哪"的用例，只出现于北京话语料中，不见于南京官话。

另外，句末语气词"哇"，几乎全部符合以上音变规律。其中《十全福》（1862）中的例子"样样又干不来，怎么好法了哇。"中，"哇"的前字"了"的语音在清后期应为 /liau/，因此"哇"符合规律。

4. 嘛，咯，啰，啦，咧，哟

句末语气词"嘛"在宋元时期业已出现（孙锡信，1999：107），但是作为"么"的变音，其功能与"么"相当，表示疑问语气。清代北京话文献中，已几乎不用"嘛"字表疑问语气，而用"吗"，"嘛"表疑问只在《正音咀华》（1853）中出现了一例。现当代北京话中，"嘛"主要用于感叹语气与肯定语气。

"咯"与"啰"应是同音异形，功能相同。"啰"最早写作"罗"，元代即已出现，后加了"口"旁，表示强烈感叹语气（孙锡信，1999：150）。根据笔者的调查，清后期以后，已很少使用"啰"字，而多使用"咯"。

"啦"是"了＋啊"的合音（王力，1985：173）。根据笔者的调查，19 世纪 50 年代以前，几乎没有"了"与"啊"合音为"啦"的现象，往往都是"了＋啊"分写的形式，例如《清文启蒙》："成了一个不长进的人了啊。"（19a）19 世纪 50 年代以后才逐渐增多。到了清末，尤其是以蔡友梅为代表的京味儿小说家的作品中,"啦"的出现频率非常高,仅《小额》(1908)一部作品就出现了 1000 例以上的用例。

"咧"有观点认为是"哩"的变音。太田辰夫(1950)认为在《红楼梦》中"咧"只用于列举。后笔者在对其译注中,发现《红楼梦》(程乙本)中也有不表列举的情况,但确实以列举用法居多。另外,太田先生在该文中还提到《儿女英雄传》中"咧"的使用或有语体限制,上层人士一般不使用,而多出现于农妇、打更人、绿林侠客的语言中。

"哟"是"呀+o(ou)"的合音,表示强烈感叹语气,应该出现在清中期以后。在笔者调查的 20 部作品中,最早的用例出现在 1792 年的程乙本《红楼梦》中。笔者又查阅了庚辰本《红楼梦》(1760),其中也有极少数的"哟",比程乙本更少,例如表 4.1 中程乙本的"姑娘们,罢哟!"在庚辰本作"呀"。

4.1.2.2 其他词汇/结构

1. 多喒/咱/昝/偺/站

时间疑问词"多喒/咱/昝/偺/站"来源于"多早晚","喒/咱/昝/偺/站"等字为"早晚"的合音,表示"几时""什么时候"。根据顾学颉《元曲释词·一》(1983),元代即有"多喒",或写作"多管""多敢",但并不表示"几时",而是推测之词,义为大概、恐怕。在元代,真正表示"几时"义的仍写作"多早晚","早晚"还没有发生合音。明代的《金瓶梅词话》中已经有了合音的现象。到了清代,合音的形式见于各种文献中,例如《满汉成语对待》(1702)已经有了这样的例子:"咱们<u>多昝</u>也会信着人的意儿,学的呲答人来着。"但用例不多。其后的《清语易言》《清文指要》均有用例,但比这两部文献稍晚的《红楼梦》(程乙本)中没有"多喒"的例子,仍为"多早晚"。其后《初学指南》(1794)中"多喒"的用例已经较多。可见"多早晚"在清前期已发生了合音,但"多早晚"的形式依然在使用;18 世纪末以后,"多早晚"已经完全合音为"多喒","多早晚"只是零星出现。并且,时间疑问词"多喒"只出现于北京话口语语料中,南京官话中并不使用,而使用"多早""几早""几时"等(太田辰夫,1995[1964]:250)。

2. 似/是的

"……似/是的"也是北京话的特点,南京官话并不使用,而用"……一般""……一样"等(太田辰夫,1995[1964]:264)。"似的"往往与"像"搭配,形成"像……似的"结构。根据爱新觉罗·瀛生(1993)的研究,该结构来自于满语。证据是,满语表达"好像""似乎"义的词汇是放在对照对象的后面,也即往往出现于句末,其语音形式类似于[ʂɿ də]。而在北京话中,如"相似""类似"等词语中,"似"均读为平舌,只有在"(像)……似的"结构中读成卷舌,这个卷舌就来自于满语的[ʂɿ də]。因此瀛生先生认为,"似的"之所以书写为汉字"似",完全是读书人根据其意义扣上去的一个字,其实这个词以前并无汉字。笔者认为这一观点有一定道理,因为在元代,出现了"也<u>似</u>相亲傍的<u>一般</u>"(《曹伯嗜琵琶记·第二十八出》)这样的"似……一般"的用法,"一般"放在了对照对象之后,这很可能是受到蒙古语句法的影响。蒙古语与满语同属阿尔泰语系,满语"好像"义也同样置于对照对象之后,很可能发生借用。但还有另一种观点值得重视,根据江蓝生(1992)的研究,句末助词"似/也似"很可能受到蒙古语句法结构的影响,但句末助词"似的/是的"却有不同来源,它来源于明代表判断语气的句末助词"是的",后在文字上采用了表义性更强的"似"。这一观点似乎能更好地解释在写法上为什么会有"是的"。笔者调查的20部作品中,19世纪60年代以前的作品中多用"是的",很少出现"似的",而19世纪60年代以后的作品则多用"似的",可见在写法上,更早的确实是以"是的"居多,而后来多用表义性更强的"似的"。

3. 了$_2$

了$_2$的出现次数非常多,且几乎每部作品都能找到只担负单一功能的"了$_2$"。但"了$_2$"并非产生于清代,根据曹广顺(1987)的研究,南宋朱熹《朱子语录》中已经有"V了$_1$O了$_2$"这样的用法,但使用频率不高。

到了清代,这一用法已经非常普遍。

4. 别(禁止),别(揣测)

副词"别(禁止)"的出现频率也很高,该词被太田先生列为北京话的七大特点之一(1969:286),南京官话则用"莫"(太田辰夫,1995[1964]:264)。20部作品中,只有一部作品没有出现"别(禁止)",即《十全福》,正如3.2.3节所述,与其他众多戏曲剧本相比,《十全福》口语化程度已经非常高,但戏曲毕竟相对保守,语言上也不可能完全根据当时的北京口语,因此没有出现"别(禁止)"的用法。

"别"表揣测义是北京话的特点,通常与"是"连用。在笔者调查的材料中"别"表揣测的用例并不多,只出现于《红楼梦》与《儿女英雄传》。但民国以后老舍及曹禺的作品中均有此用法,例如老舍《牛天赐传》:"别是叫老鼠拉去了吧?"(人间书屋,1934:276)曹禺《北京人》:"皓:这究竟是什么。思:别是隔壁的——"(《曹禺戏曲集》,文化生活出版社,1947:137)

5. 来着

句末助词"来着"是非常有意思的一个词,它是北京官话(包括东北一些方言)特有的一个词,被太田先生列为北京话七大特点之一(1969:286),南京官话绝不使用。但它的来源至今争论不休。有观点认为,"来着"来源于满语中表示过去完成进行时句尾标记 bihe 及 bihebi(爱新觉罗·瀛生,1993:201—202),但这种观点有待商榷。根据孙锡信(1999:188—190)的研究,在敦煌变文中出现了句末助词"来",与"来着"的功能基本相同,表示某个动作行为是曾经发生过的。"来+着"的组合在元明没有出现,而在清代出现了"来着"。至于为什么"来"与"着"组合,孙锡信也认为原因不明(1999:189)。笔者认为孙锡信先生提到的敦煌变文中的例子可能只是单纯的句末助词,没有实在的意义,这种用法的"来"在元代也同样如此(顾学颉,1983:301—302),这与清代"来着"的功能有较大的区别。根据笔者的调查,清代文献中,"来着"的使用频率非常高,绝大部分北京话语料中均有出现。不仅表示过去某个动作行为发生过,还表示过去某个动作行为的确定性,例如《四声联珠》(1886:12b):"我拿他打狗来着。"这个句子里还带有"过去完成进行时"的意味,这很可能与爱新觉罗·瀛生先生所说的满语影响有关,但语音上 bihe、bihebi 似乎与历史上的"来着"相差较远,因此可能不是满语词汇的直接借用,而是语法形态上的借鉴,其具体来源及发展路线还有待研究。

6. 罢了,罢咧

"罢了"与"罢咧"是联系紧密的两个句末助词。笔者曾在论文(竹越孝、陈晓,2016a)中对满语句末助词 dabala 与汉语句末助词"罢了""罢咧"作出调查分析,认为"罢了""罢哩"作为句末助词至少在明末已经出现,且谓词性用法仍继续保留;"罢咧"作为句末助词的出现时间不晚于 18 世纪 30 年代,且无论在满汉合璧文献还是白话小说里大部分均为句末助词,仅有极少的例子用作谓词结构。因此可见,"罢咧"很可能专司句末助词的功能,多表"仅此而已""不过如此",其形成应有两方面因素:一为"咧"作为语气词始于清代,或来源于"哩",因此促使"罢了""罢哩"亦可说为"罢咧"。二是在满汉合璧文献中,"罢了/罢咧"与满语句末助词 dabala 以极高的比例互相对译,这也推进了"罢了/罢咧"多以句末助词的形式出现于清代文献中。可以说,"罢了/罢咧"的句末助词功能来源于汉语内部"罢+了"的演变,并非来源于满语的 dabala;但在使用和流传过程中应受到了满语 dabala 的影响与促进。

7. 咱们

"咱们"表示包括式(inclusive)也是太田辰夫先生所指出的北京话七个特征之一(1969:286)。至少在元代已经出现了包括听话人的"包括式"用法(《近代汉语词典》,2015:2575),后明代逐渐增多,到清代北京话的语料中更是常见。在 20 部语料中,18 部都有用例,且都数量很多。不过,"咱们"的包括式用法可能不限于北京,也包括北方地区其他的一些方言,例如清代刘世珩编《暖红室篆刻西厢记·明王伯良古本西厢记校

注》中提到:"喒,北人你我之通称,犹言我和你之谓。"(江苏广陵古籍刻印社,1990,影印本,21a)

8. 俩

根据赵元任(1927:88)的研究,北京话中的"俩"来源于"两个"的合音,"两个"首先变成"两呃",再进一步合音为"俩"。"俩"是北京官话的特点,不出现于南京官话中(太田辰夫,1995[1964]:252)。"两个"合音为"俩"应是清前期完成的。根据太田辰夫(2014[1958]:138)的研究,清前期蒲松龄的《磨难曲》中即有用例:"自从我出门,离了也么家,只有俺㕻没有叅。"(蒲松龄,磨难曲7)尽管"㕻""叅"的字形非常孤僻,但应该是为了区别"两""三"才写作这样的字形,且根据前后文来看,"㕻""叅"应该担负的是"两个""三个"的功能,但这种写法在其他作品中没有见到。在笔者调查的20部作品中,写法上用"俩"字担负"两个"功能的最早出现于1862年的《十全福》,另外,乾嘉时期(18世纪中叶至19世纪初)时调小曲总集《白雪遗音》中已有"俩"的用法:"人人都说偺俩厚。"(《明清民歌时调集·白雪遗音》,上海古籍出版社,1987:611)可见"俩"的用法出现于清前期,在清中期以后逐渐成熟,用例也越来越多。

9. 所+VP,这个/那个+VP,简直₂

"所+VP"结构出现于19世纪50年代,"这个/那个+VP"结构出现于20世纪初,"简直₂"出现于18世纪末。这三个语法现象均出现于清后期以后,是本章重点研究的三个现象,具体分析见下文,此不赘述。

4.2 新出现的语法现象之一——"所(程度副词)+VP"结构

从古代汉语到现代汉语,"所"的用法一直很多。例如在古代汉语中,"所"就有名词、代词以及连词等多种用法(解惠全等,2008:688—

698)。在清末民初北京话的相关材料中,还能看到这样的用法:

　　一看小额的病加紧,<u>所</u>不得主意,不知道请谁瞧好啦。(蔡友梅[1908]《小额》)
　　一天到晚,不用操心做事,只在门前坐着看热闹,<u>所</u>闲得不了啦,才细细的串脚鸭缝儿玩。(老舍[1934]《小坡的生日》)

以上两例"所"的用法是比较罕见的,太田辰夫(1970)曾指出这种用法"有完全、全部的意思"[①](例如,"所不得主意"意即"完全没了主意"),并且还指出过它限用于北京口语(太田辰夫,1995 [1964]:262)。因此"所"的这种用法类似于程度副词。拙文(2013a)讨论过其用法,本书将在此文的基础上加以补充,对"所"的这一用法进行全面分析。下面将这一结构简称为"所(程度副词)+VP"。

4.2.1 相关语料的考查统计

笔者所考察的语料已在第三章有详细的叙述,共有七大类:① 白话小说;② 曲艺材料;③ 域外汉语教科书;④ 满蒙汉合璧文献;⑤ 正音材料;⑥ 录音材料;⑦ 其他材料。以下所引用材料的版本等详细信息均依照第三章,此不赘言。偶尔也会涉及一些其他语料,笔者将单独列出其具体信息。

在笔者调查的七大类语料中,为了更全面地了解情况,在第①类白话小说中,除了第三章列举的篇目以外,笔者还调查了清末"四大谴责小说":李伯元(1903)《官场现形记》(上海启智书局民国二十三年1934年版)、吴趼人(1906)《二十年目睹之怪现状》(上海广智书局光绪三十三年[1907]年版)、刘鹗(1903)《老残游记》(上海泰东图书局民国十一年[1922]初版)、曾朴(1905)《孽海花》(北京宝文堂书店1955

---

① 笔者据太田辰夫(1991 [1988]:288)。

年重版）。另外还包括现当代的小说作品，笔者调查的是"现当代文学作品"语料库。以上七大类语料中，②④⑤⑦类未查找出相关用例（关于"④满蒙汉合璧文献"有类似用例，讨论详见下文），①③⑥类共找到共76例，按语料和时期的不同全部列举如下：

表 4.3

清末民初白话小说	共 23 例
蔡友梅（1908）《小额》6 例	（1）皆因是心里有事，前半夜<u>所</u>没睡。（18页）
	（2）皆因艺高人胆大，自己<u>所</u>疑惑啦，以为打一个乏拨什户算什么的。（32页）
	（3）大拴子说完了，额大奶奶<u>所</u>傻啦，素常又有个肝疯的毛病儿，一经着急生气就犯。（42页）
	（4）一看小额的病加紧，<u>所</u>不得主意，不知道请谁瞧好啦。（92页）
	（5）说了一大套生意话，什么<u>所</u>没功夫啦，好不容易才配得啦。（111页）
	（6）家里又丢了两通儿，混的<u>所</u>不成啦，找小额来借钱。（132页）
冷佛（1912）《春阿氏》1 例	（7）若说老太太，也不是不糊涂，成日际闲话到晚，把我们那一位，<u>所</u>给闹急了。（六回 26a）
蔡友梅（1919）《郑秃子》1 例	（8）可是话又说回来啦，经验<u>所</u>大了，人也快进地了。（12a）
蔡友梅（1919）《胶皮车》1 例	（9）姓牛的是交朋友的人，<u>所</u>得有个面子。（22a）
蔡友梅（1920）《二家败》2 例	（10）李二瓜子病势日见加重，有一天<u>所</u>垂危啦。（《白话国强报》民国九年五月）
	（11）官司完了又请客，事情<u>所</u>完了，丁家剩了三十多亩地。（《白话国强报》民国九年五月）
蔡友梅（1920）《人人乐》1 例	（12）等着大爷<u>所</u>好了，我把霍乱针法教给你。（《白话国强报》民国九年六月）

（续表）

清末民初白话小说	共 23 例
蔡友梅（1919）《郭孝妇》2 例	（13）厚斋的脸所成了□①千儿啦。赵爷好觉着不对劲，当时拿别的话直岔。（《白话国强报》民国八年） （14）又过了两天，病所见好，能在炕上坐着啦。（《白话国强报》民国八年）
蔡友梅（1918）《连环套》5 例	（15）车氏斗牌所斗邪了心啦，轻易不回家。（《白话国强报》民国七年十月） （16）二奎子所急了，跟铺子一个伙计小于商量。（《白话国强报》民国七年十月） （17）前后这们几通儿，二奎子所不得了啦，没想到灾祸一齐来。（《白话国强报》民国七年十月） （18）二奎子所傻下去啦。（《白话国强报》民国七年十月） （19）换姑娘一死，要说他所不动心，作小说的，也不敢说那宗刻话，反正也有点儿难受。（《白话国强报》民国七年十月）
蔡友梅（1918）《驴肉红》1 例	（20）今天我要上干爹那里去，所不得工夫。（18a）
哑铃（1913）《何喜珠》2 例	（21）回头吃完了饭，咱们所得溜哒溜哒，没别的，你得请我喝个大茶。（《白话捷报》第四十六号） （22）勾一贵一听这人说出来的话，所透着横，先把他的气焰给压了下去，吓得立刻不敢作声。（《白话捷报》第五十五号）
剑胆（1919）《衢州案》1 例	（23）此人实在有些媚外，并且胆量极小，所把洋人怕在心里啦。（《京话日报》副报，民国八年一月）

---

① 原文中该字无法辩认，用"□"代替。

表 4.4

五四以后白话小说	共 3 例
老舍（1926）《老张的哲学》1 例	（24）看着从心里不爱的呢，少理他；看着所不象人的呢，打，杀，这叫爱恶人。（《小说月报》第 17 卷 11 号，9 页）
老舍（1927）《赵子曰》1 例	（25）姓王的告诉他的新闻，他告诉姓张的，姓张的告诉他的消息，他又告诉给姓蔡的；所没有的说，坐在一块讲烟卷的好歹。（《小说月报》第 18 卷 5 号，4 页）
老舍（1934）《小坡的生日》1 例	（26）一天到晚，不用操心做事，只在门前坐着看热闹，所闲得不了啦，才细细的串脚鸭缝儿玩。（10 页）

表 4.5

清后期至民国初期域外汉语教科书	共 50 例
威妥玛（1867）《语言自迩集》6 例	（27）这人我所不记得，是个作什么买卖的。（102 页） （28）嗳，他出了这个虎口，是个便宜。还有，这还不算所出了虎口。（96 页） （29）两样儿都不好，楷书所不能写。（93 页） （30）话里所不说的，另归一项。（80 页） （31）我好些天总没看过书，《通鉴》是差不多忘了，那《汉书》所全忘了。（252 页） （32）姓张的差不多我不认得了，姓李的所不认得了。（252 页）
中田敬义（1878）《伊苏普寓言》1 例	（33）奴才这两天伤风，鼻子所不行。（49 页）
吴启太、郑永邦（1881）《官话指南》8 例	（34）这几年买卖发了财了，东家所不上铺子了，竟在家里纳福。（33b） （35）我去找了半天，我的马所没找着。（46a） （36）若是过了一两天，那匹马所没下落，那便是真丢了。（46a） （37）现在的庄稼所都长起来了罢。（17a） （38）客人是所不答应，要定了箱子了。（30b）

(续表1)

清后期至民国初期域外汉语教科书	共 50 例
吴启太、郑永邦（1881）《官话指南》8 例	（39）这些年<u>所</u>发了财了，家里盖的房子很多。（33b） （40）就起到了苏州之后，事情就<u>所</u>不顺了。（34b） （41）到了去年，他脸上<u>所</u>带了烟气了。（36b）
F.H.Barfour（1883）《华英通俗编》1 例	（42）我在这件事上<u>所</u>不留心。 I don't feel slightest interest in that affair. I at that affair on <u>entirely</u> not retain heart.（58 页）
金国璞（1904）《今古奇观·李汧公穷邸遇侠客》9 例	（43）他因为看见房德，<u>所</u>没个活路儿。（2 页）
	（44）你一个爷们家，<u>所</u>不能挣钱养家，竟靠着女人过日子。（2 页）
	（45）你那些甜言蜜语的，噘了我这么些年的，我<u>所</u>不信你的话了。（3 页）
	（46）等了好几天，<u>所</u>没遇见这么个人来。（8 页）
	（47）拍着屋门直嚷了半天，<u>所</u>没人答应。（25 页）
	（48）事事都由他作主，<u>所</u>把他的皮气惯坏了。（40 页）
	（49）他就满屋里一找，<u>所</u>没有。（60 页）
	（50）各店全都关了门了，<u>所</u>找不着个住处。（72 页）
	（51）身子就仿佛胶漆粘住了似的，<u>所</u>不能动弹了。（78 页）
金国璞（1911）《今古奇观·沈小霞相会出师表》3 例	（52）我直等了这么大的功夫儿，<u>所</u>不见他出来。（27 页）
	（53）一连叫了好几声，<u>所</u>没人答应。（28 页）
	（54）张千李万<u>所</u>不肯招认。（37 页）
金国璞（1911）《今古奇观·怀私怨狠仆告王》2 例	（55）王生看了看事情，<u>所</u>都平安了，就又买了三牲福礼，拜谢了神佛和祖先。（64 页）
	（56）求神问卜，请大夫来治，<u>所</u>不见效。（65 页）
青柳笃恒（1904）《支那语助辞用法》2 例	（57）昨儿晚上下大雨，今儿早起天<u>所</u>晴了。（43 页） （58）这一向忙不过来，<u>所</u>不得空儿。（131 页）

(续表2)

清后期至民国初期域外汉语教科书	共 50 例	
石桥哲尔（1918）《支那语捷径》8 例	（59）起那天我<u>所</u>不管了。（112 页）	
	（60）看光景<u>所</u>不见好。（112 页）	
	（61）他<u>所</u>不讲理。（112 页）	
	（62）他这些年<u>所</u>发了财了，家里盖的房子实在很多了。（113 页）	
	（63）东家<u>所</u>不上铺子了，竟在家里。（113 页）	
	（64）法德打仗之后，买卖的事情就<u>所</u>不顺了。（113 页）	
	（65）他脸上<u>所</u>带了酒气了，精神也不佳了，我看那光景很不好。（113 页）	
	（66）哎，院子里人<u>所</u>住满了。（113 页）	
饭河道雄（1924）《支那语难语句例解》1 例	（67）所：すっかり①　　我<u>所</u>没理会。（152 页）	
J. Percy Bruce, E. Dora Edwards, C.C.Shu（1930）*Linguaphone Oriental Language Courses-Chinese* 1 例	（68）我<u>所</u>看入了神啦。（99 页）	
中谷鹿二（1932）《华语助字の活用》2 例	（69）现在<u>所</u>是夏天了。（74 页）	
	（70）近来他的买卖<u>所</u>做不起来了。（74 页）	
三原增水（1938）《中国语惯用语句例解》1 例	（71）我<u>所</u>不明白，他刚才说的是怎么个意思。（171 页）	
本田善吉（1939）《支那语常用语词注解》2 例	（72）天<u>所</u>晴了，星星出来了。（86 页）	
	（73）可不是么，我<u>所</u>没见他。（86 页）	
铃木直治等（1956）《中国语常用虚词辞典》3 例	（74）<u>所</u>是春天了。（102 页）	
	（75）他的买卖<u>所</u>做起来了。（102 页）	
	（76）<u>所</u>睡不着。（102 页）	

---

① 这是汉语课本中对"所"字一义项的日语解释，意为"完全""彻底"。

其中，最值得一提的是例（68）。*Linguaphone Oriental Language Course-Chinese* 是英国的一部汉语教材，其中的 C.C.Shu 即舒庆春，即老舍。当时正值老舍在英国伦敦大学任中文讲师，因此应邀为该教科书朗读课文并进行录制。通过这个录音，后人可以很幸运地听到老舍年轻时候的声音及他所讲的北京话，因此这一录音材料极为珍贵。这是唯一一条"所+VP"的有声材料，笔者有幸亲耳听到，心情异常激动，感慨万千。

4.2.2 "所（程度副词）+VP"的语义语用及结构特点

4.2.2.1 "所"的语义及语法性质

在上文中，笔者引用了太田先生的观点，"所"有"完全""全部"之义，可以看作是副词；另外在 2013 年的拙文中认为"所"是程度副词。后笔者又再次观察各个例句，认为"所"可以分为"完全"和"实在"两种语义，前者表程度深，后者表主观确信，那么在语法性质上也对应两类，"完全"对应"程度副词"，"实在"对应"语气副词"[①]。具体分类见表 4.6。

笔者分类的标准是齐春红（2006：i），文中提到判定语气副词有 9 个标准：①只能充当状语，后面一般不能加"地"；②在句子中的位置比较灵活，可以置于句首，也可以置于句中；③后面可以跟判断动词或肯定强调助动词"是"；④前面不能加"不"和"没"；⑤不能用"X 不 X"形式重叠；⑥能单独用在一个句子里，有些语气副词可以作补语的状语；⑦可以修饰数量短语，但不仅限于修饰数量短语；⑧一定不能用在是非问句中作状语的副词；⑨"X+谓词"较少作定语。但由于"所+VP"结构在现代汉语里已不使用，笔者只能根据仅有的例句进行判断，因此这 9 条标准中有不少都难以操作，例如标准④⑤⑥⑦⑧。笔者姑且按照以上可以采用的标准及作品的上下文语境进行分类。

---

① 关于哪些词属于"语气副词"，向来说法不一。但"实在"一词是比较公认的语气副词。（齐春红，2006：31）

表 4.6

语义 / 语法性质	例句
"完全"/ 程度副词	（3）大拴子说完了，额大奶奶<u>所</u>傻啦，素常又有个肝疯的毛病儿，一经着急生气就犯。 （7）若说老太太，也不是不糊涂，成日际闲话到晚，把我们那一位，<u>所</u>给闹急了。 （12）等着大爷<u>所</u>好了，我把霍乱针法教给你。 （31）我好些天总没看过书，《通鉴》是差不多忘了，那《汉书》<u>所</u>全忘了。 （72）天<u>所</u>晴了，星星出来了。 还包括例句（1）（4）（5）（6）（8）（10）（11）（13）（14）（15）（16）（17）（18）（19）（22）（23）（27）（28）（29）（30）（32）（33）（34）（35）（36）（37）（39）（40）（41）（42）（44）（46）（47）（48）（49）（50）（51）（52）（53）（54）（55）（56）（57）（59）（60）（62）（63）（64）（65）（66）（67）（68）（69）（70）（73）（74）（75）（76）。
"实在"/ 语气副词	（9）姓牛的是交朋友的人，<u>所</u>得有个面子。 （20）今天我要上干爹那里去，<u>所</u>不得工夫。 （21）回头吃完了饭，咱们<u>所</u>得溜哒溜哒，没别的，你得请请我喝个大茶。 （25）姓王的告诉他的新闻，他告诉姓张的，姓张的告诉他的消息，他又告诉给姓蔡的；<u>所</u>没有的说，坐在一块讲烟卷的好歹。 （71）我<u>所</u>不明白，他刚才说的是怎么个意思。 还包括例句（2）（24）（26）（38）（43）（45）（58）（61）。

4.2.2.2 VP 的语义语用分布

"所"的后接 VP 有明显的语义语用限制,VP 汇总如下表:

表 4.7

没睡	搪塞	是夏天
疑惑	不象人	做不起来了
傻	没有的说	睡不着
不得主意	闲得不了	不管
没功夫	没个活路儿	不见好
不成	不信	不讲理
大	没遇见	发了财了(2)
得有个面子	没人答应(2)	不上铺子了(2)
垂危	把他的脾气惯坏了	不顺(2)
好	没有	带了酒气
成了口千儿	找不着	住满
见好	不能动弹	不能挣钱养家
斗邪了心	不见他出来	没见他
急	不肯招认	是春天
不得了	没理会	做起来了
傻下去	没闲着的	完
不动心	晴(2)	都平安
不得功夫	不得空儿	不见效
给闹急了	得溜达溜达	透着横
不记得	出了虎口	不能写
不说的	全忘了	不认得了
不行	没找着	没下落
长起来了	都长起来了	不留心
看入了神	不答应	带了烟气

这些 VP 主要分为如下几种情况：

1. VP 的语汇义为贬义或负面义。这样的例子只需看 VP 本身的意义即可一目了然。例如"傻""不得主意""没功夫""垂危""没个活路儿""不象人""斗邪了心""不能动弹""不见好""不能挣钱养家""不讲理""没下落"等，详见例（3）（4）（5）（6）（7）（10）（13）（15）（16）（18）（20）（22）（23）（24）（27）（29）（31）（32）（33）（35）（36）（38）（40）（41）（42）（43）（44）（45）（48）（50）（51）（54）（56）（58）（60）（61）（64）（70）（71）（76）共计 40 例，占 52.6%。

2. VP 本身单看是中性，但如果将其回归到整个句子或语篇中，根据上下文的情况，就不难看出这些成分的语用环境是不如意的、出乎意料的或评价为负面的。例如，例（17）的"所不得了啦"、例（21）的"所得溜哒溜哒"、例（25）的"所没有的说"、例（46）的"所没遇见这么个人来"中的 VP 都是中性的，但例（17）中的"不得了啦"的上下文语境是：

> 干了五十多两，前后这们几通儿，二奎子所不得了啦，没想到灾祸一齐来。这些个该账的，因为他被人告了两回，瞧出他一谱儿来。

在语篇语境中是指人物（二奎子）遭遇到很多灾祸，灾祸多到二奎子完全"不得了啦"的地步，是很糟糕负面情况。例（21）的"溜达溜达"的语境则是：

> 勾一贵一听，把嘴一翘，说："得啦，别假冲正经人啦！今个就是今个，回头吃完了饭，咱们所得溜哒溜哒，没别的，你得请请我喝个大茶。"朱二说："那倒可以，我方才已然说过，他是卖的，咱们是买的，好人家的儿女，千万不要作那宗损事。"……说着往前直奔，走不多远，进入一条小巷。朱二抬头一望，认得是钓鱼巷美人里，挨着门两个人一查门牌。一直查到翠秀堂门首，也没挑上一个好人，勾一贵站在翠秀的门前，说道："朱大哥，你倒是请我不请？要是请我，咱们就是这家……"

说话人（勾一贵）由于被听话人（朱二）阻止其调戏良家妇女，而对听话人怀恨在心，表面上说"溜哒溜哒"，实际是想让听话人一起去妓院，并让听话人出钱以弥补自己调戏良家妇女未遂的不满，因此"溜哒溜哒"实际类似一种报复行动。例（25）中的"没有的说"则是指一个专门爱传闲话的人"连闲话都彻底没有可说的了"，作者老舍在这里实际是对"他"的讽刺，是主观贬义的。例（46）所在的语篇语境则描述的是一群人在等着一个人来做他们的头目，"没遇见这么个人来"与人物希望的情形相违背，属不如意或出乎预料的语境：

那个雀鸟儿就是我们大家对天祷告发下的心愿，取其羽毛都全了，就是短个头目的意思，若是该当兴旺，老天爷必打发个英雄好汉来，把这个鸟儿脑袋补上，我们就请他来作头目。等了好几天，所没遇见这么个人来。

这种讽刺义和不符合主观意愿情况所占比例较大，可详见例（1）（2）（8）（9）（11）（17）（19）（21）（25）（26）（28）（30）（34）（46）（47）（49）（52）（53）（59）（63）（65）（66）（67）（73），共计24例，占31.6%。

综上，在笔者找到的76个例子中，VP直接表示贬义以及间接表示不如意情况的非褒义例子总共占到84.2%，处于绝对优势。

典型中性义的比例不大，在76例中共有5例，即例（37）"都长起来了罢"、例（57）（72）的"晴了"、例（74）的"是春天"和例（69）的"是夏天"。

3. 另外，76例中有7个是表示褒义的：例（12）"等着大爷<u>所</u>好了"、例（14）"病<u>所</u>见好"、例（55）"<u>所</u>都平安了"、例（75）"他的买卖<u>所</u>做起来了"、例（39）（62）"<u>所</u>发了财了"、例（68）"我<u>所</u>看入了神啦"。笔者认为这些是值得讨论的。

首先，例（55）"王生看了看事情，<u>所</u>都平安了，就又买了三牲福礼，拜谢了神佛和祖先。"这一例句实际可以看作上文所述的第2种情况的边缘性扩展。因为分析其上下文,"平安"在此处的语义比较微妙。该句中的人物"王生"误认为某个人因自己而死,担惊受怕,擅自将尸体处理了,过了几天似乎风平浪静,因此才出现了"所都平安了"这样的句子。实际这种"平安"表现的是"表面上暂时掩盖过去了,没人发现"的意味,因此也包含了负面的意义。

例(39)"这些年所发了财了,家里盖的房子很多。"与例(62)"他这些年所发了财了,家里盖的房子实在很多了"十分相似,只有个别词语的差异。前者出自《官话指南》(1881),后者出自《支那语捷径》(1918),笔者认为后者很有可能是对前者稍加改动而形成的。因为《官话指南》在日本明治时期的教科书中影响很大,后来又传至中国,前后共有28个版本(冰野善宽,2010),不仅有针对外国人学习的版本,还出现了供方言区人群学习北京话的版本,内容虽有改动,但基本底层不变。另外当时的汉语教科书编纂,向来有借鉴前人之风,例如影响很大的《语言自迩集》(1867)中的《谈论篇》是根据满语教科书《清文指要》(1789)所改编,而另一部日本教科书《亚细亚言语集》的大部分内容又根据《语言自迩集》的内容改编(参见本书3.3.2.2)。因此《支那语捷径》根据影响很大的《官话指南》来编写例句是完全可能的,因此笔者将例(39)与例(62)视为同一例句。观察《官话指南》,例(39)的"发财"实际上是一种讽刺:

> 那本是损人利己的买卖,怎么能长享富贵呢。我们本乡有一个恒源土局子,四远驰名,……铺子里总有几十个伙计,这些年所发了财了,家里盖的房子很多……铺子里那些个伙计们,见天黑下往外偷烟土……亏空有好几万两银子……他起那么一口气,得了一场病就死了。……这么样儿的苦法,您瞧,还都是卖洋药的收场。

根据上下文语境,这句话是出自一段对话场景,说话人在评论一家人"发财"实际是通过损人利己的"卖洋药"这种不正当手段获得的,因此这里的"发财"具有讽刺意味。

余下的四例为例（12）"等着大爷所好了"、例（14）"病所见好"、例（75）"他的买卖所做起来了"、例（68）"我所看入了神啦"。其中例（75）出自日本教科书《中国语常用虚词辞典》，由于是单个例句，无法得知其上下文，笔者不敢妄自分析。而例（12）、例（14）及例（68）即使分析上下文，表达的仍然是褒义。笔者的分析是，因为这三例中"所"均属于程度副词"完全"，程度副词既可以修饰褒义，也可以修饰中性义及贬义，因此作为程度副词的"所"修饰褒义在语法上是完全没有问题的，但主要倾向于修饰非褒义。而"所"表示语气副词"实在"时，VP均为非褒义，无一例外。

值得一提的是，这些"褒义句"所出现的时间。例（12）（14）（68）分别出自蔡友梅《人人乐》（1920）、《郭孝妇》（1919）、老舍朗读的 Linguaphone Oriental Language Courses-Chinese（1930），这三部著作的共同点是年代较晚，均为民国二十年代左右，"所+VP"已经经历了多年的发展，其VP的使用限制很可能变得更加宽泛了，已从只能表达非褒义向褒贬两可发展，尽管仍以非褒义为主流。这如同在日语中"ぜんぜん"（完全，根本）一词后面原本只能接VP的否定形式，但就在最近的不到20年的时间内，发展为后接否定肯定均可，并且在口语中二者出现的频率相当。原本后接肯定的VP是违反日语的语法规则的，但是现在很多人都在使用，不符合规则的现象也逐渐成为了规则。

综上，笔者得出的结论是，"所"的语义及语法性质是"完全"（程度副词）及"实在"（语气副词）两类，程度副词"所"后接VP主要倾向于非褒义，鲜有褒义，且褒义出现时间较晚；语气副词"所"后接VP均为非褒义，无一例外。总结如下表：

表 4.8

"所"的语义及语法性质	VP：非褒义	VP：褒义
程度副词"所"（表"完全"）	○	○ （极少，且仅出现于晚期作品）
语气副词"所"（表"实在"）	○	×

4.2.2.3 "所+VP"的结构特点

"所（程度副词）"的后接 VP 限于非光杆形式的结构，在绝大多数实例中十分明显，下面只讨论可能有疑问的例（3）"额大奶奶<u>所</u>傻啦"和例（12）"等着大爷<u>所</u>好了"。

这两例"所"后的 VP 分别为"傻啦""好了"，均只含有一个实词，但要注意的是，该实词后的"啦"与"了"绝对不能省去："啦"是"了"和"啊"的合音，语气词"了"的主要作用是表示事态出现了变化或预示将要出现变化，因此成为"事态助词"，"了"后来出现音变形式，以表示强烈肯定、强调变化的语气，这种变音形式就是"啦"。（参见孙锡信，1999：178）。这些"单个谓词+助词"的形式，也属于语法上的非光杆动词。

综上，这一结构特点在收集到语料中没有例外。

4.2.3 语体限制——白话口语

"所+VP"均出现于用白话口语写作的作品中。比如蔡友梅、剑胆、老舍等的白话小说。本书在 3.1 节已经提到，清末出现的"京味儿白话小说"最主要的目的是"开通民智"，因此这些作品为了让普通百姓读懂，必须使用民间口语白话。这些作品生动反映出当时北京社会中各色市井人物的真实音容笑貌，是中国思维式的叙述方式，与"五四白话文运动"之后非北京地区作者的、夹杂有少量文言、南方方言甚至西洋语法及欧西文风的"现代白话文"很不相同。老舍的作品尽管出自五四白话文运动以后，也受到一定欧化语法的影响，但其作品也有大量北京口语，这是学界的共识。而19世纪50年代以来的域外教课书，也同样基于北京口语，重视日常对话，3.2节已有详细叙述，此不赘言，只用波多野太郎《中国语学资料丛刊》的序言中进行总括："明治以来，随着（日本）和中国的关系进一步的加深，（对于汉语的研究）已经从以往的中国文献的狭窄视野领域脱离出来，而蓬勃兴起了针对<u>为了应对直接日常交流对话</u>的研究……"①

在上述语料中，最能体现"所（程度副词）"的白话口语特征的是金国璞的《今古奇观》。金国璞将明代话本小说集《今古奇观》②中的四篇翻译成清末北京口语，其中三篇《李汧公穷邸遇侠客》《沈小霞相会出师表》《怀私怨狠仆告王》出现了此类用法，第一篇多达9例，后两篇也分别有3例和2例；而另一篇《十三郎五岁朝天》却没有用例。四篇话本小说，同是出自金国璞之手，为什么会有这样的反差呢？笔者认为原因在于它们的内容及语体差异。以反差最大的《李汧公穷邸遇侠客》与《十三郎五岁朝天》为例。前者讲述的是一市井之人受正义惩罚的故事，故事里"所（程度副词）"反复出现于市井之人与其妻子的言语或描写他们行为的叙述语言中，而差官、侠客的语言或叙述语言中从未出现，他们的语言略显正式，带有文言成分，试对比：

> 他（妻子）就急了，说他男人："你一个爷们儿家，<u>所</u>不能挣钱养家，竟靠着女人过日子，如今怎么连衣服都得我给你预备，你说出这个话来也不害羞么。"（1904：2—3）

---

① 原为日文，笔者译。画线为笔者所加。
② 《今古奇观》原是从"三言二拍"中挑选出部分话本而编成的话本集，成书年代大致在明末，其中包括宋元话本，也包括明代话本。金国璞选择了《今古奇观》中的一些篇目，将小说本身的明代白话甚至是宋元白话"翻译"成了当时的北京话，以作为学习当时北京话的教材。该书成书于明治三十六年（1903），先后分两部出版，第一部有两篇：《李汧公穷邸遇侠客》与《十三郎五岁朝天》，出版于明治三十七年（1904）。第二部亦有两篇：《沈小霞相会出师表》与《怀私怨狠仆告王》，出版于明治四十四年（1911）。

> 那个人（侠客）说："足下今日降尊临卑，屈身草莽，到底所为何事……我虽然是个穷人，决不要这个不义之财，足下若不说明白了，我一定不收的。"（1904：67）

以上二者言语风格差距很大，可见作者十分注意不同角色、不同身份地位在语体风格上的区分。而《十三郎五岁朝天》一整篇小说都讲述的是一名五岁少年凭智慧摆脱人贩，后朝见皇上的故事，大部分语言都在描写少年如何应答皇上的较为庄重的场景，例如：

> 这一年正月十五上元佳节，家家户户点放花灯。就从十三起，所有各街上欢呼热闹，彻夜不休。赶十五这天晚上，更是热闹非常，连皇上都要出来赏玩的。那京城里的男女老幼都要出来，等着瞻仰天颜。……
> 赶他见了皇上，虽然不懂面君之礼，他可也知道朝上拜了两拜，然后跪下磕头……赶紧磕头回奏说："臣姓王，乃大臣王韶之幼子……因为昨日晚上，臣一家子都出来看灯，瞻仰圣容，因为人多乱杂，就有一个拐子，把我起底下人身上背了走了。赶走到东华门，正遇见侍臣的轿子，臣就大声的一嚷救命，那个拐子就赶紧的把我搁在地下跑了。这么着臣就跟着中贵大人进宫来，得觐天颜，实属万幸。"（1904：86，98—99）

在这种较为庄严的场景以及与皇上的对话中，不使用口语性很强的"所（程度副词）"是很自然的。因此，金国璞《今古奇观》各篇"所（程度副词）"的频度差异与内容差异和语体差异的关联证明了该用法有很强的口语性。

4.2.4 地域限制——北京

太田辰夫（1964）关于"所（程度副词）"限用于北京话的看法在笔者的语料中得到支持。例如《语言自迩集》（第二版，1886）中对"所"

有明确的解释,把"The Parts of Speech"中的句子"《通鉴》是差不多忘了,那《汉书》所全忘了"翻译为:"I have been such a time without studing that I have almost forgotten the 'T'ung Chien'; The 'Han Shu'I have quite forgotten."(1886:515)后又在注解中对"所"进行了具体解释:

> Quite forgotten: so must here be taken as an intensive of ch'üan, all, altogether all; <u>the expression is peculiar to Peking, and would probably not be understood elsewhere.</u>"(1886:515)

这一解释明确指出了"所"这种用法是北京特有的,其他地区的人很可能听不懂。另外,赵元任先生在1948年 *Mandarin Primer, An Intensive Course in Spoken Chinese* 的一个小注中提到:

<u>在北京土话中</u>,"所"还是个加强副词。像"他所阔呐!"①

赵元任先生在此处原本论述的是"所"与分句结合,可以修饰名词词语,相当于英语的which等。但他特别在小注中提到"在北京土话"中"所"的用法。尽管只有短短的一句话,但其中既包含了"所"的功能为"副词",又包含了"所+VP"的语体及地域限制为"北京土话"。

再有,齐如山②先生根据自身语言环境所著的《北京土话》(1990:171)记载:"所,简直也,成总也。如云:'所不是那么回事'"。该书成书于1945年左右,直至1990年才正式出版,白宛如为该书所作序言中提到:

> 先生对北京土语乃至生活百态,风俗人情,历史掌故都很精通。……本书条目虽然不算多,其难得之处在于这些条目中保存了清朝中叶至民初的北京话常用词语。(1990:2—3)

---

① 引自丁邦新译《中国话的文法》,《中国现代学术经典·赵元任卷》,河北教育出版社,113页。
② 齐如山(1875—1962)为著名的戏曲艺术家及历史学家。他虽生于河北,但从小即在北京接受教育,后又长期在北京生活。

可见"所"不仅是北京土话,还是土话中的"常用词语"。另外,笔者对清末使用非纯正北京话的作品也进行了调查,没有出现"所"的用例,白话小说中的"所"全部出现于"京味小说家"的作品中,如蔡友梅、冷佛、剑胆、哑铃、老舍等,没有例外。

另外,域外汉语教科书中的"所(程度副词)"的数量也很大,本书在 3.3.2 节中已经提到,日本 1876 年以后出版的汉语教科书均反映的是北京话。在表 4.5 中,"所(程度副词)"的出现数量又以金国璞翻译编纂的《今古奇观》为最。金国璞是清后期的一名举人,是日本高等商业学校附属外国语学校的第一位来自中国的讲授北京官话的教师。他的著作往往署名"大清国燕京金国璞",更说明他是北京人。他重新编译的《今古奇观》主要使用北京口语。另外,本书 3.3.2.2 节已经提到,根据金国璞、黄裕寿为《官话指南》作的序,可知《官话指南》的作者随日本公使驻北京三年,潜心学习北京话,是受金国璞等人的指导,可见金国璞的北京话是被广泛认可的。

西洋传教士或翻译人士编纂的汉语教课书《语言自迩集》等同样反映的是北京话,这在前文 3.3.1 中已有详细叙述,此不赘言。

值得一提的是九江书会本《官话指南》中对"所"的记载。此书由九江书会于光绪十九年(1893)刊行。此书最大的特点在于,将原本《官话指南》中的一部分词语用双列并排的方式显示,例如"我本要到府上(去请安)(请安去)。"括号中的词语在书中以两列小字一左一右排列,左为九江书会本所加,右为原本《官话指南》的词语,这反映的是北京话与南方官话的差异(冰野善宽,2010:243—244)。原本《官话指南》中多次出现了"所+VP"的用法,而在九江书会本中采取的处理方式是,将"所"与"实""总""定"等词语并列,如下图:

图 4.1①

图 4.1 中,有的句子用近似意义的词来替换,如最右侧的句子:"若是过一两天,那匹马(所)(实)没(下)(着)落,那便是真(丢)(掉)了。"有的句子直接换一个意义不相关的词,以达到疏通文意的作用,如中间的句子:"到了苏州之后,事情就(所)(是)不顺了。"由此可看出,南方方言区可能不明白北京话中的"所"为何意,必须对其进行解释,且找不到一个最贴切的词来替换。这说明南方话中并不存在"所","所"应该是北京话的特点。

4.2.5 时代限制

《红楼梦》《儿女英雄传》为清代中后期的作品,均未调查到"所(程度副词)"。《红楼梦》与《儿女英雄传》的具体成书时间虽有争议,但基本可分别定为乾隆年间(1760 年前后)和同治年间(1870 年前后)。关

---

① 图像信息来自日本关西大学"近代汉语文献データベース",是根据太田辰夫旧藏书所制。其中,"他脸上(所)(已)带了烟气了"一图为拼接制成,原书由于换行,不便完整表示,因此将两段拼接成完整的一句话,以方便观看。

于《红楼梦》作者曹雪芹的生平向来争议极大，但他主要成长于北京、他的家族很早就定居北京是不可否认的。《儿女英雄传》的作者文康成长于北京，并且是满人。笔者查阅的清代中前期的其他语料，包括白话小说、满汉合璧教科书、朝鲜时代教科书、早期欧美人编纂的汉语教科书、供词材料等，也未见此类用例。

在笔者查阅的资料中，最早出现"所+VP"用法的为1867年出版的《语言自迩集》。其作者威妥玛1859年出版的《问答篇》中还没有出现此种用法。但《问答篇》的篇幅很短，内容较少，"所+VP"的用法在当时并不存在还是没有纳入该书，不得而知。但根据高田时雄（2001）的研究，威妥玛为了编纂《语言自迩集》，进行了多年的语料搜集，前后将近20年。因此《语言自迩集》尽管出版于1867年，但"所+VP"的现象很有可能在19世纪50年代已经存在，只是作者没有将其纳入《问答篇》，而纳入了其后出版的《语言自迩集》。因此，笔者将"所（程度副词）"的时间上限初步确定为19世纪50年代。

值得一提的是，《语言自迩集》（1867）出现了6例"所+VP"结构，但其中有一章叫做《谈论篇》，里面却并无一例。《谈论篇》是根据满语教科书《清文指要》（1789）的内容而改编，太田先生曾有详细的论述（参见太田辰夫，1951）。实际这在《语言自迩集》中就可找到证据："那《清文指要》先生看见过没有……那一部书却老些儿，汉文里有好些个不顺当的。先生说得是，是因为这个，我早已请过先生从新删改了……都按着现时的说法儿改好的，改名叫《谈论篇》。"（1867：75）《清文指要》中并没有"所+VP"的例子，《语言自迩集》尽管进行了重新编译，但语言风格还是类似《清文指要》，且由于原文没有"所+VP"的用法，或许在编译时找不到合适之处加入"所"，所以也没有使用该用法。

到了民国后期，"所（程度副词）"似乎已经消失。笔者考察了老舍的全部作品（1926—1962，一些短篇散文和文学评论除外），仅有四例"所（程度副词）"，分别在《老张的哲学》（1926）、《赵子曰》（1928）、

Linguaphone Oriental Language Courses-Chinese（1930）、《小坡的生日》（1934）这些早期作品中，其后的作品里再未出现，包括京腔京味十分浓厚的《骆驼祥子》《茶馆》以及在 40 年代创作的一些相声作品。且值得注意的是，1934 年出版的《小坡的生日》中有"所+VP"的用例，但是在 1948 年的新版中，却将"所"字删去，可见当时"所+VP"已经极少使用，或已经发生了理解障碍，故而删除。因此，笔者把"所（程度副词）"的时间下限确定为 20 世纪 40 年代。老舍对这一用法的使用差异，体现出作者语言随北京话的发展而变化的时代特征。

值得一提的是，笔者查阅了陆志韦先生的《北京话单音词词汇》（1956），其中有对"所+VP"用法的记载："5a× 没得功夫去瞧您去。所没，老不。"（220 页）其中 5a 表示"置于动词和形容词之前的副词"，"×"表示"所"。该书将"所没"合并注释为"老不"。该书尽管出版于 1956 年，但完成于 1951 年，且在序文中陆志韦先生提到："十五年前，我就开始收集北京话的单音词。"可见，陆志韦先生从 1936 年就开始搜集材料。加之陆志韦先生为 1894 年生人，因此在他早年生活和搜集材料的时期，"所+VP"的用法还保留在北京话中。

另外，《中国语常用虚词辞典》刊行于 1956 年，其中也出现了该用法。但笔者并不认为该用法在 20 世纪 50 年代仍然存在。因为该书作者为日本学者，由于当时的社会原因，日本学者在 50 年代应该不能在北京实地考察到真实的语言情况，该书应是在日本前代学者著作的基础上编纂而成。

综上，"所（程度副词）+VP"的存在时间为 19 世纪 50 年代至 20 世纪 40 年代，不到百年，是生命力不强的一个语法现象。

4.2.6 "所+VP"的消亡原因

笔者认为，"所+VP"的消亡，符合语言的制约（constraint）规则。Her（1994：263）指出，某个词若具有多种功能时，其中的几个功能就会减少减弱:"The principle of refinement: if element X has multiple functions, e.g. f1, f2 and f3, then X is likely to reduce the number of its functions." 梅祖麟(1988:193—216)指出,同一个虚词,如果担任几种不同的语法功用,可能会形成功能负担(function load),容易引起语义的混淆,于是某些功能就被其他的虚词替代。

根据解惠全等《古书虚词通解》(2008:688—698)记载,"所"从古至今有十七种用法,其中可以算作虚词的用法有十四种之多。民国时期的《标准语大辞典》(1935:220)对"所"的解释为:

> [所]suo:①实在。(例)我所摘不开身子。②所在的地方。(例)事务所。③房子的量名。(例)一所房子。④指事物的词。(例)他所挣的钱,不够花。

《标准语大辞典》将"所(程度副词)"的用法置于"所"的第一义项,可见其重要的地位。"所"自古就担负了众多功能,在清后期又担负了一个"完全、彻底、实在"的程度副词功能,且较为常用,因此形成了"功能负担(function load)",某些功能就会减弱以至于消亡。而相当于"所(程度副词)"的其他程度副词还有很多,如"完全、实在、根本"等,因此"所(程度副词)"又随着时代的变化而消亡。

4.2.7 "所"的来源

前面的分析引发笔者对"所(程度副词)"的一些新疑惑:该用法有无更早的历史源头?其使用是否有特殊人群的限制?关于人群限制,笔者初步认为,"所(程度副词)"很可能有社会阶层限制。从出现频率最高的蔡友梅、金国璞的小说中可以看出,该用法主要出现于社会阶层不高且文化水平也不高的人物的语言或描述这些人物的文字中,至少是非正式的场合。

关于历史源头问题,笔者推测有两条线索。

一,"所(程度副词)"来源于宋元时期"索"表"真是、煞是"的用法。顾学颉《元曲释词》(第三册)(1983:432):"《柳毅传书》三[金菊香]'驾风云的叔父,你可也索是劳神。'"尽管二者的音韵地位在中古时期相去甚远,但到了清中期已经完全相同。"所"有可能代替了"索"成为表"完全、实在"的程度副词。根据周定一先生(1979)的推测,"索"和"所"在用法上可能有历史关系,二者在明代以后变成了同音字,"索"字的强调用法又类似于"所"字,很自然地在写法上一致起来。关于这一推测,笔者在满汉合璧文献《重刻清文虚字指南编》(1884)中找到两条例子,或可作为旁证:

直<u>索</u>豁贯竟翻 šuwe……<u>索</u>不好学。(下卷,30a)
任凭怎么教,他<u>索</u>不学怎样?(下卷,36b)

这两例"索"的满文对译均为"šuwe",意思为"径直,干脆",也是一个副词,不仅功能和语义上与副词"索"相近,且语音上也很相近。因此,笔者推测,在19世纪后期,汉语中存在"所(程度副词)"的用法,而满语的šuwe正好在功能和语音上类似,因此在满汉对译时,直接用其对应于šuwe,但在用字上选择了意义更明确、作为副词时间更长的"索"。但还有一种可能,汉语的"所(程度副词)"是受到满语šuwe的影响而形成。但笔者查阅了18世纪的满汉合璧的文献,šuwe往往对译的汉语为"一直""直""尽着",而没有"所"或"索"。并且按照šuwe的使用频率来看,似乎不算一个常用的高频词,汉语受到一个非高频词影响的可能性到底有多大,还不敢妄加论断。因此到底是谁影响谁,或是满汉相互影响,还需要进一步的考证。

二,另一条线索是"所"本身就来自于其自身在历史上的某个用法。例如《金瓶梅》中有这样的例子:

一日正打街前<u>所</u>走,寻觅主管伙计。(《金瓶梅词话》第九十八回,明万历丁巳年本,2a)

根据朴在渊《中朝大辞典》(2002：614)："（所）用于动词'行''走'之前，表示不间断地，一个劲儿地。'一日正打街前～走，觅寻主管伙计'（金瓶梅98）。"许少峰《近代汉语大词典》(2008：1781)也作了相同的解释，且例句也相同。更值得注意的是白维国《白话小说语言词典》(2010：1471)对"所"的解释是：

［所］suo 表示强调的副词。①强调动作不间断地，一个劲儿地。［例］一日正打街前～走，寻觅主管伙计。（金瓶·九八）……②全然；完全。大栓子说完了，额大奶奶～傻了。（小额）

白维国先生引用的依然是《金瓶梅》中的例子，并且他将《金瓶梅》中表示"不间断地，一个劲儿地"的"所"与《小额》中表示"全然、完全"的"所"都归纳为"表示强调的副词"，但二者毕竟有一定差别，因此白维国先生在小项中将二者分开。

这样看来，19世纪50年代出现的"所（程度副词）+VP"的用法似乎可以与明代的"所"建立联系，但是这其中也有很大的问题。首先，各大词典举出的例子只有《金瓶梅》的一例（后白维国先生主编的《近代汉语词典》(2015)中没有收"所"作为副词的用法），笔者也调查了其他明代白话小说，没有找到"所"表示"一个劲儿地"的其他用例。明代的"所"是否真正有副词用法还得不到充分的证明。其次，即使明代的"所"确实有副词用法，清后期的"所"与明代的"所"一脉相承，但明末及清前期的白话小说中，为何没有发现这一用法？有可能是尚未找到更好的材料，或者是明代的"所"销声匿迹一段时间又在清后期重新起用（有可能受到满语 šuwe 的影响和促进）。但这些都是笔者的猜测，还须进一步细致研究。

4.3 新出现的语法现象之二——"这个/那个+VP"结构

在现代汉语中,指量词组"这个""那个"通常是用来修饰限制名词性的 NP 成分,如"这个孩子""那个时候";但在口语中,也能听到这样的句子:

心里<u>这个</u>气呀!
四个钟头,过得<u>这个</u>慢哪!
当时<u>那个</u>高兴啊!

上述例句中"这个/那个"修饰的是动词性 VP 成分,显然,这种"这个/那个+VP"结构是特殊的,不符合"这个/那个"使用的通常规则。吕叔湘先生曾指出"这个"用在动词、形容词之前,表示夸张语气(1999:657)。据笔者观察,这种用法是晚近出现的现象,有必要对其出现时间及结构特点进行分析。

4.3.1 "这个/那个+VP"的早期用例

对于"这个/那个+VP"的调查,笔者不只使用了第三章提到的清代至民国的材料。鉴于指代词"这""那"出现于中古之后,为了谨慎起见,笔者选取宋代至清末的白话作品进行考察,包括白话小说《水浒传》《醒世恒言》等 310 部;戏曲《窦娥冤》《西厢记》《赵氏孤儿》等 113 部;笔记《启颜录》《东京梦华录》《双溪杂记》等 904 部;其他作品《朱子语类》《西京杂记》等 53 部,总共 1300 种以上。由于清代以前的作品数量庞大,笔者采用的是"国学宝典"检索系统,而清代以后的作品主要以第三章提到的书目及版本为准。

其中,有一些疑似的例子,笔者认为并非典型的"这个/那个+VP"结构。如《语言自迩集》(1867)中有这样的句子:

（1）老徐这个丢脸，也难怪徐勇遮掩。（94页）
（2）前儿，我们往西山里逛去，那个乐，可说得是尽了兴了。（140页）

例（1）中，若单看"丢脸"一词，是一个明显的动词，表示"丧失颜面"，但此处笔者并不将其当作典型的"这个/那个+VP结构"，其原因在于：该句的出处是《语言自迩集》第一版，笔者查阅《语言自迩集》第二版（1886）及第三版（1903），该句已经发生了改动：

老徐像这么丢脸，也难怪徐勇遮掩。（1886：141，1903：141）

《语言自迩集》的作者在第二版中进行了修改，其序言中提到，他不仅和很多英国的权威汉语翻译人士进行了讨论，还长时间地向北京人请教，可见第二版是经过仔细推敲的，可信度很高。那么第二版及第三版中"老徐这个丢脸"均改为"老徐像这么丢脸"，可见第一版中的"这个丢脸"或许有不通顺、不易理解的问题，因此才将其修改。鉴于这个理由，笔者不将此例纳入典型的"这个/那个+VP"结构。

例（2）中，"乐"或可看作形容词，但名词性意味还很重，证据为上下文：

前儿我们往西山里逛去，那个乐，可说得是尽了兴了。白日里游玩的乐啊，那是不必说的了。到了黑下的时候儿更畅快。（140页）

根据后文"白日里游玩的乐"可推知，"那个乐"中的"乐"应指"乐趣"，而非形容词。因此笔者也不将其看作"这个/那个+VP"的典型例句。但是必须承认的是，该结构在19世纪后期已经初现端倪。

比较典型的"这个+VP"的最早用例，笔者认为出现于1903年美国传教士C.W.Mateer编写的汉语教科书 *A Course of Mandarin Lessons, Based on Idiom*（《官话类编》）：

我女儿并没有得罪你，你倒把他气的这个哭。（676页）

其中"气的（得）……"是组合式动补结构，后面出现述谓性的成分，因此"哭"在此是谓词性的。此例可以看作是"这个＋VP"句式的开端。而"那个＋VP"句式出现得稍晚，最早的典型例句出现在老舍1926年的《老张的哲学》中：

> 你可不知道现在年青人心里<u>那个</u>坏呀！（商务印书馆1929：195）

通过对宋代至清末的白话作品以及现代作家作品的考察，笔者认为，"这个＋VP"结构在19世纪后期初现端倪，典型用例出现于清末（20世纪初），"那个＋VP"出现于民初（20世纪20年代），在现代汉语里逐渐成熟。

另外，值得一提的是，与"这个/那个＋VP"功能类似的结构另有"这/那＋VP"结构，其出现时间更早，根据赵宏刚（2016）的研究，"这/那＋VP"最早出现于明末，清中期至民国期间大量出现。"这/那"作为指示词本身就早于"这个/那个"，因此先出现"这/那＋VP"是符合语言规律的。笔者在此着重讨论"这个/那个＋VP"的特征。

4.3.2 "这个/那个＋VP"的使用特征

根据上文所提到的文献，"这个/那个＋VP"的调查结果如下（五四白话文运动以前的用例因时间早，故将作品名及例句全部列出；五四白话文运动以后的作家作品较多，出现例句也较多，因此省略具体作品名，只举部分例句）：

表 4.9

作者	作品	这个+VP	那个+VP	例句
蔡友梅	《小额》（1908）等40部小说	4例	0	善大爷这个气，就不用提啦。（1908：27） 托爷心里这个乐，就不用提啦。（1908：38） 胎里坏一瞧饿膈冯又回来了，心里这个腻，就不用提啦。（1908：57） 小额疙瘩一收口儿，心里这个乐，就不用提啦。（1908：126）
自了生	《于小辫》（1914）	3例	0	不是别人，敢情是余应元余小辫儿余二爷，（这个累赘！）由北京回来啦。 人家孩子是西直门到海甸，拉啦。（喝，这个臭！） 急的悟能直跺脚，说："嗳呦，这个聋呕。"
自了生	《张铁汉》（1914）	1例	0	这一句话不要紧，甄醉仙差点儿没闹一裤兜子。（这个臭！）
耿小的	《滑稽侠客》（1933）	1例	0	有一次把五鬼拘来，送不走了。喝，这个闹，到现在也没人敢住那个房。（百花文艺出版社，1986：82）
老舍	长篇小说14部 戏剧20部 短篇小说25部	6例	6例	她来信说，那儿这个冷啊，就甭提了！（《女店员》） 你可不知道现在年青人心里那个坏呀！（《老张的哲学》）

第四章　清后期至民国初期北京话的语法现象　163

（续表）

作者	作品	这个＋VP	那个＋VP	例句
废名	小说4部	0	0	
汪曾祺	小说4部	0	0	
冯骥才	小说10部	0	0	
孙犁	小说2部	0	0	
曹禺	戏剧2部	0	0	
郁达夫	小说5部	0	0	
茅盾	小说5部	0	0	
巴金	小说3部	0	0	
钱锺书	小说2部	0	0	
张爱玲	小说1部	0	0	
王小波	小说2部	0	0	
池莉	小说2部	0	0	
杨绛	小说1部	0	0	
张贤亮	小说1部	0	0	
梁晓声	小说1部	0	0	
莫言	小说1部	0	0	
苏童	小说1部	0	0	
王朔	小说18部	1例	1例	到底让老外赢了两个球，散场时我心里<u>这个</u>气呀！（《一半是海水，一半是火焰》） 我心里<u>那个</u>焦急哟，就盼着你们叫我呢！（《千万别把我当人》）
刘震云	小说1部	0	0	
余华	小说1部	0	1例	我当时<u>那个</u>高兴啊！（《活着》）
韩寒	小说2部	0	1例	这破地方<u>那个</u>慢啊，前台、总机、打扫、结账全是一人。（《一座城池》）
总计		16例	9例	

表 4.10

作者	作品	这个＋VP	那个＋VP	例句
C. W. Mateer	*A Course of Mandarin Lessons, Based on Idiom*（官话类编）(1903)	1 例	0	我女儿并没有得罪你，你倒把他气的<u>这个</u>哭。（1903：676）
总计		1 例	0 例	

表 4.11

表演者	相声作品数	这个＋VP	那个＋VP	例句
侯宝林	52 段	16 例	6 例	他一扶，肩膀<u>这个</u>疼啊！（《改行》） 那个地<u>那个</u>肥啊！（《砍白菜》）
刘宝瑞	16 段	8 例	2 例	三姑娘心里<u>这个</u>别扭呀！（《傻子学乖》） 孝子<u>那个</u>气啊！（《翻跟头》）
赵佩茹、张寿辰等	42 段	5 例	0	本家儿办喜事，买的这调和<u>这个</u>多呀！（赵佩茹《送妆》） 药铺掌柜<u>这个</u>堵心哪！（张寿辰《小神仙》）
马三立	35 段	1 例	2 例	我<u>这个</u>乐啊！（《开会迷》） 叫唤出来声音<u>那个</u>大啊！（《扒马褂》）
马志明	12 段	0	1 例	<u>那个</u>凶哟！（《卖五器》）
马季	5 段	0	0	

(续表)

表演者	相声作品数	这个+VP	那个+VP	例句
姜昆	25段	7例	4例	他这个气呀！（《着急》）哎哟，那个长哟，国际的、国内的、党内的、党外的、今年的、去年的、这月的、下月的。（《着急》）
冯巩	10段	1例	0	这个大啊！（《有事儿坐着说》）
郭德纲	37段	5例	1	姑娘这个漂亮啊！（《我是黑社会》）那个大姐长得那个漂亮啊！（《怯洗澡》）
总计		43例	16例	

以上三表中，"这个+VP"共出现60例，"那个+VP"共出现25例，总计85例。根据笔者的考察和以上三表的统计，可以看出"这个/那个+VP"结构在使用上有以下明显特征：

第一，语体限制——白话口语。尽管笔者选择考察的都是口语性较强的作品，但相比之下，相声作品又比白话小说的口语化程度更高。在以上的调查结果中，"这个/那个+VP"结构在作家们的书面作品中以及教科书中比相声作品中的比例要小得多，前者近二百部作品中出现26次，占总数的30.6%；后者二百多部作品中共出现59次，占总数的69.4%。并且在篇幅上，小说和教科书远远大于相声作品，篇幅大但用例少，可见，这种结构形式在书面语中使用得并不多，更偏重于口语表达。

值得提出的是，在以蔡友梅为代表的清末民初白话小说作家群的作品中，"这个/那个+VP"的用例也并不多，只有9例。但这可能是由于该结构在清末才刚刚形成，使用频率不高所致，并不能因为用例不多而证明蔡友梅等人的小说口语化程度不高。从共时角度看，同时期的其他白话小说，例如清末四大谴责小说中，并没有该用法，而蔡友梅、自了生的小说以及 C.W.Mateer 的《官话类编》这些作品是以通俗易懂为宗旨而创作的（详见 3.1、3.3.1 节），比同时期的其他作品更口语化。可见口语化程度高的作品会使用该用法，反之则不然。

第二，地域性——北京话。从表 4.9 中作家作品的统计情况看，"这个/那个＋VP"结构集中在老舍作品中，其次是王朔的作品，而这两位作家都生长于北京，并且以北京话写作。而在其他作家作品（如清末四大谴责小说、巴金、茅盾、曹禺等人的作品）中并没有出现该用例。另外在相声作品中，该结构在侯宝林、刘宝瑞、姜昆的作品中出现最多，而他们三位也都一直生活在北京，且相声这种曲艺形式本身就是以北京话为创作手段。另外，清末民初京味儿小说家蔡友梅、自了生、耿小的等是以纯正的北京口语进行创作，这在 3.1 节中有过详细论述，此不赘言。由此可以认为，"这个/那个＋VP"形式滋生于北京口语，再通过相声等形式扩展到天津，后再以北京话为基础的普通话进而影响到全国，表 4.9 中浙江籍作家余华、上海籍作家韩寒的作品中也偶尔使用了这种形式。

鉴于该用法现在还存活于口语中，为了谨慎起见，笔者对于"这个/那个＋VP"结构的使用情况进行了简单的方言口语调查，结果如下表①：

---

① 因尊重调查合作者的意愿，在此不透露他们的姓名，只写方言地及相关信息。天津：男，24，研究生；北京：男，19 岁，大学生；唐山：女，22 岁，大学生，其父，48 岁，小学教师，大专文化；秦皇岛：女，23 岁，研究生，其母亲，46 岁，公司职员，大学文化；承德：女，24 岁，研究生，其父，50 岁，务农，小学文化；保定：女，24 岁，公司职员，大学文化，其父，48 岁，机关人员，大专文化；石家庄：男，23 岁，研究生，其父，50 岁，军人，大专文化；长春：女，23 岁，大学生，其父，48 岁，工人，中专文化；阿城：女，23 岁，研究生，其母，49 岁，务农，初中文化；高平：女，30 岁，大专生，其父，58 岁，退休工人，高中文化；泰安：女，23 岁，研究生，其母，48 岁，务农，高中文化；徐州：女，23 岁，公司职员，大学文化，其父，48 岁，工人，高中文化；合肥：男，21 岁，大学生，其母，45 岁，公司职员，中专文化；如皋：男，29 岁，公司职员，大学文化，其母，53 岁，务农，小学文化；苏州：男，22 岁，大学生，其父，49 岁，个体商户，高中文化；浙江缙云：女，23 岁，研究生，其母，47 岁，个体商户，高中文化；赣州崇义：女，23 岁，研究生，其母，47 岁，工人，初中文化；重庆：男，30 岁，公司职员，大学文化，其母，55 岁，退休教师，中专文化。

("+"表示有,"－"表示无,"?"表示不确定)

表 4.12

	北京	天津	唐山	廊坊	秦皇岛	保定	承德	长春	阿城	石家庄
这个+VP	+	+	?	?	－/?	－/?	－	－	－	－
那个+VP	+	+	?	?	－/?	－/?	－	－	－	－
	郑州	高平	泰安	徐州	如皋	苏州	缙云	赣州	合肥	重庆
这个+VP	－	－	－	－	－	－	－	－	－	－
那个+VP	－	－	－	－	－	－	－	－	－	－

值得一提的是,天津的调查结果是"+",但并不表示天津话中存在这一形式。天津人尤其是年青一代及受过高等教育的人不说或不愿意说天津话,而说北京话,尽管跟真正的北京话有所区别,但已经非常相近。"这个/那个+VP"结构就主要出现于这些人的话语中。笔者从小在天津生活学习了近 20 年,对这一点十分肯定。

根据表 4.12,方言口语中的"这个/那个+VP"形式主要存在于以北京为中心的京津地区,与作品考察的结果相符。值得一提的是,笔者在进行方言调查时,非京津的年轻人对自己方言里是否有"这个/那个+VP"(或方言的指代词+VP 表强烈语气)的说法一开始的回答往往模棱两可,而他们的父母一般都很确定地说"没有",这说明现在年轻一代受到各种传媒的影响,长大后又在京津地区读书,已经不自觉地接受了这种语言形式,而他们父母的方言则更地道更保守。

第三,传承性。笔者此处所说的"传承性"是与 4.2 节论述的"所+VP"结构相对而言的。"所+VP"结构大致出现于 19 世纪 50 年代,消亡于 20 世纪 40 年代,存在时间不到百年,是生命力不强的一个语法结构。而"这个/那个+VP"结构产生于 20 世纪初,现今依然存在于日常口语中,且使用频率不低。如此相比之下,"这个/那个+VP"结构的生命力更强。

值得一提的是，根据表 4.9、表 4.10、表 4.11 反映出的数据，"这个/那个＋VP"在老一辈的老舍、侯宝林、刘宝瑞的作品中的出现次数很多，而在当代作家作品中的出现次数较少，似乎这种语言现象在几十年前出现更多，而近几十年反而逐渐减少了。为此笔者做了该结构出现次数与相关作品数的统计比较：

表 4.13

时代及作家	比例
20 世纪 80 年代以前（蔡友梅、老舍、侯宝林、刘宝瑞、赵佩茹、马三立等）	62/247：24.9%
20 世纪 80 年代以后（王朔、余华、韩寒、马志明、姜昆、冯巩、郭德纲等）	23/105：21.9%

老一辈 24.9% 的使用比例与当代 21.9% 相比，实际差别很小，可以说基本持平，表明这种语言现象依然保持着生命力，且在日常生活中也能经常听到，是一个高频使用的语言现象。

综上，"这个+VP"结构大致产生于清末（20 世纪初）的北京话，"那个+VP"结构产生于民国初期（20 世纪 20 年代），其作为口语形式使用于现当代京津及周边地区，随着以北京话为基础的普通话在媒体上广泛传播，这种特殊结构已广为大众所理解接受。

4.3.3 "这个/那个+VP"结构特点分析

4.3.3.1 "这个/那个+VP"结构里的 VP 及搭配特点

本节将从 VP 的语义特点、与 VP 搭配的人称代词及否定词情况、VP 的"高可及性"特征等方面进行分析。

4.3.3.1.1 作为 VP 中心词成分的语义特点

在"这个/那个+VP"结构里，作为 VP 中心成分的词语应该不是任意的。在笔者调查的 85 例中,"这个 / 那个"后用"气"的有 15 例,所占比例最大,其次是"乐"5 例,"美"4 例。详细统计如下:

表 4.14

	中心词	出现次数	中心词	出现次数
动词	气	15	跳	1
	哭	3	喊	1
	闹	3	哆嗦	1
	骂	2	挖苦	1
	烦	1	笑	1
形容词	乐	5	难看	1
	美	4	壮	1
	快	3	凉	1
	漂亮	3	热	1
	好听	2	太平	1
	多	2	聋	1
	慢	2	坏	1
	大	2	焦急	1
	香	2	堵心	1
	臭	2	高兴	1
	淘气	1	肥	1
	累	1	脆	1
	痛快	1	白	1
	热闹	1	腻	1
	疼	1	凶	1
	亲	1	冷	1
	轻	1	难受	1
	吊场	1	好吃	1
	有意思	1	累赘	1
	别扭	1		

上表中作为 VP 中心成分的词语，有动词和形容词两类。不难看出，充当 VP 中心成分的动词在语义上的共同点是与心理活动有着密切联系，如"气""哭""闹""骂"等，而非一般行为动词。形容词的语义本身就是描述事物的性质与情状，作为 VP 中心成分的形容词很多都与人的评价和情绪密切相关，而没有非谓形容词（如"公""母"等）等类。所以，可以得出这样一个结论：在"这个/那个+VP"结构里，作为 VP 成分的词语主要限于与心理活动密切相关的动词以及与评价、情绪相关的形容词。

值得一提的是，笔者所说的"与心理活动密切相关的动词"并非典型的"心理动词"。根据周有斌、邵敬敏（1993：32）的研究，心理动词的判定标准是能否进入"很+[ ]+宾语"。尽管这一判定标准有争议，但基本上是一个有效的手段。这样判定出来的心理动词包括"想""思念""烦""讨厌"等。表十五中能进入这一判定式的有"气""烦"，"挖苦"似乎符合但并不确定，其他的动词如"喊""跳""闹""骂""哆嗦""哭""笑"完全不符合这一判定式。因此，"这个/那个+VP"中出现的动词不能总结为"心理动词"这一概念。

4.3.3.1.2　VP 中词语的搭配特点

在所考察的用例中，VP 的构成绝大多数都是在动词或形容词后紧跟一个语气词（"啊""呀""哟"等），即该结构的常见形式为："这个/那个+动词/形容词+感叹词"。这不难理解，因为"这个/那个+VP"结构就是用于表达强烈的感叹语气的，笔者在 4.3 节的开头提到，吕叔湘先生曾指出"这个"用在动词、形容词之前，表示夸张语气（1999：657），因此这种常见的构成形式是其突出的感叹语用特点所决定的。

4.3.3.2　与"这个/那个+VP"结构搭配的人称代词

在笔者调查的例句中，直接与"这个/那个+VP"结构搭配的人称代词均为第一或第三人称，没有第二人称。例如：

房东一转身，你听她那个骂！（老舍《柳家大院》）
最后撞这个人，我这个乐啊！（侯宝林《夜行记》）

<u>他</u>这个气啊！（姜昆《老急》）

对此笔者的解释是，由于"这个/那个+VP"结构用以表达感叹语气，与人的心理活动直接相关，第一人称便于直接表述当事人的心理活动，第三人称便于表述所掌握的他人情绪，而且在文学及曲艺作品中多为"全知全能"的叙述模式，可以直接描述人物的情状。第二人称"你"的心理活动则不易直接把握和表述。

4.3.3.3 "这个/那个+VP"结构里的VP与否定词

在笔者所考察的用例中，没有发现一例VP前使用否定副词的情况。笔者的解释是，由于该结构是用来表达强烈情绪的，如果在VP的动词前加否定词，不仅不能表达强烈情感，而且似乎不能成句，例如：

哎哟，老太太死了以后，儿媳妇儿<u>这个</u>哭啊！（侯宝林《一贯道》）
*哎哟，老太太死了以后，儿媳妇儿<u>这个</u>不/没哭啊！
你看大家<u>这个</u>笑！（老舍《牛天赐传》）
*你看大家<u>这个</u>不/没笑！

如果在VP的形容词前加否定词，其结果并非将表述的情绪转向另一极端，而会将其置于一个"中间状态"，例如下面的语义关系：

冷 → 不热 → 不冷 → 热
快 → 不慢 → 不快 → 慢

"冷"和"热"是一对反义词，两个概念的内涵完全不重合，但是在它们前面加上"不"就形成了与之相关的中间概念。一般说来，"不热、不冷""不慢、不快"这些"中间概念"均不足以表达人的强烈感受，所以不符合在该结构表达强烈夸张语气的功能。

但是，在天津口语的调查中，笔者却听到了下面的句子：

我这个不<u>高</u>兴啊！

前文提到，天津的年轻一辈乐于说北京话，此发音人亦属这种情况。

这句话的 VP 前使用了否定词。对这种例外现象,笔者猜测,可能是因为"不高兴"表达的是一种较强烈的憋闷情绪,与"我这个气啊"类似但并不等同。

4.3.3.4　VP 的"高可及性"特征

"高可及性"术语引自方梅的《指示词"这"和"那"在北京话中的语法化》(2002)一文,她借鉴了 Ariel&Mira 的 *The function of accessibility in a theory of grammar* 中的观点。方梅(2002)指出,"人称代词＋指示词＋动词"不同于一般意义上的"人称代词＋指示词＋名词",它是一个非回指结构,它出现的条件是:所指对象必须具有较高的可及性(accessibility,也有文献称"易推性"),尽管它未曾出现在上文,但却是说话人与听话人双方的共有知识中已有的内容,或者通过共有知识易于推及的内容。非回指性结构的中心语都具备"高可及性"。这一观点对于笔者认识"这个/那个＋VP"结构的性质特点很有启发。笔者的看法是:"这个/那个＋VP"结构中 VP 所表现的行为内容是说话人和听话人的知识范围和理解力均可以懂得或易于推知的,即 VP 具有"高可及性"的特征。例如,侯宝林的相声《汾河湾》:

　　甲:您看那个《奇双会》这出戏。
　　乙:噢。
　　甲:我还记得我听这个白云生跟韩世昌。
　　乙:是。
　　甲:这老二位唱,那是真好。
　　乙:敢情。
　　甲:那个小生念出来,<u>那个</u>好听啊。

当时只要对戏曲感兴趣的人,都知道白云生和韩世昌的名气,人们的意识中已有他们唱得好听的知识信息。即使乙和观众不知道白云生和韩世昌,通过甲所说的"那是真好"这一句铺垫,就可以推断理解他们二位唱腔"好听"的信息。

基于 VP "高可及性"特征的认识,笔者注意到一个现象:无论是作品中还是日常口语里使用"这个/那个＋VP",均不会在对话的一开始就使用,总是需要先进行相关信息的铺垫。例如张寿臣的相声《小神仙》:

> 药铺掌柜的这儿坐着,隔着玻璃窗户就瞧见啦,来了俩人,直要进他的药铺。心里痛快啦:"啊,怎么样?小神仙没摆摊儿我这儿就进人嘛!都怨他挡着我的门脸儿。"一瞧,俩人进来啦。
> "辛苦,掌柜的!"
> 他得欠身儿呀!
> "哦,二位,二位,请吧请吧!"
> 栏柜外边儿一边儿一条凳子,两人坐下。
> "喝茶!"
> "谢谢,谢谢,不喝不喝!"
> 坐在那儿呀不提买药。他半年多没开张啦,他绷不住啦,就问:"你们二位打听什么方子?"
> "不打听什么方子,我们没有病。"
> 没有病不买药。药铺掌柜的一听,心想:"没有病!没有病上药铺来干吗呀?"
> "今天凉啊,小神仙没摆摊儿哪,我们等他摆上摊儿算卦,先上你这屋里暖和暖和。"
> 药铺掌柜<u>这个</u>堵心哪!"上我这屋暖和来啦!"你说把这俩人轰出去吧,不知道这俩是干什么的,不敢得罪。

若没有前文的大量铺垫,一开始就使用"药铺掌柜这个堵心哪!",会让人觉得十分突兀,因此作者必须在前文进行大段的铺垫,将事情的来龙去脉交代清楚,才能使得听话人了解背景信息而易于推知,从而理解整个话语的含义。

在笔者所考察的作品里,没有发现在开篇或是转换场景后的开章就使用此结构的情况。同样,所调查观察的日常口语中,对话双方不会在话题一开始便说"我这个气呀!",除非听话人已经了解前因,或是处在特殊环境。即使是特殊环境,说话人往往也会用"我气死了!""太气人了!""我今天特别生气!"等普通感叹句来首先表现情绪,一般不会使用"这个/那个+VP"句型。这也证明了VP所表现的动作性质内容是在说话人和听话人双方都能理解或推知的前提下才出现的。

4.3.3.5 "这个""那个"的前后一致性

在"这个/那个+VP"结构中,看似无论使用"这个"还是"那个"并不改变语义,例如:

> 孝子<u>那个</u>气啊!(刘宝瑞《翻跟头》)
> 他<u>这个</u>气啊!(姜昆《老急》)

上例中的"这个气""那个气"所表达的语义相同,但是,笔者把该结构的所有用例进行分析,发现了一个有趣的现象:如果前面是"这个/这+NP"的形式,有近指指示词出现,那么其后对应的是"这个+VP";同样,前面若是"那个+NP"的形式,有远指指示词出现,后面对应的便是"那个/那+VP",这种前后一致的对应规律非常明显。例如:

> 最后撞<u>这个</u>人,我<u>这个</u>乐啊!(侯宝林《夜行记》)
> <u>那个</u>小生念出来,<u>那个</u>好听啊!(侯宝林《汾河湾》)
> <u>这</u>觉睡得<u>这个</u>香哟!(谢天顺《怯讲究》)
> <u>那个</u>大姐长得<u>那个</u>漂亮啊!(郭德纲《怯洗澡》)

只有一处例外,出现在韩寒的《一座城池》:

> <u>这</u>破地方<u>那个</u>慢啊,前台、总机、打扫、结账全是一人。

笔者推测这一例外的原因在于,韩寒《一座城池》是模仿"京片子"

的话语而创作的，但韩寒是上海人，"京片子"的口语毕竟不是他的口语，因此他的模仿或许不太地道。

还有一个例子需要说明：

> 她来信说，<u>那儿这个冷啊</u>，就甭提了！（老舍《女店员》）

上例中"那儿"后接"这个冷"，不符合上述的对应规律。但仔细分析，这是说话人对来信中"<u>这儿这个冷啊</u>"意思的转述，将"这儿"换为"那儿"，对于听话人是更符合交流规律的，因此，该例不能看作例外。

对于"这个／这＋NP—这个＋VP""那个／那＋NP—那个＋VP"这种对应规律，笔者解释为，说话人在使用此结构时是将听话人置于一个共同的知识背景或语境，是将听话人拉入了一个共同的场景。先出现的"这个＋NP"形式，可看成一种"拉近状态"，那么在后面承接的状态也一定是在这个"拉近"的情景中。同样，"那个+NP"可看作"推出状态"，将说话人"推出"到一个场景，那么后面承接的状态同样也必须相应地使用"推出"的"那个+VP"。

另外，"这个""那个"出现的次数差异也值得一提。"这个＋VP"出现了60例，"那个＋VP"出现了25例，前者多于后者。这可能与语言本身中"这个"的使用频率就比"那个"要多的事实相关。笔者调查了北京大学中国语言学研究中心的CCL语料库，其中"现代汉语"检索项中"这个"共出现192337次，"那个"共出现46833次；在"古代汉语"检索项中"这个"共出现19721次，"那个"共出现8599次。无论是古代汉语还是现代汉语，"这个"的使用频率都要比"那个"高出许多。方梅（2002）指出："这"具有较强的言谈连贯功能，比"那"更容易表现"相关性"。那么，"这个""那个"的情形也与之类同。另外，"这个+VP"用例的出现时间早于"那个+VP"，也与"这个"的使用频率更高以及更容易表现"言谈连贯""相关性"紧密相关。

4.3.4 "这个/那个＋VP"结构的性质

拙文（2009）《论"这个/那个+VP"特殊结构》中曾引用徐烈炯、刘丹青（1998）《话题的结构与功能》中的观点，认为"这个/那个+VP"的结构性质是"话题焦点"，即兼有"话题"和"焦点"的两重身份。但后来笔者又进行了重新思考，对于该结构的性质有了新的看法。

笔者认为"这个/那个+VP"结构是从"这个/那个+NP"结构演变而来的，"这个/那个+NP"在晚唐即可见，历史悠久。前文4.3.1节提到，19世纪末期可以看作端倪的例子"这个"的后接成分的体词性质很重，但亦有解释为谓词的可能性。另外，例如早期的典型用例。

蔡友梅（1908）《小额》：

> 善大爷<u>这个</u>气，就不用提啦。（1908：27）
> 托爷心里<u>这个</u>乐，就不用提啦。（1908：38）
> 小额疙瘩一收口儿，心里<u>这个</u>乐，就不用提啦。（1908：126）

自了生（1914）《于小辫》：

> 不是别人，敢情是余应元余小辫儿余二爷，(这个<u>累赘</u>!)由北京回来啦。

"气"最初即是名词，指"云气"，后又引申为"气体的通称""气势""志气""气息"等义，均为名词，汉代以后出现"愤怒""气恼"之义，为动词。《小额》中的例句："善大爷这个<u>气</u>，就不用提了。"若将"气"理解为名词成分，也完全通顺，如："善大爷心里的这个气，就不用提了。""这个"起指示的修饰作用，形成"这个气"这一体词性结构，"就不用提了"用以描述"这个气"，即"不用提也知道，气很大"之义。

"乐"亦然，乐本身就有名词用法，例如4.3.1节提到的《语言自迩集》的用例："前儿我们往西山里逛去，那个<u>乐</u>，可说得是尽了兴了。白日里游玩的<u>乐</u>啊，那是不必说的了。到了黑下的时候儿更畅快。"该用例中的

"乐"就是名词性的。而《小额》中的"托爷心里这个乐，就不用提啦。"其中的"乐"也可以看作是名词。

"累赘"本身也兼有名词（麻烦的事物：《聊斋志异·库官》："公虑多金累赘，约归时盘验。"）、动词（拖累：《西游记》第二三回："猪八戒道：'哥啊，你只知道你走路轻省，那里管别人累坠。'"）、形容词（形容文字繁复或语言啰唆：《红楼梦》第三七回："'居士''主人'到底不雅，又累赘。"）的用法。（《汉语大词典》卷九，1994：787）。

郭锐（2002：90—95，101—104）对于汉语词类的研究，认为不同的表述功能决定了不同词类的性质。他认为汉语实词中，体词性成分表示"指称"，谓词性成分表示"陈述"，其他成分表"修饰"。"指称"的表述功能往往由名词充当，"陈述"的表述功能往往由动词、形容词充当，"修饰"的表述功能往往由指示词、数量词等充当。"这个/那个"等指示词所起到表述功能就是"修饰"，"修饰成分+体词"仍为体词性成分，"修饰成分+谓词"仍为谓词性成分。这一理论有助于对"这个/那个+VP"结构的性质进行分析。

再重新看上文中提到的例子：

善大爷这个气，就不用提啦。
托爷心里这个乐，就不用提啦。
不是别人，敢情是余应元余小辫儿余二爷，（这个累赘！）由北京回来啦。

根据郭锐（2002：90—91）的观点，词汇在词库（lexicon）中表现为NP，表述功能为指称，到了句子层面根据不同情况表述功能可以发生转换，变为陈述，那么也就成了VP；反之也成立，即词库中具有陈述功能的VP，到了句子层面也可以变为具有指称功能的NP，这一理论正好可以用于这几个例子。前文已经提到，"气"本身就有名词、动词的区别，即在词库中"气"既有指称功能，又有陈述功能，而到了"善大爷这个气，就不用提啦"这一例句中,笔者倾向将其看作陈述功能。但就"气"本身来说,是兼有指称与陈述两种功能的。另外,"乐"本身在词库中也有名词、形容词、动词的用法,即具有指称与陈述两种功能,但表现在"托爷心里这个乐,就不用提啦"这一句子中,笔者倾向也将"乐"看作陈述功能。另外,"累赘"也同样如此,在词库中有名词、动词、形容词用法,具有指称和陈述两种功能,而在"这个累赘"中体现的是陈述功能。

可见,早期用例中,"气""乐""累赘"等在词库中本身就具有 NP(指称)与 VP(陈述)两种功能,"这个/那个+NP"是符合指示代词的搭配规律的,而在具体句子中表现为 VP(陈述功能)。而在上文统计数据中,"气""乐"又是在"这个/那个+VP"结构中使用频率最高的两个词,前者为 15 例,后者为 5 例,分别占总数 85 例的 17.6% 与 5.9%,共占 23.5%,仅仅两个词就占到如此比例,不可小觑。由此可以推知,"这个/那个+VP"结构首先选择的是本身就兼有 NP(指称)与 VP(陈述)两种功能的词语,而在句子层面体现的是 VP(陈述功能)。在越来越多的使用过程中,由于该结构在句子层面体现的均为陈述功能,而用于表达陈述功能的又均为谓词性成分 VP,逐渐在词语选择上就演变为选择在词库中也是同样 VP 功能的词语,如"哭""闹""骂""漂亮""多""高兴""好吃"等,以达到某个词在句子层面与词库层面的一致性,而固定成为"这个/那个+VP"结构:VP 表示陈述,"这个/那个"是修饰语,整个结构的功能依然表陈述,并且通过加强语调及添加句末语气词"啊、呀、哟"等手段,形成更强烈的感叹语气。

因此,"这个/那个+VP"结构中的"这个/那个"虽然处于 VP 前,但笔者认为它们并没有成为副词充当状语,是着眼于整个结构的性质作出的判断。

4.4 新出现的语法现象之三——"简直(的)+VP"结构

"简直"一词历史悠久,在唐代即有"简直"二字表示"简朴质直"之义,据《汉语大词典》(1994:1249)记载:"[简直]①简朴质直。唐·刘知几《史通·论赞》:'王邵志在简直,言兼鄙野,苟得其理,遂忘其文。'宋·司马光《述〈国语〉》:'故其辞语繁重,序事过详,不若《春秋传》之简直精明,浑厚遒峻也。'"而现代汉语中,"简直"成为了一个副词,几部权威词典对其释义均有"强调完全如此或差不多如此"之义(《汉语大词典》,1994:1249;《现代汉语词典(第6版)》,2012:635;《现代汉语八百词》,1999:296;《白话小说语言词典》,2011:667),例如:

> 朱自清《论老实话》:"直言刺耳,进而刺心,<u>简直</u>等于相骂,自然会叫人生气,甚至于翻脸。"(《汉语大词典》,1994:1249)

"简直"的原义"简朴质直"在现代汉语中已极少使用,只出现于个别书面语环境中,作为副词表示"强调完全如此或差不多如此"的这一语义成为了最高频使用的义项。而在清后期至民国初期的北京话语料中,"简直"分别作为形容词和副词还存在另外两种用法:

形容词:

> 老爷,请从谷中间儿,平坦简直的道儿上罢。(《伊苏普喻言》,1878:120)

副词:

> <u>简直</u>的说,花钱买个舒服儿都不行,进去就过堂。(蔡友梅《小额》,1908:42)

> 阜大少道,"是呀,咱们都很有交情,<u>简直</u>你就给一百二十两银子,东西算你的,你看如何?"(剑胆《阜大奶奶》,1916:26)

这里，形容词"简直"表示"笔直"之义，副词"简直"表示"干脆""直截""索性"之义，后一用法在一些词典中也有收录，例如《汉语大词典》《白话小说语言词典》等。根据笔者调查，在清后期至民国初期的北京话中，"简直"同时具备三种用法：简直$_1$，形容词"笔直"，这一用法可谓是选取了"直"的最基本意义；简直$_2$，副词，相当于"干脆""直截""索性"；简直$_3$，副词，相当于现代汉语的"强调完全如此或差不多如此"。如此三种用法并存的现象是比较特殊的。笔者认为有必要将清后期至民国初期北京话中的"简直"用法进行梳理，从而分析总结其特点及演变过程。

4.4.1 语料的调查统计

关于笔者调查的语料及版本，第三章已有列举叙述，此不赘言。有的文献中"简直"亦写作"剪直""翦直"或"箭直"，或经常与"的"共现而构成"简直的"。调查出的例句按照"简直"的三种用法分列如下（由于简直$_2$较为特殊，笔者将找到的全部例句列出。有的作品简直$_3$的例句较多，只选取部分列举）：

简直$_1$：形容词。笔直。
中田敬义《伊苏普喻言》（1878）：

老爷，请从谷中间儿，平坦简直的道儿上罢。（120页）

简直$_2$：副词。干脆，直截，索性。
蒋士铨《香祖楼》（1774）：

只是高架到来，怎好意思剪直硬来。（中华书局，1993：587）

《白雪遗音·酒鬼》（18世纪末—19世纪初？）：

二人说罢往前走，倏然间离了档子房，箭直的来到大街上。（上海古籍出版社，1987：764）

《清蒙古车王府藏子弟书·鸳鸯扣》（18世纪末？）：

全没有泪眼愁眉<u>剪直</u>的把车上，只说是阿玛回去我另日来请安。（国际文化出版公司，1994：1429）

陈森《品花宝鉴》（1848？）：

要他中意的，才陪着坐一坐，不中意的，<u>剪直</u>的不理。（27回6b）

威妥玛《语言自迩集》（1867）：

我想不如<u>简直</u>告诉他。（92页）

那却不行，若是<u>简直</u>告诉他不肯相帮，必得把所以然的话细说明白了。（92页）

文康《儿女英雄传》（1878）：

安太太道："这么着罢，老爷<u>剪直</u>的拿白话说说是怎么件事罢。"（40回61b）

你瞧愚兄是个糙人，也不懂得如今那些拜老师收门生的规矩，率真了说罢，<u>剪直</u>的我就叫这俩孩子认你作个干老儿。（39回23a—23b）

只是奴才到底糊涂，老爷就给他个一二百也不算少，就<u>剪直</u>的给他三百也不算多。（39回9a）

如今你既把我闹了来了，你有甚么好花儿呀、好吃的呀，就<u>剪直</u>的给我带、给我吃，不爽快些儿吗？（29回14a）

中田敬义《伊苏普喻言》（1878）：

见路旁有棵枫树，<u>简直</u>的奔了去。（106页）

有一头驴,被脚夫赶着走,不知道是怎么个板眼,驴<u>简直</u>的跑起来了。(118页)

广部精《亚细亚言语集》(1879):

我想不如<u>简直</u>告诉他。(15a)

那却不行,若是<u>简直</u>告诉他,不肯相帮,必得把所以然的话细说明白了。(15a)

福岛九成《参订问答篇国字解》(1880):

到临说话的时候,无缘无故的先怕错,不能<u>简直</u>快快的说。(149—150页)

福岛安正《四声联珠》(1886):

就因为没有那个元红,都疑惑那姑娘在家里不贞洁,不但疑惑,<u>简直</u>的说他不贞洁。(卷五53b)

威妥玛《语言自迩集(第二版)》(1886):

第二天,法本听见恩客有病,忧闷得很,<u>简直</u>来告诉老太太。(249页)

这扇子不好,<u>简直</u>的给他,就搭赸着放在桌子上,不言不语的走开了。(252页)

蔡友梅《小额》(1908):

<u>简直</u>的说,花钱买个舒服儿都不行,进去就过堂。(42页)
<u>简直</u>的说吧,彼此都没安着好心。(46页)

剑胆《阜大奶奶》(1916):

阜大少道:"是呀,咱们都很有交情,<u>简直</u>你就给一百二十两银子,东西算你的,你看如何?"(26页)

钮六道:"依我主意,<u>简直</u>把他放在三等,大概不致白干。"(35页)

剑胆《花鞋成老》(1916):

狗蝇德子一想,这个地方人多,不便说话,遂抹头向成老说:"这们办吧,咱们<u>简直</u>上对过如意□,一就手吃□什么,省得回家再教三妹妹给你做啦。"(5页)

蔡友梅《胶皮车》(1919):

<u>简直</u>的说吧,一亩地也不给你。(12a)

蔡友梅《董新心》(1920):

本处地方官,都让他扳倒过两个,<u>简直</u>说没人敢惹他。(55页)

蔡友梅《回头案》(1921):

阁下没有出主意的必要,<u>简直</u>的说,你就管不着!(5页)

蔡友梅《方圆头》(1921):

金三诈说:"我不放心,你<u>简直</u>给我得了。"(23页)

蔡友梅《五人义》(1921):

这位老寡妇,还不是外人,听说是他爸爸的妹子(费什么话呢,<u>简直</u>就说他姑母好不好)。(6页)

老舍《赵子曰》(1927):

<u>简直</u>的说,真他妈的好!(商务印书馆,1927:223)

要老是会作八股的理财，会讲《春秋》的管市政，我<u>简直</u>的说：就是菩萨、玉皇、耶稣、穆哈莫德，联盟来保佑我们，我们也好不了！（商务印书馆，1927：326）

老舍《小坡的生日》（1929）：

小坡说，等父亲高兴的时候，可以请求他给买个新书袋，就把这个旧的送给二喜。妹妹说，<u>简直</u>的她和二喜一人买个书袋，都去上学也不坏。（生活书店，1935：82—83）

老舍《樱海集·善人》（1935）：

穆女士想了会儿，"冯，<u>简直</u>这么办好不好？你就教下去，我每月一共给你二十五块钱，岂不整重？"（人间书屋，1935：173）

侯宝林《改行》（1940/1956）：

不够套儿钱！<u>简直</u>这么说吧，那年头儿连酒糟鼻子，赤红脸儿都不能出门儿。（1956年录音）

简直$_3$：副词。强调完全如此或差不多如此。

吴启太、郑永邦《官话指南》（1881）：

后来<u>简直</u>的成了痨病了。（46页）
他现在吞烟死了，这<u>简直</u>的就是遭了报了。（55页）

福岛安正《四声联珠》（1886）：

岂止是不大好，<u>简直</u>的害人。（卷一16b）

威妥玛《语言自迩集（第二版）》（1886）：

莺莺听了这个话的意思，<u>简直</u>的是好了疤瘌忘了疼。（255页）

金国璞《今古奇观》(1904)：

他带着这样儿的刑具，怎么会弄开了跑了呢，这简直的是害了咱们了。(25页)

蔡友梅《小额》(1908)：

你编的这个小说，简直的没理。(6页)
茶馆儿短喝两回大茶，简直他全不懂的。(7页)
大兄弟，您听听，够多们亡道！简直他这不是要反吗？(17页)
咳，简直的这事情是糟心，简断捷说吧，我们在广德楼听戏来着。(44页)

冷佛《春阿氏》(1912)：

那一日你不肯来，秋水调查此案，现在他得意已极。按他来信上说，简直是骂我。(6回18b)
我看普二脸色，颇为可疑。又兼他身上有血，简直是确而确了。(8回12b)

剑胆《阜大奶奶》(1916)：

玉蚨听完，怔了半天，遂说道："照你这样说，简直你是捉拿阜大爷来着。"(36页)

蔡友梅《大樱桃》(1919)：

就像本镇上的张拔贡，他跟本县大老爷，简直的是一个人。(4a)
他们一辈子受穷受困，留下书让后人念，简直是害人。(5a)

蔡友梅《郑秃子》(1919)：

有郑大个儿活着,大家虽不拿他当事,究竟还有一个范围。郑大个儿一死,<u>简直</u>没收管啦。(5a)

旧日茶馆儿,<u>简直</u>是土匪的渊薮,光棍的外书房。(6a)

蔡友梅《白公鸡》(1919):

说着语带悲音,<u>简直</u>的要撒酥儿。(4a)

您别瞧这些个腐败猫儿溺,没在官场当过混腥子碎催的,<u>简直</u>的摸不清。(8a)

蔡友梅《胶皮车》(1919):

小铺儿的买卖最麻烦,三钱油两大酱,饶点醋还寻颗香菜,用力多赚钱少,<u>简直</u>就不是人干的。(8a)

因为这个,买卖就糟了心啦,到了年底,<u>简直</u>的支持不住啦。(8b)

蔡友梅《驴肉红》(1918):

您要口热闹儿,<u>简直</u>的没有。(1a)

他虽然没说,有梅师爷就是冤孽,他不承认,<u>简直</u>的也不成啦。(27b)

蔡友梅《回头案》(1921):

太太,我的同胞,我并不是残毁他,<u>简直</u>的他不够资格。(10页)

蔡友梅《益世余谭》(1919—1921):

假令他们一朝转运,掌权执政,我瞧<u>简直</u>的悬的谎。(1920年2月10号)

十几岁的学生,整天听这个,<u>简直</u>毁活孩子。(1920年11月7号)

儒丐《北京》(1924):

老同学，咱们有些日子没见了。怎么有些日子，<u>简直</u>又换了一个朝代。（14页）

现在当议员的，那个不逛窑子？八大胡同，<u>简直</u>指着他们活着！（27页）

老舍《二马》（1929）：

除了中国话说不好，<u>简直</u>的他可以算一本带着腿的"中国百科全书"。（商务印书馆，1935：15—16）

老舍《牛天赐传》（1934）：

眉毛<u>简直</u>可以说是被他忘记了。（人间书屋，1941：53）

老舍《骆驼祥子》（1936）：

除了必须开口，他<u>简直</u>的不大和人家过话。（人民文学出版社，1955：185）

老舍《我这一辈子》（1937）：

<u>简直</u>我不愿再提这回事了，不过为圆上场面我总得把问题提出来。（晨光出版公司，1948：150）

<u>简直</u>的我可以用这回事去断定许多的大事。（晨光出版公司，1948：145）

以上例句中，广部精《亚细亚言语集》（1879）中的内容是与《语言自迩集》（1867）一脉相承的，因此例句相同，只有一个句读上的差异：《语言自迩集》"若是<u>简直</u>告诉他不肯相帮"；《亚细亚言语集》："若是<u>简直</u>告诉他，不肯相帮"。

以上"简直"的这三个义项中，以"简直$_3$"出现的例句最多，"简直$_2$"次之，"简直$_1$"最少，仅有一例。"简直$_2$"的出现频率尽管不如"简直$_3$"，但也占据了相当大的比例。

4.4.2 清后期至民国初期"简直$_3$+VP"的语法特点

上文列举的"简直$_1$""简直$_2$"两个用法，涉及的情况较为复杂，因此在后文中再具体论述。这里笔者将要分析的是简直$_3$（"强调完全如此或差不多如此"），它与现代汉语以及现代北京话最常用的"简直"语义相同，但在语法特点上却存在不同之处。

4.4.2.1 语法位置

现代汉语或北京话"简直"充当副词，表示"完全如此或差不多如此"，若一个小句中出现了主语/话题+VP的结构，"简直"总是位于主语/话题之后，VP之前，例如：

> 我<u>简直</u>不敢认她了。（王朔《浮出海面》）
> 看到后来，我<u>简直</u>气昏了。（王朔《空中小姐》）
> 要是自己家你<u>简直</u>没机会和你想干掉的那一起呆在一个空房子里。（王朔《我是"狼"》）

笔者调查了北京大学 CCL 语料数据库，在现代汉语（1949 年以后）中，"简直"均出现于主语（准确地说是话题）之后，谓语 VP 之前，无一例外。下面的两例似乎是例外：

> 你是对我太好了！你对我好得<u>简直</u>我粉身碎骨无以回报，而你又不是一个不要求回报的人！（王朔《过把瘾就死》）
> 这个女性，那个层次<u>简直</u>我们一般人是跟不上的。（周汝昌《评〈红楼梦魇〉》）

这两个例句看似例外，实际并非例外。第一个句子"简直"所处的小句中主语实际上为"你"，而非"简直"后面的"我"；第二个句子的主语兼次话题为"那个层次"，而非"简直"后面的"我们"。

而清末民初的北京话中,出现了"简直"位于主语/话题之前的现象,例如上文的例句:

蔡友梅《小额》(1908):

> 茶馆儿短喝两回大茶,<u>简直</u>他全不懂的。(7页)
> 嘿,大兄弟,您听听,够多们亡道!<u>简直</u>他这不是要反吗?(17页)
> 咳,<u>简直</u>的这事情是糟心,简断捷说吧,我们在广德楼听戏来着。(44页)

剑胆《阜大奶奶》(1916):

> 玉蚨听完,怔了半天,遂说道"照你这样说,<u>简直</u>你是捉拿阜大爷来着。"(36页)

另外还包括蔡友梅《回头案》、老舍《二马》《我这一辈子》中的例句。

这样的句子在现在看来,虽然意思上完全可以理解,但似乎有些拗口不通顺。虽然在清末民初的北京话中,"简直"位于小句主语/话题之后也是主流,但是位于主语/话题之前的这样的句子也完全可说,直至民国以后较长一段时间。根据笔者的调查,这一现象时代最近的例子出现在老舍的《我这一辈子》(1937)里,那么可以推测,这一现象在20世纪40年代以后应该极少出现了,到了当代则已经销声匿迹。

据张谊生《现代汉语副词研究》(2000:50—51)的观点,"全幅评注以句外因素作为评注的基点。半幅评注以句内因素(也就是话题)作为评注的基点。……现代汉语中有相当一些F(评注性副词),只能进行半幅评注。例如:'为了美化营地,他们简直(*简直他们)成了传说中炼石补天的女神。'魏巍(《依依惜别的深情》)……这些F(评注性副词)……一般都只适用于对句内述题进行评注。"笔者暂时不讨论"评注性副词"这一概念的理论性问题,至少可以根据这一观点看出"简直"的语法位置及语法功能从清末到当前发生了变化——从清末的修饰整个小句或小句述题均可,逐渐变化为只能修饰小句述题。

4.4.2.2 VP 的褒贬义问题

在清末民初的北京话语料中,简直₃后面的 VP 有很明显的"贬义"倾向,这在笔者的例句中无一例外,例如:

福岛安正《四声联珠》(1886):

> 岂止是不大好,<u>简直</u>的害人。(卷一 16b)

金国璞《今古奇观》(1904):

> 他带着这样儿的刑具,怎么会弄开了跑了呢,这<u>简直</u>的是害了咱们了。(25 页)

蔡友梅《胶皮车》(1919):

> 小铺儿的买卖最麻烦,三钱油两大酱,饶点醋还寻颗香菜,用力多赚钱少,<u>简直</u>就不是人干的。(8a)

而一些看似中性义的 VP 根据上下文语境也很容易推断出其"讽刺""反语"的意味,例如:

冷佛《春阿氏》(1912):

> 我看普二脸色,颇为可疑。又兼他身上有血,<u>简直</u>是确而确了。(8 回)

老舍《二马》(1929):

> 除了中国话说不好,<u>简直</u>的他可以算一本带着腿的"中国百科全书"。(商务印书馆,1935:15—16)

第一个句子"简直"修饰的"确而确"所确定的内容并非好事,而是文中人物普二有凶手的嫌疑。第二个句子中"带着腿的'中国百科全书'",

看似褒义，实际老舍在此处是讽刺一位外国人成为中国通的目的是为了奴役中国人，该例句后面紧接着的一段话可一目了然：

> 他真爱中国人：半夜睡不着的时候，总是祷告上帝快快的叫中国变成英国的属国；他含着热泪告诉上帝：中国人要不叫英国人管起来，这群黄脸黑头发的东西，怎么也升不了天堂！（商务印书馆，1935：16）

但在现代汉语中，出现了 VP 为褒义的例子，且完全为褒义，没有反讽之义，例如：

> 光一觉得此时的阿荣<u>简直</u>美极了。（川端康成，生为女人，朱春育译）CCL 语料库）

> 我们看《聊斋志异》经常发现，《聊斋志异》的小说它<u>简直</u>美得就像一幕一幕的诗剧，像一幅一幅的水彩画。（马瑞芳《人鬼情未了》，央视网）

> 他说青岛的老房子<u>简直</u>太漂亮了，像用积木堆积的画。（《青岛：老房子成旅游新宠》，新华网山东频道）

这样的句子在日常生活中也经常能够听到，笔者自己也这样用。虽然其中往往包含"惊讶""超乎想象"之类的意义，但这样的褒义句在清末民初的北京话语料中并未出现。那么是否可以推测在当前的北京话中，"简直"已经完全可以出现于褒义句中了呢？笔者认为还有待斟酌。因为笔者调查了老舍、王朔所有的小说以及一些相声作品，没有发现一例"简直"表达褒义的例子，即使 VP 为褒义，整个语境也是讽刺或反语之义。例如：

老舍《火葬》（1944）：

> 他的快活简直象每顿都吃肉馅的饺子似的，当把水挑回来，离朱漆大门不远的时候，喝，他一手扶着一头的绳子，水桶纹丝不动，他

的大脚象在地上弹似的，快步如飞。直到晚上入寝，他才摸着肩上红肿起来的肉，偷偷的说几声：真要命！（黄河书局，1946：192）

王朔《一点正经没有》（1989）：

"去偷去抢去倒腾国宝嫁大款什么的。"
"既没偷抢的胆儿又没做生意的手腕还阳萎。"
"脸厚不厚？心黑不黑？"
"厚而无形，黑而无色。"
"那就当作家，他这条件<u>简直</u>就是个天生的作家坯子。"

郭德纲《养宠物》：

（学唐山女人）大兄弟呀，太感谢您了，这么好的房子住着忒开心，真忒便宜了，比介壁儿便宜多了，<u>简直</u>白捡的一样，我们全家忒高兴了，都说你是个大善人。

上面《火葬》中的例子明显是讽刺人物"他"装腔作势。《一点正经没有》中看上下文也可得知"简直就是个天生的作家胚子"绝非褒奖，而是对"作家"这一职业的讽刺。而相声《养宠物》的这段话是模仿唐山话，作为北京话语料似乎欠妥，且"白捡的一样"本身包含一种占便宜的心理（上下文也有所反映），因此本身也不能算作褒义句。

因此笔者认为，当代北京话的"简直（的）+VP"句式依然保持了自身的语用色彩：表达贬义及反讽义。但随着以北京话为基础的普通话成为全国标准语，更多的人开始使用"简直（的）+VP"句式，或许在语用上产生了偏差，使其从只能表达贬义转变为可以表达褒义。这种语用色彩转化的机制应该比较明显，那就是"简直（的）+VP"原本就可以表达"惊讶""出乎预料"之义，这种"出乎预料"的语义原本是表达在意想之外发生了不好的情况，但发展至当代，范围扩大，无论结果是好是坏，均属于"出乎预料"，因此"简直（的）+VP"的语用色彩在现代汉语普通话中发生了变化。但是北京话或许并未出现这种变化,尽管年轻一代受到社会环境的影响,会偶尔出现这种现象。

4.4.2.3 "简直的"与"简直"

在笔者的调查中,"简直$_3$"在清末至民国多写作"简直的",尽管"简直"的使用频率也较高,但是"简直的"稍占上风。在4.4.1节中列举的"简直$_3$"的31个用例中,有18例是"简直的",13例是"简直"。但到了现代汉语,"简直"的使用频率已经远远高于"简直的(地)"。笔者查阅了北大CCL语料库,现代汉语中的"简直"有10000条以上的结果,而"简直的(地)"只有94例,且其中大部分为民国时期的用例。可见,"简直$_3$"经历了从清末民国时期"简直的"更高频到当代"简直"更高频的变化过程。

4.4.3 关于"简直"三个用法的出现、消亡年代及引发的问题

4.4.3.1 调查结果中的几个问题

在笔者调查的北京话语料中,"简直$_1$"表"笔直""直"只有一例,但这并不表示这一用法不常用,相反该用法在北京话口语中依然保持着较强的生命力,笔者将在后文中具体分析。"简直$_2$"出现的例子较多,可见这一用法在当时的北京话中是经常被使用的。但有几个例子介于"简直$_2$""简直$_3$"之间,如:

陈森《品花宝鉴》(1848?):

> 要他中意的,才陪着坐一坐,不中意的,<u>简直</u>的不理。(27回6b)

中田敬义《伊苏普喻言》(1878):

> 有一头驴,被脚夫赶着走,不知道是怎么个板眼,驴<u>简直</u>的跑起来了。(118页)

福岛安正《四声联珠》(1886):

  就因为没有那个元红,都疑惑那姑娘在家里不贞洁,不但疑惑,<u>简直</u>的说他不贞洁。(卷五 53b)

  《品花宝鉴》中的例子似乎可翻译为"简直$_3$"的"强调完全如此",但取"简直$_2$"的"干脆""直截""索性"也完全没问题。在此笔者倾向"简直$_2$",具体理由在下文 4.4.4 节阐述。《伊苏普喻言》的例子也介于"简直$_2$""简直$_3$"之间,因为这是一段寓言的开头,找不到更多的前文作参照,所以究竟哪一种解释更为合适,笔者无法确定,姑且将其置于"简直$_2$"中。《四声联珠》的例子也取"简直$_2$""简直$_3$"均可,但笔者倾向"简直$_2$",具体理由后文阐述。实际上,这种介于"简直$_2$""简直$_3$"之间的现象中存在着更深层的背景,笔者将于 4.4.4 节具体阐述。

4.4.3.2 三种用法的出现、消亡年代及关系

4.4.3.2.1 三种用法的出现及消亡年代

  在笔者调查的结果中,"简直$_1$"只出现了一例,且出现时间较晚,为 1878 年的《伊苏普喻言》。但"简直$_1$"表示"笔直",在老一辈的北京话中还可以听到,如"<u>简直</u>的大马路"等。当代的年轻人已经极少使用了,或只是听过,但自己不用。另外,北京话中还有一种说法(东北的某些方言也有),多用于指路或形容一个人朝直行的方向前进,即"简直走":"你<u>简直</u>走,到红绿灯右拐。"这一说法笔者在日常生活中经常听到。这里的"朝直行方向前进"的副词"简直"应来源于表示"笔直"的形容词"简直$_1$"。二者之间在语义上有很大的关联:形容词"简直$_1$"多用于形容道路的直通好走:

《伊苏普喻言》:

  老爷,请从谷中间儿,平坦<u>简直</u>的道儿上罢。(1878:120)

老一辈口中的北京话:

简直的大马路。

而副词"简直"表示"朝直行方向前进"也是与道路的笔直密不可分：王朔《看上去很美》：

方超和张宁生从另外一个门出来，没看见我，三窜两蹦，袋鼠一般跃着，简直飞走了。（华艺出版社1999：233）

当代北京话：

"你简直走，到红绿灯右拐。"

语法化的过程往往是由形容词虚化为副词（张谊生，2000：343）。根据笔者调查，清末"简直$_1$"只有形容词"笔直"的用法，而没有副词用法"笔直地（朝直行方向前进）"，而到晚近的现代才出现副词"笔直地"的用法。因此，形容词"简直$_1$"多形容道路"笔直"，后演变出"朝直行方向前进"的副词"简直"，是符合词义演变和语法化规律的。

"简直$_2$"早在1774年蒋士铨的《香祖楼》即已出现，时间较早。蒋士铨虽然不是北京人，但是按照其生平可知，他在北京为官多年，且在乾隆二十七年（1762）担任过顺天乡试同考官（中华书局，1993：2），而在乾隆年间科举考试中担任顺天地区的同考官是必须熟练掌握北京话的。因为从明末开始直至整个清代，有很多考生冒名顺天府出身，为了杜绝这一现象，最直接的方法即对考生的口音进行鉴别。于是康熙三十九年（1700）出现了这样的一项规定：全部考生一律参加"审音"口试，由官方识别是否顺天府人。乾隆年间更是审音严格，乾隆十年（1745年）又规定，增派一二员满汉大臣协同审音，从而加大了审音力度（平田昌司，2000：542）。蒋士铨既然能担当顺天地区的同考官，必然熟知北京话，且能用北京话进行交谈。《香祖楼》尽管为杂剧体，但其中的口白应为北京官话。且这个例句出自丑角之口，更应是口语白话。因此这一条语料应该是可信的。

值得提出的是,《白雪遗音·酒鬼》及《子弟书·鸳鸯扣》无法确定其年代,笔者认为《子弟书·鸳鸯扣》或许与蒋士铨的《香祖楼》时间相近甚至更早。并且值得注意的是,"简直$_2$"在文字上写作"剪/翦/箭直"的只出现于1774年至1848年作品中,而写作"简直"始于《语言自迩集》(1867)。由于这里涉及其他问题,笔者将在4.4.4节叙述。

"简直$_2$"在当前的北京话中已经几乎不使用了。笔者查阅的语料中,出现时间最近的一例"简直$_2$"为侯宝林的相声作品《改行》(1940/1956)

  不够套儿钱!<u>简直</u>这么说吧,那年头儿连酒糟鼻子、赤红脸儿都不能出门儿。(1956年录音)

《改行》是一段传统相声,源自清末相声艺人钟子良的《八大改行》,后经侯宝林多次改编,这一作品在不同时期语言也略有不同。在侯宝林1940年与1953年演出的《改行》中,还有"简直$_2$"的用法,但由于该作品以清末作品为蓝本,语言相对保守,很可能保留了一些旧词语,但既然1956年的版本仍出现"简直$_2$",说明当时的北京人还是可以听懂的。但在20世纪80年代的录音中,侯宝林对这一作品又进行了较大的改动,已将"简直"删去。因此笔者推测,"简直$_2$"这一用法在50年代以后,已经极少有人使用了。而且,在老舍的作品中,1935年的作品以后再无"简直$_2$"出现,可见从40年代左右,"简直$_2$"已经逐渐在北京口语中减少了。

因此笔者认为,"简直$_2$"经历的时期可能为18世纪70年代至20世纪50年代,大致170年的时间。但值得一提的是,董树人《新编北京方言词典》(2011:218页)中对简直的释义为:"简直:[副]索性。你简直别听他的,听他的能把你吓死。"该书中的例句,是作者董树人根据他所掌握和听闻的北京话所造,其前言中说"本书收词以现在七十岁左右的北京人还用,或虽然已经不用,但是还懂的情况为上限",因此收录"简直$_2$"的用法是情理之中的。

"简直$_3$"最早出现的例子应为《官话指南》(1881),其后使用频率一直很高,直至今日,也经常出现于口语中。

太田辰夫先生认为《品花宝鉴》(1848?)中的例子"要他中意的,才陪着坐一坐,不中意的,蒉直的不理。"(太田先生书中作"剪直")应为"简直₃"的源头(1991:252),但太田先生也说:"现代汉语变成'全然''实在'的意思,下引《品花宝鉴》的例子业已看出这种倾向。"太田先生用了"倾向"一词,语气是有所保留的。可见这一例子是否是"简直₃"的最早用例有待商榷,笔者认为此处的"蒉直"应为"简直₂",而非"简直₃"。理由见下文 4.4.4 节。

4.4.3.2.2 "简直₁"与"简直₂"之间的关系所引发的问题

"简直₁"只出现了一例,且出现时间较晚,为 1878 年,比蒋士铨的《香祖楼》晚了 100 多年。笔者认为应是后起的。但是"简直₁"为形容词,"简直₂"为副词,若按通常的规律来看,语法化的过程往往是由形容词虚化为副词(张谊生,2000:343)。因此正常的变化方向应为"简直₁"演变出"简直₂",即形容词用法先出现,副词用法后出现。尽管在汉语历史中似乎也有例外,有一次,在笔者与谷峰老师的交谈中,他提到在某些汉译佛经中,一些典型的汉语副词竟然在佛经中修饰 NP,相当于形容词用法,而这种现象在中土文献中并不存在。笔者与谷峰老师的共同意见为,尽管这似乎可以看作是先出现副词,然后演变成形容词的一种语法化倒流。但是这样的现象毕竟只出现于汉译佛经中,"翻译"的文献本身就可能出现一些不符合语法规则的句式,而且作为佛经,内容高深难解,语体庄重,在用词上更会出现一些临时的用法。因此在汉语中,先产生副词而后演变出形容词的情况是极为罕见的,或者说至今还没有足够的证据表明汉语存在这样的情况。

那么,笔者因何认为作为形容词的"简直₁"为后起,作为副词的"简直₂"反而先出现呢?笔者认为,"简直"表示"笔直"("简直₁")与"简直(剪/蒉/箭直)"表"干脆""直截""索性"("简直₂")二者的来源不同。因为各有源流,不存在二者之间到底是谁派生出谁的问题。因此作为形容词的"简直₁"为后起是完全可能的，因为它并非从"简直₂"派生得出。证据见 4.4.4。

4.4.4　从语音语义方面看"简直"与"剪/翦/箭直"的源流

从笔者调查的语料中，文字上记为"简直"二字的文献，包括"简直₁""简直₂""简直₃"，但记为"剪/翦/箭直"的只有"简直₂"，"简直₁"与"简直₃"从不使用"剪/翦/箭"三字。这看似是同音不同字的换用，但实际并非如此，笔者认为，"简直₁"与"简直₂"的来源不同，而最后出现的"简直₃"与"简直₂"关系密切，它的产生与当时北京话的语音变化密不可分。

4.4.4.1　"简，剪，翦，箭"与"直"的语义

直

后字同为一个"直"字，而前字却有多种写法，因此首先分析"直"。"直"在汉代就有"径直""直接"的用法："直⑮ 副词，径直，直接。《史记·魏公子列传》：'侯生摄敝衣冠，直上载公子上座，不让。'"（《汉语大字典》1990：62）

到了明代，"直"不仅有"直截"义，还有类似于"简直₃"的用法，香坂顺一（1992［1987］：277，294）就提出《水浒传》中的"直"表示"预料之外"，但有的更倾向于单纯的感叹语气，与"简直"类似。有时也表示"直截"："拣紧要的话直说来。"冯春田（2012：409）也指出《金瓶梅》"直"相当于"简直"。可见"直"在明代就已发展出相当于"简直₂"与"简直₃"的用法，但均为单独使用，还未出现"简直"与"剪/翦/箭直"的两字连用的形式。

简

"简"字在东汉即有"简单""简略"之义，《后汉书·王充王符仲长统传论》："是以繁简为时，宽猛相济。"（《汉语大字典》，1990：3018）"简直"二字最初连用时，并无"笔直"之义，这在本章 4.4 节一开始已有列

举。但从单字来看,"简+直"用作"笔直"之义是完全可能的。并且"简直₁"多形容道路的直通好走,"直通好走"必然"简单,简略",因此"简直"在清后期出现"笔直"之义,与"简""直"二字的语义有很大关联。

剪/翦/箭

这三个字自古就有千丝万缕的联系。尤其是"剪""翦"二字,在历史上几乎完全相同,而"箭"与"翦"也联系密切:

"剪,同'翦',《玉篇·羽部》:'翦,俗作剪。'按:古籍中多作'翦',今"剪"字通行。"(《汉语大字典》,1990:347)

"翦③,剪整齐。《尔雅·释言》:'翦,齐也。'""翦⑤,歼灭,《诗·鲁颂·閟宫》:'居岐之阳,实始翦商'。毛传:'翦,齐也'。郑玄笺:'翦,断也'。"(《汉语大字典》,1990:3352)

"翦⑬,同'箭'。《集韵·线韵》:'箭,《说文》"矢也。"或作翦。'"(《汉语大字典》,1990:3353)

可见,三者在语义上有很大的关联。"剪"原本作"翦",后来"剪"字多有使用,替代了"翦"。而"翦"又同"箭",因此三者在历史上存在互换通用的现象。

并且,"翦"有"齐"之义,"剪"又为"翦"的俗字,"翦""箭"二字可互换通用,那么"翦直""剪直""箭直"的语义可谓"齐且直",这与"简直"的"简单且直"的语义是十分相近的。

综上,若从单字上看,"简直"与"剪/翦/箭直"的语义极为相近,它们即使为不同的两个词,也具有很大的关联。那么,或许有人会问,既然二者的语义如此相近,是否原本就是同一个词在字形上的不同写法呢?何必要分为两个词,反而复杂化了。笔者认为,这必须从几个字的语音上解释。

4.4.4.2 从尖团音看"简"与"剪/翦/箭"

太田辰夫先生(1991:252)就注意到了这几个字的语音问题:"还有

'剪''箭'都是精母字这一点也不能漏过。现在……使用的是'简'（见母）字。"尽管太田先生没有具体分析，但是注意到这一点是非常关键的。

韵母方面，"简""剪""翦""箭"四字在韵母上相近或相同：在《广韵》中，"简"为见母山摄开口二等上声产韵，"剪/翦"为精母山摄开口三等上声狝韵，"箭"为精母山摄开口三等去声线韵。到《中原音韵》时期，"剪、翦、箭"同为先天韵，只是"箭"为去声，前两字为上声；而"简"则为寒山韵。到了明代，这四个字的韵母已经极为相似甚至完全相同了（王力1985：401）。但在声母方面，"简"为见母字，而"剪/翦/箭"均为精母字，如果简单的说"简直"与"剪/翦/箭直"是同一个词的不同写法，是不准确的。魏兆惠等（2012：32）提到"剪直"为"简直"的同音假借，笔者认为这一提法有待商榷。笔者在本书第六章专章讨论了北京话尖团合流的问题，认为北京话的尖团音的混淆开始于18世纪60年代以后，在19世纪初完全合流，即在"简直"与"剪/翦/箭直"出现的时期，尖团音并未合流，因此不可能出现"同音假借"。那么在这四种写法的出现年代上，必须进行如下解释。

"剪、翦"与"箭"尽管声调不同，但"箭"字出现甚少，且只出现于子弟书与时调小曲中，而子弟书及小曲又以演唱的形式表现，因此有其自身的曲调，且"剪、翦、箭"同属仄声，因此在韵律中具体是上声还是去声已不重要（在《鸳鸯扣》中就既出现了"剪直"也出现了"箭直"），且本身"翦""箭"二字在历史上也可以互换通用，因此这三个字无论从语音语义上都可互换通用。下面合并讨论。

前文已提到，在笔者调查的语料中，"剪直"可确定年代的例子，最早出现于蒋士铨1774年《香祖楼》。但是还有无法确定年代的两例：《白雪遗音·酒鬼》与《子弟书·鸳鸯扣》，出现的同为"箭直"与"剪直"。根据《明清民歌时调集·白雪遗音·序》（1987：455）："《白雪遗音》是清嘉庆道光年间罕见的小曲总集。"那么这其中的时调小曲可能大部分是乾隆以后的，可能晚于蒋士铨的《香祖楼》。而《子弟书·鸳鸯扣》，笔者认为应是乾隆中期（18世纪50—60年代）左右的作品。证据有三：

1. 子弟书创始于乾隆年间，前期为非职业性的"票友"创作并传唱（傅惜华1954：3；徐德亮2010：5，10），其实这些票友就是八旗子弟。而"唱曲"在当时被认为是下九流的职业，因此身份高贵的八旗子弟绝不能留名，更不能将其作为职业。而子弟书在繁盛时期及后期多由民间艺人演唱，这些作品的作者都可以根据唱词的开头结尾推测得知（傅惜华1954：7）。因此不明身份的作者大部分是八旗子弟。

2. 尽管一些民间艺人也没有留下姓名，但根据《鸳鸯扣》的内容来看，作者必定熟知满人婚嫁礼俗，而且描绘的人物均出身高贵，记述的生活细节和用品器具都十分奢华，若只是一普通民间艺人，估计不会知道得如此详实。更值得一提的是，文中还出现了满文："不多时阿哥回家看着心中甚喜，牛录[ ]上这才送到克什蒙乌。"（国际文化出版公司，1994：1406）可见作者至少是懂得一些满语的，这样的人应该不可能是民间艺人。这就更确定了作者是八旗子弟。

3. 文中描述了当时的来贺喜的达官贵人们满语精熟："所生一子雄而秀，清语飞熟一膀子好弓。""外面是清话清语齐翻多热闹，里边的太太们先到更闹撒斜。"（国际文化出版公司，1994：1394，1398）这种"清话清语齐翻多热闹"的盛况在嘉庆以后是十分罕见的，因为在乾隆后期，许多宗室王公已不会说满语，嘉庆以后连很多直系皇亲也不会满语了（详见本书2.2.1及2.2.2节），因此这种盛况应该出现于乾隆中期。

在乾隆中期（18世纪五六十年代），尖团音尚未合流，或只是初现合流的端倪。因此"剪/蔍/箭"还保留了其尖音的地位。且蒋士铨1774年的作品中仍使用"剪直"，若"简""剪"同音，他完全可以选择早已联用的"简直"二字。但他却选择了"剪直"，说明当时"剪""简"尚未同音，且"剪直"与"简直"也并非同一个词。

4.4.4.3 "简直"与"剪/蔍/箭直"的源流

综上，笔者认为，"简直"（"简直$_1$"）为一个词，出现于唐代；而"剪/

翦/箭直"("简直₂""简直₃")为另一个词,出现于清乾隆中期,二者演变情况如下。

1. "简直"始于唐代,最初表"简朴质直";由于"简""直"二字分别有"简单、简略"与"不弯曲"之义,所以在清后期(19世纪70年代)用于形容道路的"笔直好走",而形成"简直₁"。到了当代北京话,由于语义上的相关性,"简直₁"虚化为副词表示"在笔直的道路上以直行方式前进",如"简直走"。

2. "剪/翦/箭直"始于清乾隆中期,但有可能更早。"剪""直"二字分别有"剪整齐、齐、断"与"径直"之义,因此用于表达"干脆","直截""索性"之义是在情理之中的,从而形成了"简直₂"。

3. 清道光年间(19世纪前期),北京话的尖团音已经完全合流,尽管读书人的口语中尖团合流稍晚些,但到了19世纪30年代左右,读书人口语中也难以分辨尖团,因此"简直"与"剪/翦/箭直"已完全同音。笔者调查的语料中,1774年至1848年的语料中"简直₂"均写作"剪/翦/箭直",其后再无。而第一例用"简直"二字来表达"干脆,直截,索性"之义的是出版于1867年《语言自迩集》,当时尖团音已经完全合流了。再加上"简直"与"剪直"在单字上的意义十分相近,且"简直"二字的出现时间更早,因此"简直"的写法替代了"剪/翦/箭直"。而这一意义在20世纪50年代左右又已消亡。

4. "简直₃"始于清末(19世纪80年代左右)。从语义和语法功能上看,它更有可能来源于"简直₂",即"剪/翦/箭直"。因为二者同为副词,且在19世纪80年代的例句中,出现了解释为"简直₂"或"简直₃"两可的用例,即4.4.3.1节提到的《四声联珠》的例子,笔者将其看作"简直₂",也是为了强调其处于过渡期的情况。因此"简直₂"和"简直₃"存在前后演变的关系。且上文提到"直"在明代既可以表示"直截"(相当于"简直₂"),又可以用作强调语气(相当于"简直₃"),这就更可以证明"简直₂"和"简直₃"在语义和功能上都有密切的关系。但在19世纪60年代以后,

"剪/翦/箭直"已被"简直"这一写法代替,因此从其演变出的"简直₃"也依照"简直"这一写法。

值得一提的是,出现"翦直"的最晚一部文献为《品花宝鉴》(1848?),尽管作品年代还不能完全确定,但至迟不会晚于道光年间(1850年以前)。其后"剪/翦/箭直"再无出现。尽管太田先生(1991:252)认为,此处已经看出"完全"义的倾向,或许这可以作为"简直₂"向"简直₃"过渡之例证,但当时尖团音已经合流,文化水平较高的陈森仍写作"翦直",应该是有意为之,以突出其与另一"简直"的区别。因此,这就是笔者因何将《品花宝鉴》的例子作为"简直₂"而非"简直₃"的理由。

若将以上演变进行总结,如下所示:

"简直₁":

唐代	→	清19世纪70年代	→	当代
"简直"原义		"简直₁"		"简直₁",副词以直行方式进

"简直₂"(剪/翦/箭直)、"简直₃":

清18世纪50年代 → 清19世纪40年代
"简直₂":"剪/翦/箭直"   ↓(被替代)
                         清19世纪60年代 → 20世纪50年代
                         "简直₂":"简直"
                         ↓(演变)
                         清19世纪80年代 → 当代
                         "简直₃"   "简直₃"

可见,"简直"同时兼有三种用法的时代为19世纪60年代到20世纪50年代。在此以后,"简直₂"消亡;"简直₁"的"笔直"义在当代已极少使用,而演变出"以直行方式前进"的副词形式;"简直₃"至今活跃于口语中,成为"简直"的基本语义。

"简直₂"的消亡原因,笔者认为与"所+VP"类似,符合语言的制约(constraint)规则。Her(1994:263)指出,某个词若具有多种功能时,其中的几个功能就会减少减弱:"The principle of refinement: if element

X has multiple functions, e.g. f1, f2 and f3, then X is likely to reduce the number of its functions."梅祖麟(1988:193—216)指出,同一个虚词,如果担任几种不同的语法功用,可能会形成功能负担(function load),容易引起语义的混淆,于是某些功能就被其他的虚词替代。"简直"一词,同时具备三种用法,尽管并非毫无关联,但"笔直"与"强调完全如此"在语义上已相差较远;并且还存在"干脆""直截""索性"等与"简直$_2$"在语义语法功能上均相当的词汇,这样,"简直$_2$"就失去了立足空间,被时代洪流淘汰。

值得一提的是,魏兆惠等(2012:34)提到,当代仍有用"箭直"表"直截"的用法,证据是东北作家徐铎《美丽的大鱼》:"我怎么也不敢相信,老大的捕鲸炮打得如此高超,发发炮箭直穿虎鲸的前鳍下面的心脏,发发致命。"实际上,这一例子并不准确。查阅上下文可知,此处"炮箭"为一词,"直穿"为一词,而非"箭直",证据为该句话的前文:

"我连忙把第二发炮箭装进了炮膛。紧接着,又是一声巨响,第二发炮箭又发射了出去。虎鲸们几乎不理睬捕鲸炮的巨响,它们拼命地吞噬着这头巨大无比的猎物。"

因此,此例中将"箭直"结合成词,不能成立。

4.4.5 相关问题思考

《现代北京口语词典》(陈刚等,1997:178)中有两个词条值得注意:

剪直:笔直。如:剪直的大马路,直通颐和园。

简直[剪直]:①索性。如:你有什么好吃的,简直给我带来。②的确,确实。事儿简直就成我的事儿了。

从语义上看,第一个词条反映的是"简直$_1$",写作"剪直";而第二个词条反映的是"简直$_2$""简直$_3$",写作"简直""剪直"均可。这似乎与笔者"简直₁"写作"简直","简直₂""简直₃"写作"剪/翦/箭直"的观点有出入。但笔者认为并非如此,原因如下:1.根据《现代北京口语词典》的序言可知,该词典是陈刚先生等根据多年的北京话调查所得,既有书刊,也有田野调查,但最后的例句是以实际口语为准,找不出合适的字来记录口语,是语言调查经常遇到的问题。因此"jiǎn zhí 的大马路"这一语音形式所对应的字,编者或许也不能确定。2.用"剪直"二字来记录"笔直"之义,从另一角度看,正好符合笔者的观点。因为在当代北京人的心目中,"jiǎn zhí 的大马路""jiǎn zhí 走"与"事儿 jiǎn zhí 就成我的事儿了"的两种"jiǎn zhí"并非一个词。有关这一点笔者也调查过一些北京人,他们均认为这两种"jiǎn zhí"不是一个词,甚至有人认为,在字形上都应该区分,"事儿 jiǎn zhí 就成我的事儿了"写作"简直"是确定的,但若将"jiǎn zhí 的大马路""jiǎn zhí 走"写作"简直",似乎不能接受。但具体写成什么字,被调查人也不确定,既有"剪",也有"捡"。可见,在当代人心目中,"简直₁"与"简直₃"是有很大差别的。这正好符合笔者的"简直₁"与"简直₂""简直₃"各有来源的观点。只是笔者通过调查历史文献,认为在字形上"简直₁"就应写作"简直",而非"剪直"。

第五章 清后期出现的新副词

5.1 清后期出现的新副词总结描述

本章着眼于清后期出现的新副词。此处所说的"新词"并不是一些新的名物词,例如新事物的出现必须新造一个词汇来对应("军舰""星期几""公司""报纸"等),而是一些词在功能上的转换或增加新的功能,如本章下文 5.2 节、5.3 节、5.4 节叙述的"挺""赶紧""反正"。尽管这一类词严格说来不应该称作"新词",而只是某个词在功能上的转换或增加,但是笔者姑且将这类词也算作"新词"。

语言在发展变化过程中,语音、语法、词汇均要发展变化,其中词汇的发展变化相对较快(核心词除外)。而副词的变化尤其迅速,并且从方言上看,不同方言在副词上的差异往往很明显。据太田辰夫(1995[1964]:260)的研究,北京话与南京官话在副词上差异非常大,因此笔者也选择了副词为研究对象。分析清后期北京话中产生了哪些新副词,不仅可以体现北京话区别于其他方言的特点,还可以体现清后期的新词语对现代汉语的影响。5.2 至 5.4 节笔者具体分析了"挺""赶紧""反正"三个副词的源头,这三个词的副词功能均在清后期出现,并且一直沿用至今,是现代汉语和北京口语中的高频词汇。

笔者在此根据自身的调查研究及前人研究成果,将清后期北京话中出现的新副词及出现时间总结如下:

表 5.1

分类	副词	例句	说明
程度副词	挺	《正音撮要》(1834):"挺硬的地。"(卷二,9a)	出现于 19 世纪 30 年代。具体分析见 5.2 节。
	所	《语言自迩集》(1867):"这人我所不记得,是个作什么买卖的。"(102 页)	"所"在清后期出现了副词用法,表示"完全""实在"(语气副词)义,出现于 19 世纪 50 年代左右,消亡于 20 世纪 40 年代。具体分析见 4.2 节。
时间副词	赶紧	《红楼梦补》(1819):这也不费什么,你就赶紧去办罢。(7 回 4a)	出现于 19 世纪初。具体分析见 5.3 节。
	快(即将义)	庚辰本《红楼梦》(1760):"我已经快五十岁的人了。"(34 回 770 页)	"快"作为副词,最初的语义是"迅速地"(太田辰夫,1991[1975]:327),"即将"义出现于 18 世纪中叶。
	快要	《语言自迩集》(1867):"临走,是快要走的时候。"(63 页)	出现于 19 世纪 60 年代左右。应该是由"快"的"即将"义发展而来。
语气副词	反正	《春阿氏》(1912):"那么阿氏一案,就不必深追了,反正屈也是不屈,不屈也是屈。"(6 回)	出现于 19 世纪末。具体分析见 5.4 节。
	也许	《伊苏普喻言》(1878):"一个狼从外头过,偷偷儿的,往里探着瞧说:'哼,大胆的东西们,他们若拏住我,也许是讲论着什么美味儿吃吧。'"(132 页)	出现于 19 世纪 70 年代,但用例很少。太田辰夫(1991 [1975]:255)指出,《儿女英雄传》(1878)中的"也许"只有一例,且疑为后人所加。郑萦、陈菘霖(2005:193)也指出,《儿女英雄传》中的"也许"可以有词组或副词两解,看作副词更合适。笔者所举《伊苏普喻言》的例子应是真正的副词,但整个清末"也许"的用例很少,到现代汉语已成为一个高频词语。

(续表1)

分类	副词	例句	说明
语气副词	敢情：①当然，自然；②原来	①《北京官话全编》(19世纪90年代)："那<u>敢情</u>好极了。"(181章) ②《北京官话全编》(19世纪90年代)："<u>敢情</u>你知道他呀。"(18章26b)	此词的历史形式应是"敢自""敢则"。太田辰夫(1991 [1975]：252)指出，《红楼梦》中已有"敢情"："老祖宗也去，敢情好。"但笔者查阅了庚辰本，作"老祖宗也去，<u>王净</u>好了。"程乙本作"老祖宗也去，<u>敢仔</u>好。"应该是"敢自"的同词异形，但均未写作"敢情"。据笔者观察，19世纪多写作"敢则"，时有"敢自""敢是"，写作"敢情"是更晚的情况。
	偏巧	《伊苏普喻言》(1878)："那块石头，<u>偏巧</u>中在他的犄角上。"(72页)	出现于19世纪后半叶。据笔者调查，19世纪中期左右出现的评书作品也偶有该用法，例如《彭公案》《济公全传》等。但这些作品版本甚多，且多有修改，"偏巧"到底出现于早期版本还是后来的版本还需要进一步验证。
	恰巧	《语言自迩集》(1867)："<u>恰巧</u>有人拏着一杆枪来了。"(52页)	出现于19世纪中叶。从《语言自迩集》的课程内容来看，"恰巧"应是一个重要的词语，在《散语四十章之二十一》中，"恰"与"巧"均列入了单词表中，相应的课文以"恰巧"一词出现，可见是需要重点学习的词语。由此推测，"恰巧"在当时应是常用词，在《语言自迩集》前已经出现，且发展成熟。
	大概齐	《儿女英雄传》(1878)："奴才<u>大概齐</u>也听见华忠说了。"(22回16a)	据太田辰夫(1991 [1975]：255)的研究，《儿女英雄传》中有"大概齐"的用法。笔者查阅了其他文献，"大概齐(其)"出现于19世纪70年代，但用例极少，除《儿女英雄传》外，只有《四声联珠》(1886)，《小额》(1908)和《张铁汉》(1914)中各出现了一例。在现当代北京话中，"大概齐"的出现频率很高。

(续表2)

分类	副词	例句	说明
语气副词	"简直₂"（剪/翦/箭直）	《香祖楼》(1774)："只是高驾到来,怎好意思剪直硬来。"(中华书局1993:587)	表"索性、干脆、直截"义。出现于18世纪70年代左右,消亡于20世纪50年代。具体分析见本书4.4节。
	简直₃	《官话指南》(1881)："他现在吞烟死了,这简直就是遭了报了。"(55页)	出现于19世纪80年代左右,至今仍活跃于现代汉语及北京口语。具体分析见本书4.4节。
范围副词	净（竟）	《儿女英雄传》(1878)："别竟靠奶妈了。"(20回16a)	据太田辰夫(1991[1975]:248)的研究,"净（竟）"作为范围副词出现于19世纪后半叶。"竟"本为时间副词,后来与范围副词"净"混用,《儿女英雄传》中"竟"还有"总是"之义。

5.2 新副词之一——程度副词"挺"

在清后期产生的众多副词中,"挺"是其中之一。"挺"字自古用法甚多,最初为"拔"之义:《说文·手部》:"挺,拔也。"后又发展出"直"义:《集韵·迥韵》:"挺,直也。"另外,还有"伸直"义:《荀子·劝学》:"木直中绳,輮以为轮,其曲中规,虽有槁暴,不复挺者,輮使之然也。"(《汉语大字典》1991:1870)在近代汉语中,"挺"的"直""伸直"义的使用频率很高。另外,在元曲中,"挺"使用的最多的两个义项是"僵直貌"与"顶,抵,争执不屈"。前者例如《杀狗劝夫》四（醉春风）:"我敢向云阳市里挺着脖子替哥哥死,死!"后者例如《老生儿》（脱布衫）:"他主着意和别人硬挺,便争着大呼小叫。"（顾学颉《元曲释词》第三册,1990:492—493）

而"挺"作为副词用于表示程度深,相当于"很"的用法是在清后期才出现的。关于"挺"的副词功能最早产生的时间,前人研究不多,且存在一些问题;而"挺"如何虚化为副词则鲜有论及。笔者试图对程度副词

"挺"的产生时间及其虚化机制提出一些看法。

5.2.1 前人研究及问题

对副词"挺"的已有研究,绝大部分是分析其在现代汉语中的语法功能及对外汉语中如何教学等问题。有关副词"挺"最早出现时间的著述十分稀少,以下对前人的相关研究作简要评述。

1. 太田辰夫《汉语史通考·〈儿女英雄传〉的副词》(1991[1975]:245)。该书中提到"挺"真正做为程度副词始于《儿女英雄传》。笔者也查阅了《儿女英雄传》(1878),其中的确有不少"挺"作为程度副词的用法,如:

> 甚么事儿他全通精儿,还带着<u>挺</u>撅<u>挺</u>横,想沾他一个官板儿的便宜也不行。(四回 5b)
> 公子道:"是个<u>挺</u>大的大狸花猫。"(六回 19b)
> 一个不留神,把手指头拉个<u>挺</u>大的大口子生疼,要流血的。(八回 14a)
> 他道:"<u>挺</u>长<u>挺</u>深的一个大口子,长血直流的呢!"(三十一回 6a)

这些例句中"挺"的用法,是典型的程度副词,已经与现代汉语中的用法完全一样了。但是否这就是最早的用例,笔者认为还有待斟酌。

2. 陈群《近代汉语程度副词研究》(2006:109—110)。该书的题为"近代汉语",说明并非仅限于北京话。全书考察了自明代以来的十三部白话小说:《西游记》《水浒全传》《金瓶梅词话》《醒世恒言》《拍案惊奇》《型世言》《儒林外史》《绿野仙踪》《红楼梦》《儿女英雄传》《海上花列传》《官场现形记》《老残游记》。从这些小说中,提取了一部分副词,对其语法功能进行了研究。书中指出:"挺"只在《儿女英雄传》和《老残游记》中有所出现,因此"挺"作为程度副词是到清代才出现的,并且在清代使用得也不普遍。可是，根据笔者的考察，清代不止《儿女英雄传》和《老残游记》将"挺"用作程度副词，且在清后期北京话文献中使用较多。

3. 杨梅、刘冬青《〈红楼梦〉中"很"类程度副词计量考察》（2009：47—52）。该论文中将"挺"作为"很"类程度副词，考察了其在《红楼梦》中的使用情况。论文中提到，"挺"作为程度副词在《红楼梦》中已有出现，并且举出了例句。这比太田先生提到的"最早出现于《儿女英雄传》"早了100多年。可是，笔者通过对《红楼梦》不同版本的仔细考察，认为杨、刘论文的结论恐怕不能成立。实际上，《红楼梦》中的"挺"并无程度副词的用法，具体证据见下节。

5.2.2 相关问题讨论

5.2.2.1 《红楼梦》中的"挺"

《红楼梦》中的"挺"，多用作"支撑""僵直貌"等义。但杨梅、刘冬青（2009）提到《红楼梦》中已然出现了"挺"作为程度副词的用法，文中所举例句为：

（1）李贵忙劝道："不可，不可！秦相公是弱症，未免炕上<u>挺</u>扛的骨头不受用，所以暂且挪下来松散些。……"

（2）贾芸道："……便是很有钱的大家子，也不过使个几分几钱就<u>挺</u>折腰了。"

（3）因用上等人参二两，王夫人取时，翻寻了半日，只向小匣内寻了几枝簪<u>挺</u>粗细的。

笔者通过仔细查阅分析1760年庚辰本《红楼梦》（《古本小说集成》据徐郙旧藏本原本影印）与1791年程甲本《红楼梦》（仓石武四郎藏萃文书屋藏板），认为杨、刘的结论恐怕有误。

以上例（1）（2）的"挺"均为"支撑"之义，尤其例（2）十分明显。笔者对比了庚辰本与程乙本，例（1）在庚辰本亦有出现（16回，338页。

原本没有页码，该页码为《古本小说集成》所加），而程乙本则出现了不同情况：

> 李贵忙劝道："不可，秦哥儿是弱症，怕炕上硌的不受用，所以暂且挪下来松泛些。"（16 回 12b）

显然，程乙本没有出现"挺"字。虽然不同版本用词有差异，但可以认为：庚辰本"挺扛的骨头不受用"与程乙本"硌的骨头不受用"表达的意思相同，而且，与"硌"一样，"挺""扛"也都是动词，表"支撑"义（《汉语大字典》1992：1829，1870；《近代汉语大词典》2008：1856）。所以，此处"挺"为动词，并非程度副词。

例（3）的"挺"看似程度副词，可实际上并非如此。首先，"挺粗细的"为何意？这令人费解。笔者查阅庚辰本与程乙本，该句在两个版本中完全相同，均为"因用上等人参二两，王夫人取时，翻寻了半日，只向小匣内寻了几支簪<u>挺</u>粗细的。"（庚辰本 77 回 1793 页；程乙本 77 回 1a）实际上，此处"挺粗细的"并非一个词组，应结合前文分析，"簪挺"与"粗细"各为一词。古代妇女使用的簪子由两部分组成，雕刻成各种样式的一端为簪头，插在头发中的细长部分为"针梃"。《红楼梦》中的"簪挺"指簪子的细长部分，这在《红楼梦》的另一处例子中可以明显看出（下面引文括号中为程乙本的不同之处）：

> 说着，便命麝月："和（往）二奶奶要去（说），就说我说了，姐姐那里常有那西洋贴头疼的膏子药，叫做'依弗哪'，找寻一点儿。"麝月答应了（无"了"），去了半日，果（果然）拿了半节来。便去找了一块红缎子角儿，铰了两块指顶大的圆式，将那药烤和了，用<u>簪挺</u>摊上。晴雯自拿着一面靶（靶儿）镜（镜子），贴在两太阳上。（52 回，庚辰本 1205 页；程乙本 4b）

上例中"用簪挺摊上"明显可见"簪挺"为一个词，即簪子的细长部分。

"挺"本作"梃",但"挺"与"梃"二字可以通用。段玉裁《说文解字注·木部》:"凡条直者曰梃,梃之言挺也。"朱骏声《说文通训定声·鼎部》:"挺,假借为梃。"

那么,例(3)中"簪挺粗细的"的语义,从上下文即可看出,王夫人找寻人参,找了半日,却只找到"如簪挺般粗细的(人参)"。因此"挺"在此处绝非修饰"粗细"的程度副词。

另外,根据向熹(1993:416)的研究,《红楼梦》第四十一回中有程度副词"挺"的用例:

> 但觉那老婆子的脸冰凉挺硬的。

笔者查阅了庚辰本与程甲本,均没有这个句子。后笔者又查阅了红楼梦的其他版本,发现该句出自1792年的程乙本(41回,10b)。并且,此例中的"冰凉挺硬"的"挺"并非副词,应为"僵直貌"。太田辰夫(2014[1958]:271)也曾提出,此例中的"挺"不能看作程度副词[①]。

5.2.2.2　清蒋士铨《忉利天》中"挺"的解释

许少峰《近代汉语大词典》(2008:1856)对"挺"字列举了九个义项,最后一个义项为"挺"的程度副词用法:

> 很,非常。清·蒋士铨《忉利天》第一出:"哎呀呀,穿得整齐,吃得挺饱,你们是以财发身,我们是能使人巧。"

笔者查阅了《蒋士铨戏曲集》(周妙中点校,1993:693),与例句内容完全一致。此句中"挺"的副词性似乎较为明显,但笔者认为仍有待斟酌。

蒋士铨的《忉利天》作于乾隆十六年(1751),该作品是为皇太后祝寿所作,据梁廷枏《曲话》记载(引自《中国古典戏曲论著集成》第八集《曲话》,中国戏剧出版社,1960:272页):

[①] 太田先生使用的版本为"亚东图书馆据程伟元第二次印本排印"(2014[1958]:425)。"程伟元第二次印本"即"程乙本",因此出现了这一例句。

乾隆十六年，恭逢皇太后万寿，江西绅民远祝䁔杂剧四种，亦心馀手编，第一种曰《康衢乐》、第二种曰《忉利天》、第三种曰《长生箓》、第四种曰《升平瑞》……征引宏富，巧切绝伦，倘使登之明堂，定为承平雅奏，不仅里巷风民已也。

蒋士铨虽然不是北京人，但是由其生平可知，他在北京为官多年，且在乾隆二十七年（1762年）担任过顺天乡试同考官（周妙中，1993：2），而在乾隆年间科举考试中担任顺天地区的同考官是必须熟练掌握北京话的，因为从明末开始直至整个清代，有很多考生冒名顺天府出身，为了杜绝这一现象，最直接的方法即对考生的口音进行鉴别。于是康熙三十九年（1700）出现了这样的一项规定：全部考生一律参加"审音"口试，由官方识别是否顺天府人。乾隆年间更是审音严格，乾隆十年（1745）又规定，增派一二员满汉大臣协同审音，从而加大了审音力度（平田昌司，2000：542）。蒋士铨既然能担当顺天地区的同考官，必然熟知北京话，且能用北京话进行交谈。

但是，《忉利天》为杂剧剧本，明清杂剧仍遵循元人院本，前文提到的清代金埴的笔记《不下带编巾箱说》记载："戏曲至隋唐始盛……唐谓之梨园乐……元人杂戏则有十二科名目……今优人登场爨演古戏今戏者，多法元人院本，不能出其范围十二科之外。"（卷四，中华书局，1982：75）因此该作品并不完全反映真实口语，并且更加保守。

元杂剧多使用对仗，该例句中"穿得整齐，吃得挺饱"是明显的对仗格式，"整齐"为并列结构，其对文"挺饱"亦当为并列结构，表示"肚子吃得鼓凸饱满"之义。

"挺"字多有形容肚子、胸脯等"鼓凸貌"的先例，例如《红楼梦》第六回：

刘姥姥便不敢过去，且掸了掸衣服，又教了板儿几句话，然后蹭到角门前，只见几个**挺**胸叠肚指手画脚的人，坐在大凳上，说东谈西呢。(庚辰本 133 页)。

况且,文学作品中,临时将两个或几个字凑在一起组成一个词的情况不胜枚举,例如元·邓玉宾《仕女圆社气球双关》:"身段儿直,掀样儿娇,挺拖更妖娆。"此处"挺拖"也是并列关系。当然,这种"临时拼凑"尚不能看作是一种固定用法。

《仞利天》作于 1751 年,笔者仔细考察了蒋士铨以及这一时期其他作者的作品,均未发现"挺"作为程度副词的用法。设想,如果《仞利天》里"吃得挺饱"的"挺"为程度副词(与现代汉语同),那么,"挺"作为程度副词应已发展到较为成熟的阶段。但是,为何其他同时期的作品中却找不到一例"挺"为程度副词的用法呢?

综上,笔者认为,《仞利天》中的"挺饱"是与"整齐"相对应的并列结构,而非"程度副词+形容词"结构。《近代汉语大词典》将《仞利天》中"挺饱"的"挺"解释为程度副词"很、非常"义,说服力不够。

5.2.3 程度副词"挺"的产生时间

经过对清代北京话文献的细致考察,笔者认为:"挺"的程度副词用法产生于 19 世纪 30 年代左右,最早出现于反映清后期北京话的重要文献《正音撮要》(高静亭,1834)中,其例句为:

> 挺硬的地　实在硬(卷二 9a)

《正音撮要》原本四卷,笔者查阅的版本为道光甲午年(1834)学华斋藏板和光绪乙巳年(1905)麟书阁藏板。道光甲午年本只存两卷(卷二、卷三),这两卷的内容是按"天文""地理""饮食""婚姻"等条目进行分类,然后列举相关词条,少至一个词,多至一个小句,但各不相关,没有形成语篇。每个词条下面均有小字注释。上例中小字"实在硬"即对"挺硬的地"的注释。

需要说明的是,"挺硬"二字组合为一词,在较早的文献中也有出现,不过,"挺"是作为形容词语素,表"直竖刚硬"。如《西游记》:"即伸手浑身摸了一把,只见脑后有三根毫毛,十分<u>挺硬</u>。"(世德堂刊本,七十五回 61a)"挺"为"直竖"之义。

但是《正音撮要》中的例子,"挺硬"二字用来形容地面,"地面"的性质中肯定没有"直竖"之义。并且其小字注释"实在硬"最为关键,这里可以说将"挺"注释为"实在",可见"挺"的程度副词性质已然具备。此时,"挺"已由"直竖""僵直"之义虚化为加深"坚硬"程度的副词。

另外,前文提到的程乙本《红楼梦》的例子"但觉那老婆子的脸冰凉<u>挺硬</u>的"。笔者尽管判断其中的"挺"是"僵直貌",并非程度副词,但其中"直竖"意味已经很淡了,再加上时间上与《正音撮要》(1834)比较接近,因此该例也可以看作是"挺"从"僵直貌"到程度副词之间的一个过渡状态。

5.2.4 副词"挺"是否源自"顶"的音转?

"顶"在早期义为"顶点":

>顶,颠也。(《说文解字》九上,1b)

其后,又有动词"用头支撑"之义:

>哥哥,俺是甚等样人家,着他辱门败户,<u>顶</u>着屎头巾走。(元·李文蔚《燕青博鱼》第一折)

作为程度副词的用法,宋代已可见:

>星图甚多,只是难得似。圆图说得<u>顶</u>好。天弯,纸却平。(《朱子语类》卷二)

可见"顶"作为程度副词由来已久,在语音上也与"挺"相近。因此,笔者曾思考,"挺"是否来自于"顶"的音转形式呢?但经过一番考察,笔者否定了这一想法。

首先从意义上看,"顶"与"挺"虽均表示程度深,但"顶"比"挺"所表程度更深,多指"最""极"等义。例如:

> 今人以物之极大者为顶,意亦同,如称大瓜为顶瓜也。(明·李诩《戒庵老人漫笔·卷五·头通称》,万历丁酉[1597]刊本,28a)

以上的"顶"虽不能断定为副词,但可见其"极大"之义。"顶"作为副词的例句如:

R. Morrison: *Grammar of the Chinese Language*(《通用汉言之法》,1815):

> 我舍下是好高,而你令尊住的府上比我这个还高,但他的府上比你我的舍下是顶高不过的。(79页)

Barfour: *Idiomatic Dialogues in the Peking Colloquial*《华英通俗编》,1883):

> 有好纸板的《红楼梦》么?
> 有顶好的板,白纸刷印的。
> 这个板的我见过了,笔画虽然清楚,然而字体不好,而且错字不少。
> 再没有比这个好的了。(15—16页)
> 去万里长城顶好是从万寿山去,从十三陵回来。(46页)
> 这是顶次的,万不可使。(68页)

书中有英文解释,将"顶"分别翻译为 excellent、best、most:

> 有 have 顶好的 excellent 板 blocks,白 white 纸 paper 印 brushed 刷的 printed。
> 去 go 万 myriad 里 li 长 long 城 wall 顶好 best 是 is 从 via 万

wan 寿 shou 山 shan 去 go，从 via 十三 thirteen 陵 tombs 回 back 来 come。

这 this 是 is 顶 most 次 secondrate 的，万 utterly 不 not 可 can 使 use。

并且从第一段例文的上下文也可推知"顶好"表示"最好"之义："再没有比这个好的了。"

另外，福岛安正《四声联珠》（1886年）：

顶苦的山东人，是挑水、送报。（卷九，11b）

此书卷十《俗语注释》将"顶苦的"解释为：

顶苦的：极苦者。（卷十，75a）

可见，以上例文的副词"顶"均表"最""极"之义。

值得一提的是，*A Course of Mandarin Lessons, Based on Idiom*（《官话类编》，1903）是区分北京话、南京官话、山东话的重要著作，该书将三个方言区不同的用词进行了区分，且并列排列：北京话置于右，南京官话置于左，山东话置于中。其中"挺"与"顶"的词条令人疑惑，"挺"置于南京话的位置，"顶"置于北京话的位置。根据太田辰夫（1995 [1964]：260）的研究，《官话类编》对于这一词条的排列有误，应该正好相反："挺"为右侧北京话，"顶"为左侧南京官话。笔者非常同意这一观点，但需要做一点补充："挺"与"顶"北京话均使用，但前者表示"很"，后者表示"最""极"；南京官话中几乎不使用"挺"，但使用"顶"。

在清后期文献中，"挺"相当于"很"，"顶"相当于"最、极"，是并行不悖、各有分工的，例如在同一部《儿女英雄传》中就同时出现了"挺""顶"，各自语义不同：

一个不留神，把手指头拉个挺大的大口子生疼，要流血的。（八

回 14a）

那俩更夫一个生的<u>顶</u>高细长，叫作"杉槁尖子张三"；一个生得壮大黑粗，叫作"压油墩子李四"。（四回 16b）

后一个例句的"顶"形容更夫的身高，并将其比喻为"杉槁尖子"，杉树往往长得非常高，且高于一般的树木，并且再加上"尖子"一词，可见此更夫的身高极高。此处的"顶"的语义并非"很"，而是"极"，否则就无法照应"杉槁尖子"的夸张比喻。

另外，尽管北京话"挺""顶"二字语音相近，但音韵来源不同："挺"中古定母迥韵，"顶"中古端母迥韵，近现代实际读音仍有送气不送气的明显区别。现将二者语音与语义总结如下表：

表 5.2

	挺		顶	
	意味	音韵	意义	音韵
宋元代以前	拔；伸直；僵直貌等	中古：定母迥韵 近代：庚青韵 浊音→清音	顶点；动词"顶"等，后期出现程度副词	中古：端母迥韵 近代：庚青韵
明代—清中期	僵直貌、支撑等。	送气清音 [tʻiəŋ] （王力1985）	程度副词，类似于"最"	不送气清音 [tiəŋ] （王力，1985）
清后期	程度副词出现，类似于"很"	tʻing （Wade1867）	程度副词，类似于"最""极"	ting （威妥玛，1867）

综上，若副词"挺"为"顶"的音转形式，不仅语音要发生变化，意义上"最"又变为"很"，这在逻辑上难以有说服力。"挺"与"顶"原本语义来源不同，清代以后也保持了各自不同的意义；语音方面也保持着一贯的区别。因此副词"挺"的出现并非来自"顶"的音转。

5.2.5　程度副词"挺"的虚化演变机制

笔者前文已述,"挺"在历史上用法甚多,包括早期的动词用法"拔"及"伸直",后有形容词用法"直",再有形容词用法"僵直貌"、动词用法"支撑""顶,抵,争执不屈"及"鼓,凸"等义,最后在清后期演变出程度副词的用法。在从"挺"的实词用法演变为虚词(程度副词)这一过程中,笔者认为主要有两个因素在起作用,一是句法位置(syntactic position),二是隐喻(metaphor)。

1. 句法位置

根据刘坚、曹广顺、吴福祥(1995)及张谊生(2000)所论有关汉语副词各种虚化机制,历史上"形容词+形容词""动词+动词"这两种结合方式使得前一形容词或动词长期处于与副词相当的位置,而容易发生虚化,演变为虚词。结合前文,"挺"作为动词时往往单独使用,如《水浒传》第八回,"只见那个教师入来,歪戴着一顶头巾,挺着脯子,来到后堂。"《杀狗劝夫》四(醉春风):"我敢向云阳市里挺着脖子替哥哥死,死!"但作为形容词时,往往和其他形容词共现,形成"形容词+形容词"的结构,例如:

> 《西游记》:"即伸手浑身摸了一把,只见脑后有三根毫毛,十分挺硬。"(世德堂刊本75回,61a)
>
> 《忉利天》第一出:"哎呀呀,穿得整齐,吃得挺饱,你们是以财发身,我们是能使人巧。"(周妙中点校本,1993:693)
>
> 《红楼梦》:"但觉那老婆子的脸冰凉挺硬的。"(程乙本41回,10b)

前文提到,"挺"与其共现的形容词往往为并列关系,但由于"挺+形容词"这样的组合关系,使得"挺"经常处于与副词相当的位置,从而发生虚化,这是"挺"演变为副词的重要因素之一。

2. 隐喻

隐喻在人类语言和认知领域起到不可或缺的作用，人类往往用具体概念或低层次概念来理解和解释抽象概念或高层次概念[①]。结合前文，"挺"在清后期以前，多用于表达"鼓，凸""顶，抵"及"僵直貌"等具体概念，从这些概念中可联想至"坚硬触感""坚硬的强烈印象"等意象。加之句法位置的因素，演变为表达抽象概念的"程度深"，是符合认知机制的。类似于这种从"强""凶恶"等概念演变为"程度深"的现象还有"狠（形容词）→狠/很（副词）"。因此"挺"演变为副词并非特殊个案，是符合语法化规律和认知机制的。

5.3 新副词之二——时间副词"赶紧"

太田辰夫（1995［1964］：261）曾指出，民国初期之前，副词"赶紧"往往用于北京官话，南京官话极少使用，南京官话多用"赶急"等。到了现当代，由于普通话巨大的影响力，时间副词"赶紧"在其它方言中也都比较常用了。

时间副词"赶紧"在现代汉语中是一个高频词。《现代汉语词典》（第6版）解释为："［副］抓紧时机，毫不拖延：他病得不轻，要～送医院。"（2012：422）但是，"赶"与"紧"构成一个词，表示"抓紧时机"之义，是较晚的事。《汉语大词典》（卷九，1994：1137）对"赶紧"词条的解释，其例句均取自清末以后的文献：

> ［赶紧］1.抓紧时机，毫不拖延。《儿女英雄传》第三回："你赶紧把你的行李拿上，也就走罢。"《老残游记》第四回："你赶紧吃过饭，就去约那个铁公来哪！"2.急忙；连忙。老舍《四世同堂》十六："他赶紧坐好，把嘴唇偷偷的舔活润了。"

---

① 详参 Lakoff & Johnson（1980）。

实际上第 2 义项的"急忙；连忙"也有第 1 义项的"毫不拖延"之义，两个义项可以合并，《现代汉语词典》（第 6 版）即合为一个义项。

可见，"赶紧"一词成为表示"抓紧时机，毫不拖延"之义的副词，可能是清代以后的事。那么，"赶紧"究竟是不是在清代后期的北京话中新产生的副词，这个问题有待研究确定。本节试图对"赶紧"一词的源流提出一些新见解。

5.3.1 前人的相关观点

前人对副词"赶紧"的研究，绝大多数着眼于其语法功能以及对外汉语教学中的问题，涉及其出现时间的研究极少。笔者查阅到的主要有：

1. 太田辰夫（1991［1975］：248）提到了"赶紧"的出现时间："［赶紧（的）］……好像是在《品花宝鉴》里最先出现，《红楼梦》里没有。"笔者查阅了《红楼梦》与《品花宝鉴》，其中《红楼梦》的庚辰本与程甲本均无"赶紧"用例，而《品花宝鉴》（1848？）中确有两例：

> 群婢才息声静气的，赶紧的吃了一碗饭，都出来伺候。（11 回）
> 他做了墓志，赶紧刻了，又写了神道碑，勒于石。（59 回）

但是否此两例为最早，笔者认为还可以斟酌。

2. 刘冬青（2010）将"赶紧""赶忙""赶快"三个副词在历史上的使用情况做了描写与总结，使用的材料主要为明清以来的白话小说。文中提到，明末即已出现了副词"赶紧"的用法，例句出自《禅真后史》（1629）第十七回："俗话说，急行无好步，凡事只因忙里错，姆姆休得赶紧做事。"（63 页）此例看似与现代北京话中的"赶紧"用法完全相同，如果成立，这比太田辰夫先生的观点"在《品花宝鉴》里最先出现"早了 200 多年，两种观点时间差距太大。笔者针对这一情况，对明代以来的文献也进行了细致考察，认为《禅真后史》的例子有待商榷，具体分析见下节。

5.3.2 副词"赶紧"的语义特征

从单音节词看,"赶"与"紧"语义关联密切。根据《汉语大字典》:"赶"的义项①:"追赶。《正字通·走部》:'赶,追逐也。今作赶。'"此为原义,后演变为义项②:"加快行动,使不误时间。《三国演义》第一回:'快斟酒来吃,我得赶入城去投军。'"(1988:3488)"紧"的义项①:"丝弦受到拉力而呈现急张状态。《说文·臤部》:'紧,缠丝急也。'"后演变义项⑬:"快速。元关汉卿《五侯宴》第三折:'走得紧来到荒坡佃,觉我可扑扑的心头战。'"也演变出义项⑭:"急躁。元孙仲章《勘头巾》第一折:'小后生从来火性紧,发狂言信口胡喷。'"(1988:3410—3411)

依据《汉语大字典》对单音节词"赶""紧"的释义,"赶"与"紧"所表达的语义含有"快速追赶""急躁地追赶""快速地行动""急躁地行动"等,对照《现代汉语词典》(第6版)"赶紧"的释义:"[副]抓紧时机,毫不拖延","赶"与"紧"的单字语义已经具备了副词"赶紧"的"毫不拖延"之义,但似乎并不具备"抓紧时机"之义。

根据吴志霄(1984:31)及李姝(2008:12)等的研究,现代汉语的"赶紧"具有"抓紧时机""即行"(前后事件间隔短的"即行时态",结束前一事件而立即启动下一事件)的语义特征,即抓紧时机立刻去做另一件事。笔者认为,这样的语义特征在"赶""紧"的单字义及"赶紧"合用之初是没有的。例如上节提到的《禅真后史》的例子:

俗话说,急行无好步,凡事只因忙里错,姆姆休得<u>赶紧</u>做事。

这一例句摘自刘冬青(2010)的论文,为了慎重起见,笔者查阅了明崇祯本《禅真后史》(1629)(《古本小说丛刊》据崇祯己巳年刊本原本影印,中华书局,1991),该例句原文如下:

俗话说,急行无好步,凡事只因忙里错,姆姆休得<u>赶紧</u>做。(十七回 1b)

原文末尾处并无"事"字，而单有一个"做"字。刘冬青先生论文所引例句末为"做事"二字，可能是后世刊本出现变动所致。由于崇祯本是迄今所能见到的最能体现原本面貌的版本，故笔者以此为准。

根据崇祯本，该例句出现于一个对仗句中，"姆姆休得赶紧做"，与上一句"凡事只因忙里错"形成对仗。若后面再有一个"事"字，就失去了对仗的结构。

此处尽管出现了"赶紧"合用的情况，且用在动词"做"之前，但这尚不能确定"赶紧"已是一个副词，很可能是出于对仗需要，临时选择"赶""紧"二字并用，其语义为"赶+紧"，即"快速急躁地行动"，而并非"抓紧时机""即行"。理由如下。

1. 根据该句的前文可知，"姆姆"因为丈夫所纳的小妾怀有身孕，丈夫百般关心，而心中极为不满，情绪暴躁，以装病获取丈夫的关心，但却弄巧成拙，摔伤了身子。后"姆姆"向妯娌诉苦，妯娌因此说出了"凡事只因忙里错，姆姆休得赶紧做"这句话。因此可以推断，"姆姆"在此之前已经采取了各种行动，该句的意思是劝她"不要急躁地做事"。

2. 在笔者考察的其他明代小说及清前期小说中，没有找到一例"赶紧"的例子，这也从侧面证明了该例句中"赶紧"二字为临时使用，而非一个固定的用法。

3. "赶紧"用于否定句是极为罕见的，笔者调查的文献中，"赶紧"出现于否定句的只有这一例。根据根据吴志霄（1984：31）及李姝（2008：24—25）等的研究，"赶紧"是对人主观意图的描写，适应客观的要求，即符合人的主观意愿，且"即行"的语义特征是对将要发生的事件的体现。"赶紧"不能与"不""没"等否定词共现，因为否定词"不"是与人的主观意图相悖的，而"没"是对过去场景的否定，均与"赶紧"的语义特征相悖。即使有共现，也只出现在假设句中，而非真正的否定句，如："再不赶紧去，就来不及了。"

综上，"赶紧"的语义特征，从"赶""紧"两个单字义的偶尔临时并用，表示在做一件事情的过程中"快速、急躁地行动",再逐步凝结成一个固定结构"赶紧",发展出在将要做某件事时"抓紧时机""即行"的语义。

现代北京话及现代汉语中,副词"赶紧"已经极少表现"快速、急躁地行动"这一语义特征了,而绝大部分为"抓紧时机""即行"。然而,在清后期的北京话文献中,这两种语义特征却是并存的,具体例证见下节。

5.3.3 时间副词"赶紧"在清代文献中的面貌

5.3.3.1 时间副词"赶紧"的出现时间

根据对清代北京话文献尽可能全面仔细的考察,笔者认为,"赶紧"作为时间副词至迟产生于19世纪10年代末,最早出现于1819年的小说《红楼梦补》(《古本小说集成》嘉庆二十四年己卯藤花榭刊本原版影印):

> 李纨道:"不是我赶紧催他们起来,再停一会儿,林妹妹倒已上车走了好几里路了。"(五回14a)
> 这也不费什么,你就赶紧去办罢。(七回4a)

显然,以上两个例句中的"赶紧"已经完全具备了时间副词的功能,包含"抓紧时机""即行"的特征。尽管该小说的作者生平已不可考,但是既然作为《红楼梦》的续作,语言肯定要模仿《红楼梦》。且笔者观其通篇,句末语气词多用"呢"而极少用"哩","别"用于表禁止而非"莫","得"表示必须,介词"给"的高频出现,用"今儿"这一儿化形式表示"今天",均为北京官话的特征,可作为北京话的材料。因此以上两个例句是具有可信度的。

值得一提的是,笔者在查阅《近代汉语大词典》(许少峰,2008:610)"赶紧"词条时,发现其例句为:《施公案》第三三七回:"在我看来,去到施大人那里赶紧报案,请他老人家派人前来捉拿。"《施公案》的成书时间为嘉庆三年(1798),若这一事实成立,似乎比笔者调查到的《红楼梦补》(1819)早了二十多年。为慎重起见,笔者仔细考察了《施公案》

的版本，发现《施公案》的初本疑已淹没，迄今能见到的最早版本为道光四年（1824）的版本。笔者查阅到的版本为道光庚寅年（1830）版（《古本小说集成》据"道光庚寅夏镌文德堂藏板"原版影印），名为《绣像施公案传》，其序文最后有"嘉庆三年"的字样。笔者发现，这一版本只有九十七回，而现今流传的《施公案》多达五百二十八回，主要蓝本为光绪二十九年（1903）广益书局的《施公全案》版本。原本的九十七回以后均为后世人所续，多年积累，而达到了五百回以上，这一点是毋庸置疑的（《古本小说集成·施案奇闻·前言》）。《近代汉语大词典》中《施公案》例句出自三三七回，为九十七回本的续作，不能算作嘉庆三年（1798）的例句。笔者又重新查阅了《施公全案》，发现最早出现"赶紧"的章节为第一一五回："刁氏赶紧端来一小盆净面水，说道：'客官洗脸罢。'"这也是原本九十七回以后的续作，九十七回本并没有出现"赶紧"的例句，因此根据《施公案》而判定"赶紧"在嘉庆三年（1798）即已出现，恐怕无法成立。

因此，笔者仍以《红楼梦补》（1819）作为时间副词"赶紧"最早出现的文献。

5.3.3.2 "赶紧"在清代文献中的面貌

前文提到，"赶紧"在早期尚未完全凝固成词时，其语义为"赶+紧"表示"快速、急躁地行动"，还并未具备"抓紧时机""即行"的语义特征。而在清代后期文献中，已经出现了这两类语义并存的情况。

例如，《红楼梦补》（1819）中，既出现了"赶紧"用于表示"快速、急躁地行动"，又出现了表示"抓紧时机""即行"的情况。

快速、急躁地行动：

> 平儿便笑道："姑娘在这里赶紧置备那些菁线活计呢？（七回18a）

抓紧时机，即行：

> 这也不费什么，你就赶紧去办罢。（七回4a）

前一例句的语境是，平儿与莺儿去看邢岫烟，看见她正在绣制枕头上的花，于是平儿说出了这样一句话。可知邢岫烟已经在绣花，是在"快速地行动"，而并非"抓紧时机""即行"去做另一件事。这一句子若放在现代汉语中也能理解其语义，但听起来有些别扭，因为现代汉语里已几乎不说。

另外的例句还包括：

> 乌龟……慢慢儿走起来了，但那兔儿，因为本来小看乌龟，并不着忙，我且打个盹儿再走，你<u>赶紧</u>的走罢，我就赶过你去呀！(《伊苏普喻言》1878：18 页）

若不看上下文，只单看"你赶紧的走罢"，按现代汉语的语感，其表达的语义为：某人还没走，另一人为了催促其抓紧时机，令其即刻出发。但《伊苏普喻言》中的例句并非如此，乌龟已经"走起来了"，兔子因轻敌，鼓励乌龟"快速走"，自以为打盹儿后再赶超也不迟。因此此处的"赶紧"表示"快速地行动"。

5.3.4 结论及相关问题思考

5.3.4.1 结论

时间副词"赶紧"至迟产生于 19 世纪 10 年代末，最早出现其副词用法的文献资料是 1819 年反映北京话的小说《红楼梦补》(《古本小说集成》嘉庆二十四年己卯藤花榭刊本原版影印）。

"赶紧"作为时间副词的形成及语义特征发展过程：在明代及清前期，"赶""紧"因其语义密切相关偶尔连用，"赶＋紧"表示"快速、急躁地行动"；到清后期，"赶紧"逐步凝结成一个固定结构，表示"快速、急躁地行动"，并发展出"抓紧时机""即行"的语义，这两类语义在当时并存；再到现代北京话及现代汉语，副词"赶紧"的语义则主要限于"抓紧时机""即行"（毫不拖延），初始的"快速地行动"义的用法已很少使用。

5.3.4.2 相关问题思考

在现代汉语中,"赶紧"似乎也有表示"快速地行动"义的情况。例如:

哈姆莱特:叫那些戏子们赶紧点儿。(波洛涅斯下)你们两人也去帮着催催他们。(《哈姆莱特》北京大学 CCL 语料库)

凯普莱特:来,赶紧点儿,赶紧点儿!鸡已经叫了第二次,晚钟已经打过,到三点钟了。

凯普莱特:赶紧点儿,赶紧点儿。(仆甲下)喂,木头要拣干燥点儿的……(《罗密欧与朱丽叶》北京大学 CCL 语料库)

《哈姆莱特》句中的"戏子们"与《罗密欧与朱丽叶》句中的"仆人们"已经在干活,却被催促着"赶紧点儿",这可以理解为令其"快速地行动"。

不过,笔者考虑到:一方面以上例句引自翻译作品,具有一定特殊性;另一方面,根据《哈姆莱特》的上下文,此处是在催促"戏子们"尽快上场,可以看做"即行去做另一件事"。而下一句的"仆人们"因为行动慢,说话人催促其从"慢行动"即刻变为"快行动",似乎亦含有"即行"义。所以,以上例句应该不影响笔者的结论。

5.4 新副词之三——语气副词"反正"

"反正"二字连用共现,已有很悠久的历史,但早期为词组,还未凝固成词。《汉语大词典》(卷二,1994:855)记载:

[反正]1.由邪归正。《诗·卫风·氓》序:"宣公之时,礼义消亡……故序其事以风焉。美反正,刺淫泆也。"2.指敌方的军队投到己方为反正。《新唐书·王珂传》:"珂愤见言色,屡陈讨贼谋。既反正,首献方物,帝甚倚之。"3.指帝王复位。《晋书·王敦传》:"惠帝反正,敦迁散骑常侍、左卫将军、大鸿胪、侍中,出除广武将军、青州刺史。"4.反写的"正"字。《左传·宣公十五年》:"故文反'正'为'乏'。"

按古文"乏"为"正"字的反写,后因称字的反写为反正书。5. 反面和正面。 宋·梦英《说文偏旁字源目录·序》:"于夏之日,冬之夜,未尝不挥毫染素,乃至千百幅,反正无下笔之所,方可舍诸。"6. 副词。表示坚定的语气,含有不因条件不同而改变的意思。老舍《黑白李》:"无论怎样吧,反正我知道他现在是很高兴。"

可见,早期的"反正"是"反"作为动词,"正"作为名词,形成一个动宾结构,表示由邪归正、敌方军队投靠己方的行为、恢复帝位等义。到了宋代,"反正"共现成为并列结构,表示"反面与正面"。而现代汉语与现代北京话中的高频语气副词"反正"出现的历史不长,至多一百多年。笔者根据清代及民国的北京话材料,试图找出语气副词"反正"最早的出现时间。

5.4.1 前人研究及问题

对于"反正",前人的研究成果,主要是对其形成机制、语法化过程的研究。其中既然涉及"语法化过程",就会提及"反正"何时真正成为语气副词。有的研究中只提到一个模糊的大致时间,有的研究中则提到了具体时间,总结如下:

1. 太田辰夫(1991[1975]:251)提到,"反正"在清末才开始出现,《儿女英雄传》等小说中还未见。而到了《小额》(1908),"反正"已经出现了语气副词的用法。笔者查阅了《小额》,的确有不少例句,如:

老实角儿是甘受其苦,能抓钱的道儿,<u>反正</u>没有光明正大的事情。(1页)

<u>反正</u>没有杀孩子的心,不用干这个。(2页)

<u>反正</u>在这儿,多花几百,吃在我肚子里。(3页)

太田先生的这一观点是基本正确的,"反正"的出现的确是非常晚近的事,笔者通过其他的北京话材料,试图找到更具体的出现时间。

2. 张谊生(2004:340)提到,语气副词"反正"最早见于《孽海花》,

而且是出现于作者曾朴 1927 年以后续写的章节中，并非 1903 至 1905 创作的前二十五回。因此"反正"出现于 20 世纪初。

若调查现今常见的清代文献，《孽海花》的确为语气副词"反正"最早出现的文献，张谊生先生的结论也有一定到道理。若调查清末的京味儿白话小说，就会找到更早的例句，如上文《小额》的例子。

3. 刘善涛、李敏（2010）对"反正"的语法化过程进行了论述。其中提到，语气副词"反正"最早的出现时间为 19 世纪中叶，其证据为《曾国藩家书》。

但笔者重新调查了《曾国藩家书》，认为这一观点恐怕不能成立。具体论证如下。

5.4.2 《曾国藩家书》中的"反正"

刘善涛、李敏（2010）提到 19 世纪中叶曾国藩家书中出现了语气副词"反正"的用例，具体为"假使有疏忽，那反正我的志向素来便定了的，绝对不会临难苟且偷生"。据该文作者提到，该例句是从 CCL 数据库中检索而来。笔者也检索了 CCL 数据库，的确有这样一个例句：

> 现在只有讲求守堡垒的办法，敌人来了便坚守，等待援军。假使有疏忽，那<u>反正</u>我的志向素来便定了的，绝对不会临难苟且偷生。

从这一例句看来，"反正"的确是典型的语气副词。但笔者不禁疑惑，作为进士出身的封疆大吏曾国藩，尽管是写家书，语言未免过于口语化了。因此笔者调查了 1933 年广益书局出版的《曾文正公家书》，其中该部分的内容为：

> 现讲求守垒之法，贼来则坚守以待援师，倘有疏虞，则志有素定，断不临难苟免。（卷七"咸丰十年十月二十日"54 页）

其中没有出现"反正"二字，并且与 CCL 数据库中出现的句子在用词上大相径庭。原来,CCL 数据库中之所以出现了这个句子,是因为当代人对曾国藩家书进行了翻译,又整理出版。因此"那反正我的志向素来便定了的"这个句子为当代人翻译,并非曾国藩家书原文。实际上,只需稍加斟酌便可知晓,像"那反正我的志向素来便定了的"这样的句子应该不可能出自文化水平极高且进士出身的曾国藩笔下。因此不能用这个句子来说明"反正"在 19 世纪中叶出现。

实际上,《曾国藩家书》中出现的"反正"依旧为古义"敌方的军队投到己方":"所思江西民风柔弱,见各属并陷,遂靡然以为天覆地坼,不复作<u>反正</u>之想。"(咸丰六年九月十七日)因此,19 世纪中叶,语气副词"反正"并未出现。

5.4.3 语气副词"反正"的出现时间

笔者通过对清代北京话文献的调查,发现最早出现语气副词"反正"的文献为日本明治时期教科书《增补华语跬步》(出版于 1908 年):

> 松鼠儿是通人心,很可爱,<u>反正</u>是离不开葡萄。(89 页)

实际比《增补华语跬步》更早的还有一部《华语跬步》,是《增补华语跬步》的初版,完成于 1886 年。由于笔者的能力有限,暂时没有看到 1886 年《华语跬步》的原貌,或许其中已有了"反正"的用法也不无可能。但《增补华语跬步》也对《华语跬步》进行了大量的增改,不知"反正"这一用例是否为后来所加,因此笔者在看到初版《华语跬步》之前,还不敢妄下定论。

第六章　清后期至民国初期北京话的语音现象

6.1　清后期至民国初期北京话音系特点及其变化

本章进入语音部分。能具体反映清后期至民国初期北京话语音系统面貌的语言材料不少，但详细反映北京话时音的材料并不多。其中具有代表性的语料有：李汝珍（1805）《李氏音鉴》、裕恩（1840）《音韵逢源》，威妥玛《语言自迩集》（第一版1867，第二版1886，第三版1903）、冈本正文（1902）《支那语教科书发音篇》，以及英国汉语教科书 J. Percy Bruce, E. Dora Edwards, C.C.Shu（1930）*Linguaphone Oriental Language Courses-Chinese* 中老舍（C. C. Shu，舒庆春）的录音资料等。笔者根据这些语料（涉及西洋汉语教科书及日本明治时期教科书的具体信息，亦参见第三章），同时参考前人的相关研究成果，将这一时期北京话音系的基本特点概述如下。

6.1.1　声母系统的音值及变化

6.1.1.1　声母系统对比表

这里列出具有代表性的相关资料。为便于清晰对比，下表中声母的顺序笔者作了重新排列，并改为国际音标。

表 6.1

文献资料	声母系统		参考及说明
李汝珍《李氏音鉴》(1805)	p、pʰ、m、f、t、tʰ、n、l、ts、tsʰ、s、tʂ、tʂʰ、ʂ、ʐ、tɕ、tɕʰ、ɕ、k、kʰ、x、ø		杨自翔（1987：35—36）杨亦鸣（1992：88—89）
裕恩《音韵逢源》(1840)	p、pʰ、m、f、t、tʰ、n、l、ts、tsʰ、s、tʂ、tʂʰ、ʂ、ʐ、tɕ、tɕʰ、ɕ、k、kʰ、x、ø(v、ŋ)		耿振生（1992：176）王为民、杨亦鸣（2004）
Thomas T. Meadows: *Desultory Notes on The Government And People*（1847）	p、pʰ、m、f、t、tʰ、n、l、ts、tsʰ、s、tʂ、tʂʰ、ʂ、ʐ、ɕ、k、kʰ、x、ŋ、ø(w、y)		笔者据（1847：56—58）Consonants 表整理。
威妥玛《语言自迩集》	1867	p、pʰ、m、f、t、tʰ、n、l、ts、tsʰ、s、tʂ、tʂʰ、ʂ、ɕ、k、kʰ、x、ø(w、y)	笔者据（1867：8—13）Sound table 整理。
	1886	p、pʰ、m、f、t、tʰ、n、l、ts、tsʰ、s、tʂ、tʂʰ、ʂ、ɕ、k、kʰ、x、ø(w、y、ŋ)	笔者据（1886：10—17）Sound table 整理。同时参见张卫东 1998。
	1903	p、pʰ、m、f、t、tʰ、n、l、ts、tsʰ、s、tʂ、tʂʰ、ʂ、ɕ、k、kʰ、x、ø(w、y、ŋ)	笔者据（1903：10—17）Sound table 整理。
冈本正文《支那语教科书发音篇》(1902)	p、pʰ、m、f、t、tʰ、n、l、ts、tsʰ、s、tʂ、tʂʰ、ʂ、ʐ、tɕ、tɕʰ、ɕ、k、kʰ、x、ø(w、y)		李无未（2012：296）
J.Percy Bruce: *Linguaphone Oriental Language Courses-Chinese*（《英国汉语教科书》）（1930）	p、pʰ、m、f、t、tʰ、n、l、ts、tsʰ、s、tʂ、tʂʰ、ʂ、ʐ、tɕ、tɕʰ、ɕ、k、kʰ、x、ø(w、j)		笔者据第 1 课（上）"首音"的老舍录音材料记录整理。

关于上表，笔者说明以下几点：

1.《李氏音鉴》音系兼顾南北，不过书中的北音、南音能清楚分辨，学界一致认为北音代表当时的北京音。上表所列是其中的北京话声母系统。

2.《音韵逢源》的声母系统，根据耿振生（1992：176）的研究，该文献中多出了当时北京话并不存在微母 v 和疑母 ŋ；而王为民、杨亦鸣

（2004）认为，多出来的这两个声母是由于该书的满文标音限制所致，实际上当时北京话中微母、疑母已经消失，归入了零声母。

3. 除四种西洋汉语教科书（*Desultory Notes on The Government And People* 以及《语言自迩集》三版本）①外，其他文献均有 tɕ、tɕʰ。这四种西洋教科书虽无 tɕ、tɕʰ，只有 ɕ，但并非意味着尖团音中塞音、塞擦音还未发生腭化，而是将其归入了 tʂ、tʂʰ，例如 *Desultory Notes on The Government And People* 的作者认为"站/几""昌/起"的声母分别相同。但由于该书例字甚少，并未列出精组例字。《语言自迩集》三版本认为"找/脚""厂/抢"等字的声母分别相同。张卫东（1998）认为，实际上《语言自迩集》中"找/脚"等字声母具体读音不同，拼开合二呼为舌尖后音，拼齐撮二呼为舌面前音，二者关系互补，可归为一个音位。这或可以看作《语言自迩集》不区分"找/脚""厂/抢"等字声母的原因，但以上四种书却明确区分 ʂ 与 ɕ（赏≠想，少≠小）。因此笔者认为以上四种书不区分舌面前音与舌尖后音或与其自身母语观念有关，威妥玛与 Thomas T. Meadows 均为英国人，在描写北京话语音系统时也多用英语或其他欧洲语言进行类比，或许在他们的语感中塞擦音"找、脚"等字声母相同，但擦音"赏、想"不同。与他们时期相近的日本汉语教科书《亚细亚言语集》（广部精，1879），是深受《语言自迩集》影响的一部著作②，其卷六对语音的描写完全按照《语言自迩集·练习燕山平仄编》进行编排，但对每个字进行了片假名注音，且明确区分了塞擦音擦音舌尖后音"桌绰书抽吹春"

---

① 《语言自迩集》作者威妥玛实际受到了 *Desultory Notes on The Government And People* 作者 Thomas T. Meadows 的启发，因为《语言自迩集·序》中提到："His (Thomas T. Meadows) Desultory Notes…This Notes contain, I believe, the first published scheme of a Pekinese orthography…I did not as a rule subscribe to his method of representing those characteristics; and, although it was in the main due to Mr. Meadows's suggestion that I got upon the right track."（1867：vii）

② 该书凡例提到："此部多取英国威钦差选《语言自迩集》及德国翻译官阿氏著《通俗欧洲述古新编》等书，以汇成一本。"（卷一 1b）

与舌面前音"句取捐全绝缺"等字的声母。可见，在广部精的听感中，这两类音是有区别的。

4.《语言自迩集》三版本中，1867年第一版Part I中的Sound table比较简单，一音一字，而1886、1903两个版本进行了更加细致的分类，有的零声母音节注出前面是否加有辅音的变体读音，还进行了四声分类，举例对比如下。

1867版本（第8页）　　1886版本（第10页）　　　　　1903版本（第10页）

	A	
1	a *	阿
2	ai	愛
3	an	安
4	ang	昂
5	ao	傲

		1	2	3	4
1.	a, ⁿa	阿	...	阿	阿
2.	ai, ⁿai	哀	埃	矮	愛
3.	an, ⁿan	安	...	俺	岸
4.	ang, ⁿang	昂	昂	...	...
5.	ao, ⁿao	熬	熬	襖	傲

		1	2	3	4
1.	a, ⁿa	阿	...	阿	阿
2.	ai, ⁿai	哀	埃	矮	愛
3.	an, ⁿan	安	...	俺	岸
4.	ang, ⁿang	昂	昂	...	...
5.	ao, ⁿao	熬	熬	襖	傲

图 6.1

经笔者分析对比，虽然1867版本与后两个版本音系表有差异，但语音系统是一致的。值得补充的是，笔者将原书的w/y/ng归入了零声母，1867年版中没有把ng列入Sound table，而是以注释的形式指出a、ai、an等音节也可读作nga、ngai、ngan（1867：11），且认为ng从来不是一个明确的声母（1867：5）。但在1886年版和1903年版中ng被列入了Sound table，但与a、ai、an等音节并排，不是单独列出。而 Desultory Notes on The Government And People 明确将 ğ [ŋ] 作为一个单独的声母，例如"恩"。根据张卫东（1998）的观点，《语言自迩集》中的声母ng可能是明代以来官话旧音的遗存。这种可能性或许存在，但值得提出的是，北京地区疑、影母部分字的声母的读音实际存在地域差异，例如汪怡《新著国语发音学》（1924：102），将兀[ŋ]纳入声母，但提出"不过有些地方，每把疑母的声音消灭，单读他们的下一音的韵母。"另根据林焘（1987a）的研究，北京城区把"爱、安、藕、恶"等字读成零声母，范围是很小的，城区以东和以北的怀柔等地都读[n-]，城区以西和以南的延庆、房山等地都读[ŋ-]，零声母的读法处在中间。（见图6.2）Meadows与威妥玛所接触的情况或许正是如此，声母 ŋ 确实存在于当时北京的部分地区。

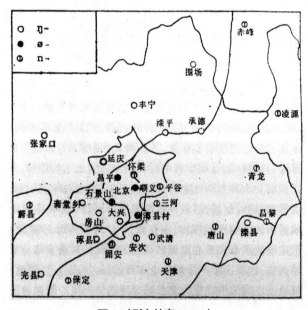

图 6.2（引自林焘 1987a）

5.《支那语教科书发音篇》(1902)中没有设零声母，而有 w、y 两个声母（李无未，2012：296）。

6. 英国汉语教科书 Linguaphone Oriental Language Courses-Chinese (1930) "首音"（声母）的老舍录音 w、j，笔者将其归为零声母。

6.1.1.2　声母系统的变化

清后期至民国初期，北京话声母系统最值得关注的是尖团音的变化。考察《李氏音鉴》(1805)、《语言自迩集》(1867)，其中的尖团音已经完全合流了，但《音韵逢源》(1840)里似乎仍分尖团音，耿振生（1992：176）认为这是《音韵逢源》兼顾满文的结果。究竟北京话的尖团合流始于何时，以往学者们说法不一，对此，笔者也进行了讨论，将在6.2节专门论述。

除了尖团音的变化以外,清后期至民国初期北京话的声母没有系统性的大变化。不过,就一些具体字音而言,还是发生了演变,举例如下。

1. 个别字平翘舌声母的变化。根据杨自翔(1987:35)的研究,清后期的北京话语音虽然与今北京话相同,但具体的一些字读音并不相同。比如古庄组字的"涩瑟啬穑",《李氏音鉴》注"四遮切又尚遮切",平舌、卷舌两读,今北京话均为平舌音;又"崇",《李氏音鉴》注"存红切",平舌,今北京话卷舌。

2. 个别字的非规律音变。根据郭力(2004:128—133)的研究:燥(中古心母)、囚(中古邪母)、瑞(中古禅母)、汞(中古匣母)、肴(中古匣母、近代晓母)、诳(中古见母)、荣容(中古喻母),这些字的读音在19世纪出现了规律音变和非规律音变的两读声母。这表明至少到19世纪,这些字的声母出现了非规律音变,而今天北京话里这些字只保留了非规律音变读音。

6.1.2 韵母系统的音值及变化

6.1.2.1 韵母系统对比表

为了便于对比笔者,将下表中韵母的排列顺序按四呼作了统一调整,并改为国际音标。

表 6.2

文献资料	韵母系统	说明
李汝珍《李氏音鉴》(1805)	开口呼 ɚ、ɿ、ʅ、a、ə、o、ai、ei、au、ou、an、ən、aŋ、əŋ 齐齿呼 i、ia、ie、iai、iau、iou、ian、in、iaŋ、iŋ 合口呼 u、ua、uo、uai、uei、uan、uən、uaŋ、uŋ 撮口呼 y、ye、yo、yan、yən、yŋ	杨自翔(1987:56) 杨亦鸣(1992:98—99)

（续表）

文献资料	韵母系统	说明
裕恩《音韵逢源》（1840）	开口呼 ʅ、ɿ、a、ə、ai、ei、əi、au、əu、an、ən、aŋ、əŋ 齐齿呼 i、ia、ie、iai、iau、iəu、ian、iən、iaŋ、iəŋ 合口呼 u、ua、uə、uai、uəi、uan、uən、uaŋ、uəŋ 撮口呼 y、yə、yɛ、yan、yən、yəŋ	耿振生（1992：177） 林焘（2010：155）
Thomas T. Meadows: *Desultory Notes on The Government And People*（1847）	开口呼 ɿ、a、ə、ai、əi、au、ou、an、ne、aŋ、əŋ 齐口呼 i、ia、ie、iau、ieu、ien、in、iaŋ、iŋ 合口呼 u、ua、ui、uo、uai、uəi、uan、uaŋ、uŋ 撮口呼 y、yɛ、yan、yən	笔者据（1847：54—58）Simple Vowels 表、Diphthongs and Triphthongs 表以及 Consonants 表整理。
威妥玛《语言自迩集》（1867,1886,1903）	开口呼 ɚ、ʅ、ɿ、a、ə、o、ai、əi、au、ou、an、ən、aŋ、əŋ 齐齿呼 i、ia、io、iə、iai、iau、iu、ian、in、iaŋ、iŋ、iuŋ 合口呼 u、ua、uo、uai、uəi、uan、uən、uaŋ、uŋ 撮口呼 y、yə、yo、yan、yn	笔者据 1867、1886、1903 三种版本中 Part Ⅰ 的音系表整理，同时参考张卫东（1998）。
冈本正文《支那语教科书发音篇》（1902）	开口呼 ɚ、ʅ、ɿ、a、ə、o、ai、ei、au、ou、an、ən、aŋ、əŋ 齐齿呼 i、ia、iə、iau、iou、ian、iən、iaŋ、iŋ、iuŋ 合口呼 u、ua、uo、uai、uei、uan、uən、uaŋ、uŋ 撮口呼 y、yə、yan、yən	据李无未（2012：296）。
J. Percy Bruce: *Linguaphone Oriental Language Courses-Chinese*（1930）	开口呼 ɚ、ʅ、ɿ、a、o、ɤ、ə、ai、ei、au、ou、ən、aŋ、əŋ 齐齿呼 i、ia、iɛ、iau、iəu、iɛn、ian、iaŋ、in、iŋ、iuŋ 合口呼 u、ua、uo、uai、uəi、uən、uan、uaŋ、uŋ 撮口呼 y、yɛ、yn、yan	笔者据第 1 课（上）"尾音"的老舍录音材料记录整理。

关于上表的几点说明：

1. 由于 *Desultory Notes on The Government And People* 例字较少，因此可总结出的韵母数量相对较少。例如其他文献中均有的 uən，笔者在原书未找到例字，故未列出。另外，原书认为"知""子"的韵母相同，故笔者将其记为 ʅ。其他文献中均区分 ɿ、ʅ，此处亦或作者 Thomas T. Meadows 个人的听感所致；亦或 ɿ、ʅ 出现条件互补，故归为一个音位。

2.《语言自迩集》三版本中的 io，例字为"虐却"等。但"虐"又有三个读音，分别为 nio、nyə、nyo，但根据第七章《练习燕山平仄编》的例词，三个"虐"均为同一例词"暴虐"。可见威妥玛认为该字在当时有多个读音，且 i、y 两介音均可。另，iai 的例字为"楷"ch'iai [tʂhiai]，这应为蟹摄二等字在当时的个别特殊读音。

3.《支那语教科书发音篇》音系中已无 io、iai 和 yo。

6.1.2.2 韵母系统的变化

清后期至民国初期北京话韵母系统变化不大。不过，从各材料韵母系统的对比中，可以明显观察到韵母 iai、io、yo 的消失（1902 年的《支那语教科书发音篇》中已无记载）和 ɤ 的产生（1930 年的 *Linguaphone Oriental Language Courses-Chinese* 中已出现）。

根据杨自翔（1987：56）的研究，二百年来北京语音韵母体系主要有 iai〉ai/ie/ia，yo〉ye，ə〉ɤ 等演变，还有部分 o〉ɤ。例如《语言自迩集》三版本中"河"音 ho [xo]，"各"与"可"分别标有两个读音 ko [kho] /ke [khə]、k'o [kho] /k'e [khə]，且均将 ko、k'o 标于前；可见当时"各""可""河"（后两字为果摄开口一等）等字的韵母仍以 o 为主（尤其是"河"），后这些字的韵母变为 ɤ（*Linguaphone Oriental Language Courses-Chinese*）。据曹志耘（2008：136），现北京地区及周边天津、河北地区，果摄开口一等字"歌"的韵母均为 ɤ。

这一时期北京话的韵母变化体现在中古入声字读音变化中。对《语言自迩集》中的中古入声字的异读现象，高晓虹、刘淑学（2008）有专门论述,此不赘言。

6.1.3 声调系统调类调值及其变化

6.1.3.1 调类

清中期以来北京话的声调只有四个调类:阴平、阳平、上声、去声,入声已经消失,只个别存在于读书音中,这在很多前人研究中都有详细论述(杨自翔,1987:60;林焘,2010:155;远藤光晓,2015:211—218等)。例如 R.Morrison A *Grammar of the Chinese Language*(1815:21)对于入声的记载指出:"In the Pekin dialect the short tones are lengthened, or rather, do not exist."但也有学者认为,民国初期还有入声存在。但实际上这是当时对"国音"标准的争论,并不是实际的北京话中还存在入声。例如钱玄同在《新著国语发音学》中的序言中提到(1924[①]:16—17):

> 定国音的人们努力想制造"四不像",结果还是有十分之九以上用了北京音……我以为应该爽爽快快把这个"四不像"赶掉它……旁的还可以暂缓,这个入声非首先努力赶掉它不可!汪先生教授国音多年,经验极多,对于入声早就觉得它不适用了:如说,"总之,入声字所谓'短促'之说,不过是死的单字底声调罢了,活用时毫无存在的价值";说"国音声调,如完全用京音来做标准,消灭入声,那是不用说了"。……汪先生很觉得入声应该赶掉,但是不肯明说出来。

汪怡在同书的另一序文提出了谨慎的观点(1924:4):

> 国音声调,现既有采用京音的趋势,入声日后自当消灭;不过教学发音,声调的变更较为不易,而且消灭入声,尚有许多先决问题,故我仍主张按步办去;虽属缓进,或有声调统一的日子。不过向无入

[①] 该书出版于1924年,但钱玄同的序落款时间为"1934.2.29",据该书出版时间及序文的内容,此"1934"或为印刷错误。

声的地方，却不必再去效发入声；<u>即有入声的，在词句中，也不要拘泥着短促之说</u>，这是我要慎重声明的。

两位先生观点虽有不同，但都认为在日常的话语中，不用拘泥或根本不需使用入声，如果完全采用北京音，入声就更无存在意义。因此，当时的北京音并不存在入声。稍晚出版的赵元任《新国语留声片课本（甲种注音符号本）》（1935）中已完全没有入声，而是阴阳上去加轻声，序言中提到（1935：9）："但声调这东西并不是音韵家所稿[①]的平上去入那一套，乃是任何普罗大众口里都有的妈麻马骂的分别……本编除标出字音之外，都加上阴阳上去轻各声调的区别。"

清中期以来，北京话一直是阴、阳、上、去四个调类，入声分派四声，应该是毋庸置疑的。但是，当时北京话四声的调值如何，却是一个很难解决的问题。下文笔者将基于前人研究（例如远藤光晓，2015：211—219），尽可能全面细致搜集分析海内外有关历史资料，以寻求这个难题的答案。

6.1.3.2 调值

由于历史条件所限，加之汉语母语者对声调的掌握是自然的口传心授，因此对于调值的记载极为稀少。而声调对于外国人来说是一个极大的难点，会在文献中提及调值问题。因此，要了解清代北京话的声调调值，就必须注重利用域外材料[②]。本节通过主要域外汉语教科书、民国教科书、方言调查以及前人研究，试图梳理出清后期至现代北京话中声调调值的变化。（表中对应于各调类的数字是笔者对调值的构拟，以"五度值"为标准，有涉及乐谱半音的部分，以"五度值"适当调整。）

[①] 稿：原文即此字。
[②] 由于北京话在19世纪40年代以后才成为全国通行的官话，成为外国人学习的对象，因此记录北京话语音的域外教科书多出现于这一时间段以后。

表 6.3

材料	阴平	阳平	上声	去声	备注
李汝珍（1805）	阴	阳	上	去	杨自翔（1987：60）
裕恩（1840）	阴	阳	上	去	林焘（2010：155）
Meadows（1847）	55 a high note, and keeps high and even	35 a high note, and rises still higher	13 a low note, and rises to a higher one	31 a low note, and sinks still lower	p63 拟音引远藤光晓（2015：212）
Edkins（1857）	53, 55 upper quick falling tone, or upper even tone	35, 353 upper quick rising tone, or upper quick falling circumflex tone	13 lower quick rising tone	31, 313 lower quick falling tone, or lower slow falling circumflex tone	P13, 17, 18 拟音引远藤光晓（2015：212）
威妥玛（1859）	55 the upper-even…proceeds without elevation or depression	335 the lower even, the voice is jerked	213 the ascending, the sound becomes nearly as abrupt	41 the receding	P85

（续表1）

材料	阴平	阳平	上声	去声	备注
Edkins（1862）	53/变体55 upper quick falling inflection. But this becomes the upper even monotone, in combination with another word following	35, 353 upper quick rising inflection. or…first rising and then falling	13, 113 lower quick or slow rising inflection	31, 313 lower quick falling first falls and afterwards rises	P98—99
威妥玛（1867）	55 the upper even…proceeds without elevation or depression	335 the lower even, the voice is jerked	213 the ascending, the sound becomes nearly as abrupt	41 the receding	p6
C. Rudy（1874）	55 an even, slow, monotone way…la in the musical octave	24 upper quick rising inflection…the fa is sometimes mentioned…	114 lower slow rising inflection… it begins low, and then gradually ascends. The note sol in the musical…	31 the voice begins low and gradually fade away	Introduction: v—vi
广部精（1879）	44 平而安者也	33 平而轻者也	14 声之上而猛烈者	441 其去而哀远者	凡例1a

（续表2）

材料	阴平	阳平	上声	去声	备注
吴启太、郑永邦（1881）	53 自上落下而止，声音较短……如人点首之状	35 向右傍一掷而止，声音较短……如人首向右傍稍转之状	224 半含其音，渐渐而上，声音较长……如人仰首之状	331 半含其音，向左傍渐渐垂下，声音较长……如人将首向左垂之状	凡例1b
A. Forke（1894）	441	45	113	331	P188 拟音引远藤光晓（2015：212）
C. W. Mateer（1900）	53 upper quick falling tone	35 upper quick rising tone	114 rising tone	31 vanishing tone	xx—xxi
Seidel（1901）	44 ma¹	45 ma²	114 ma³	331 ma⁴	P22. 拟音引远藤光晓（2015：212）
清语学堂（1906）	44 平而无高低区别[5]	24 音尾上扬	225 向上伸长且渐强，音尾上扬	41 发音急剧，最后渐弱	p2—3
御幡雅文（1908）	335 声平直而又上升	331 声平直而又下降	113 声缓和且长	41 声音急促且短	夹页"初学指南"

第六章　清后期至民国初期北京话的语音现象

（续表3）

材料	阴平	阳平	上声	去声	备注
江口良吉（1908）	44 无高低区别	35 既高又强向上扬	311 音尾延长渐弱而收声	41 音尾直接收声	扉页 四声圖解 第二聲（下平）第三聲（上聲）第一聲（上平）第四聲（去聲）
Courant（1914）	33	445	2233	221	引远藤光晓（2015：212）
A. Vissère（1914）	55 长，且无上无下	35 询问语气	14 升起，强烈	51 开始强烈，后减弱	P7
Bradley（1915）	44,55	35	15	41,51	引远藤光晓（2015：212）
Karlgren（高本汉）（1918）	44 even	53,35 two varieties: a high—keyed falling tone… a rapi—dly riding tone.	325 falling+rising	41 falling	P24—25 拟音参照远藤光晓（2015：212）
本田清人（1917）	44	35	313	41	P4
刘复（1924）	34	14	114	4414	P56。有入声15。拟音引远藤光晓（2015：212）
汪怡（1924）	55 高：I^{17}	255 先低后高：低音较暂，高音较久：5I^1	113 先低后高：低音较久，高音较暂：36	31 先高后低：63	P219—220 有入声5

(续表4)

材料	阴平	阳平	上声	去声	备注
高元（1925）	55	25	114	521	引自后觉（1926：58），有入声4
Bröring（1927）	55	243	314	41	引远藤光晓（2015：212）
Bruce（1930）	44,55	35	214	41	据第1课（上）"四声"的老舍录音记录。
小幡重一、丰岛武彦（1934）	43	24	113	53	P9
藤枝丈夫（1938）	44	45	114	441	P61
吴主惠（1942）	55 高长平	35 短，上扬	213 低长，曲折	41 重短，下降	P36
赵元任（1948）	55	35	214	51	引远藤光晓（2015：212）
赵元任（1956）	55 说话／吟唱（念书）	35/355	214/22	511/33	1994［1956］：4
孙德金（1989）	55	35	214	51	P19
清东陵	44/33	35	214	41	陈晓（2015：59）

关于表 6.3 的两点说明：

1. 李汝珍《李氏音鉴》和裕恩《音韵逢源》没有对调值的具体描写，但作为两部重要韵书，也置于表中以示对比。

2. 表中最后一项"清东陵"是笔者 2013 年对清东陵满族乡进行的实地语言调查数据，该地区虽地处河北遵化，但当地人多为清代内务府旗人中守陵人的后代，以历代与皇族亲近为傲，坚持说北京话。加之东陵满族乡在历史上长期处于封闭状态，尽管难免受到周边方言的影响，但仍可以视为反映较早时期北京话的一个方言岛，因此也置于表中。其调类与调值与现代北京话极为接近，但老年发音人阴平调值较低，故记为 44/33。

6.1.3.3　调值的几大类型

前文已述，清代北京话实际只有 4 个调类，但在表 6.3 中刘复（1924）、汪怡（1924）、高元（1925）的声调系统中仍有入声。其原因或正如前文所述，当时正值民国对"国音"的争论时期，所以按照中国文人传统"正音"观念及古诗文读书音的需要，一些学者建议保留入声，但这并不代表北京话中还存在入声，尤其是鱼返善雄（1942：66）在引用刘复的声调描述时去掉了入声。因此以下讨论的"调值几大类型"不包括入声在内。

由于本节着重讨论清后期至民国初期北京话调值情况，所以，下文选用表 6.3 中从 Meadows（1847）到赵元任（1956）百年间的 29 种北京话调值材料，进行分析统计。

须说明的是，表 6.3 中，Edkins、Karlgren 等人同一调类有两种记音，统计时取第一种记音。理由：a. 一般第一种形式为主，例如 Edkin（1862）明确指出阴平的第二种记音高平调值（55）为条件变体；b. 根据笔者田野调查经验，同一调类存在两种无条件调值变体的情况极少，即使有，也一般有主次之别。因此，为了统计数据合理清晰，同一调类记有两种调值时取第一种形式。不过，不忽略第二种调值形式，在具体分析时会涉及。

a. 阴平的调型调值

阴平的调值大部分被描述为"高平""upper even"，但也有其他几种不同调型。

类型1：高平调55/44。包括Meadows（1847）、威妥玛（1859）、威妥玛（1867）、C. Rudy（1874）、广部精（1879）、Seidel（1901）、清语学堂（1906）、江口良吉（1908）、A. Vissère（1914）、Bradley（1915）、Karlgren（1918）、本田清人（1917）、汪怡（1924）、高元（1925）、Bröring（1927）、Bruce（1930）、藤枝丈夫（1938）、吴主惠（1942）、赵元任（1948）、赵元任（1956）。（占比69%）

类型2：高降调53/43/441。包括Edkins（1857），Edkins（1862），吴启太、郑永邦（1881），A. Forke（1894），C. W. Mateer（1900），小幡重一、丰岛武彦（1934）。（占比21%）

类型3：升调335/34。包括御幡雅文（1908）、刘复（1924）。（占比7%）

类型4：中平调33。Courant（1914）。（占比3%）

以上类型1"高平调"是主流，占69%比例，这没有疑问。类型3"升调"仅两例，如果看现代北京地区阴平升调分布，也许不难理解。林焘（1991）、曹志耘（2008：017）均显示，北京东部平谷的阴平是高升调，听感上是北京市内的阳平。虽这一地区在清代距离北京内城较远，但不能排除御幡雅文等接触到的人无此方言背景。另外，类型4"中平"仅一例，也不难理解，在调形上依旧是平直，研究者有可能因为发音人年龄、性别及音色的差异，而得出高平、中平的不同结论。据笔者曾在北京话方言岛河北清东陵满族乡的实地调查，中青年阴平多为55调，老年发音人的阴平较低，这可能与他们祖上清初来自靠近沈阳的辽东地区有关。据曹志耘（2008：017），沈阳周边地区阴平均为中平调。

尤其值得注意的是类型2"高降调"，在29种文献中占21%比例。超过1/5的比例提示我们设想：当时北京话的阴平调存在高平与高降的两种变体。对此，有必要作如下的进一步考察分析。

Edkins（1857，1862）虽将阴平描述为高降调和高平调两种类型，但明确指出高平调是条件变体（1962：98）："But this becomes the upper even monotone, in combination with another word following." Edkins（1857：17）指出他记录的是北京 Ta-hing（大兴）当地人的读音，据《光绪顺天府志·地理志一·大兴县图》（1884）及《中国历史地图集·清·直隶·京师附近》（谭其骧，1987）的描绘，当时的大兴紧邻北京内城东部和外城的南部，与现代的大兴区位置有所不同。当时虽不算隶属于北京，但各方面与北京的关系都很密切。且 Edkins 在书中提到，"one of the two districts included in the city of Peking"，至少他认为的 Ta-hing 是属于北京的。

如果当时的大兴在北京内城东部及外城南部，可与现代这些地区的方言情况进行对照。根据曹志耘（2008：17），现北京东部及南部地区包括临近的河北地区阴平为高平调或中高升调，均无高降调，而距离最近的高降调地区也远在河北与山西交界的阳原，因此高降调来自何处确实值得推敲。据远藤光晓（1986，2015）的研究，J. Percy Bruce *Linguaphone Oriental Language Courses-Chinese*（1930）中的老舍录音中，有一奇特现象：轻声前的第一声时常有变为第四声的倾向，如两音节的"先生""声音""干净"等；三音节"第一声＋第一声＋轻声"有变成"第一声＋第四声＋轻声"的倾向，例如"高高儿地"。笔者也亲耳听到过这个录音，确实存在这一现象。对此可以解释为，老舍先生北京话录音中阴平在轻声前读去声的特殊现象，其实就是 Edkins（1857，1862）、吴启太、郑永邦（1881）、Forke（1894）等记录北京话阴平为高降调所留存的历史痕迹；不过，现在这种痕迹在北京及周边地区已完全消失。

另外，笔者想补充的是，小幡重一、丰岛武彦（1934）不仅用音谱描述了声调，还附有语音实验图（图 6.3），实验对象为包象寅、包翰华、王德立、姜家祥。其中包象寅是著名的 20 世纪初期东京外国语学校的汉语教师，其子包翰华亦从事汉语教学，原文提到"此二人发音最为正确"。另外二人较为年轻，是东京工业大学在读生和毕业生，均说"纯正的北京话"。

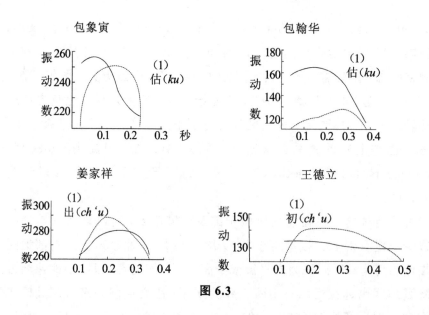

图 6.3

可见包象寅父子阴平均为降调，姜家祥、王德立倾向于平调，尤其是王德立。包翰华虽与父亲同为降调，但可以看出前半程已趋于平调。而年轻一辈的王德立已经完全为平调。

另外，日本明治时期汉语教材《四声联珠》（1886）中对声调的标注，也有阴平与去声相混的情况，例如同样是"生长"一词，在不同卷次分别将"生"标为去声（卷一16a）和阴平（卷七10a）；"黑豆"（卷二52a）、"绿豆"（卷八18b）的"豆"也分别标为阴平和去声；"裸身"（卷四50a）的"身"标为去声，而其1902年的再版将"身"改为阴平（p312）。且这些均不是连读变调造成的现象，可见当时阴平和去声或均为降调，因此标注声调的人偶尔会产生混淆。虽然这样的混淆例子不多，也不能排除排版错误的情况，但却多于其他调类的混淆，这是不容忽视的现象。据此可见，Edkins（1857,1862），吴启太、郑永邦（1881），A. Forke（1894）的记录确实有客观依据。对此，笔者的解释是：19世纪后期至20世纪初期，北京话阴平存在高平与高降两种无条件变体，大多数人习惯于高平，另有相当一部分人则习惯于高降，随时间推移及声调系统内部的格局调整，逐渐统一变为平调。

b. 阳平的调型调值

阳平的调值绝大部分被描述为"上扬""rising",在音谱上往往先低后高,但也有特殊的平调或降调。

类型 1:中升调 35/24/45/14/335/255/445/224。包括 Meadows(1847)、Edkins(1857)、Edkins(1862)、威妥玛(1859)、威妥玛(1867)、C. Rudy(1874)、吴启太、郑永邦(1881)、A. Forke(1894)、C. W. Mateer(1900)、Seidel(1901)、清语学堂(1906)、江口良吉(1908)、Courant(1914)、A. Vissère(1914)、Bradley(1915)、本田清人(1917)、刘复(1924)、汪怡(1924)、高元(1925)、Bruce(1930)、小幡重一、丰岛武彦(1934)、藤枝丈夫(1938)、吴主惠(1942)、赵元任(1948)、赵元任(1956)。(占比 87%)

类型 2:平调 33。包括广部精(1879)。(占比 3%)

类型 3:拱调 243。包括 Bröring(1927)。(占比 3%)

类型 4:降调 331/53。包括御幡雅文(1908)、Karlgren(1918)。(占比 7%)

阳平中,Edkins(1857,1862)实际记为升调和拱调两种调形,Karlgren(1918)记为降调和升调两种类型,而御幡雅文(1908)直接描述为降调"声平直而又下降",这些音尾下降的调形与普遍记录的阳平音尾上扬有很大差别。如果说御幡雅文的记述太简单,无法确定细节,但"又下降"三字是显而易见的,且 Edkins 与 Karlgren 的记述都很明确,尤其 Karlgren 更是以严谨著称,虽然他自己也惊讶于阳平的这两种调值(1918:24),但他却如实记录,肯定存在一定道理。Edkins 记录的是当时大兴的发音,Karlgren 的发音人是"几个北京本地人"(1918:19)。据曹志耘(2008:18),现代北京地区的阳平均为升调,只有东部的平谷为高平调,亦非降调,而发降调的地区在围绕北京的河北地区均有分布。另根据艾溢芳(2015:19—20)的研究,高本汉记录的北京话声调类似于现代北京南部河北地区的任丘、河间、献县三地，尤其是阳平均为降调。因此可以推测，Edkins、Karlgren、御幡雅文所遇到情况可能是有这些地区方言背景的人，但具体原因还须进一步考察。

c. 上声的调型调值

上声主要被描述为两大类：低缓升调"lower slow rising inflection"、"向上伸长且渐强"以及曲折调"ascending""falling+rising"，且音高较低，音程较长。

类型 1：低升调 13/14/15/113/114/225/2233/。包括 Meadows（1847），Edkins（1857），Edkins（1862），C. Rudy（1874），广部精（1879），吴启太、郑永邦（1881），A. Forke（1894），C. W. Mateer（1900），Seidel（1901），清语学堂（1906），御幡雅文（1908），Courant（1914），A. Vissère（1914），Bradley（1915），刘复（1924），汪怡（1924），高元（1925），藤枝丈夫（1938），吴主惠（1942）。（占比 66%）

类型 2：曲折调 213/325/313/314/214。包括威妥玛（1859），威妥玛（1867），Karlgren（1918），本田清人（1917），Bröring（1927），Bruce（1930），小幡重一、丰岛武彦（1934），赵元任（1948），赵元任（1956）。（占比 31%）

类型 3：降调 311。江口良吉（1908）。（占比 3%）

上声调值较其他三个调类的情况相对简单。尽管主要被分为升调和曲折调两类，但曲折调的前半程均比后程低，所以也可看做"先低后高"的上升过程。值得提出的是，威妥玛（1859、1867）即特别指出上声"nearly as abrupt"，即有断裂之感，这与现代北京话上声的特性类似：折点多在调域最底部（石锋、王萍，2006）。另外，广部精（1879）将上声描述为"声之上而猛烈者"，这倒类似于其他各家对阳平的描述。但由于原文描述只有寥寥一句，不能具体得知细节。此"猛烈"的描述也可能来自于"断裂＋上升"之感。

另外，类型 3 的降调只有江口良吉（1908）一家之说，但根据他的模拟不能确定上声的具体细节。他可能是想强调上声和去声的区别，前者"音尾延长渐弱而收声"，后者"音尾直接收声"而非渐弱。

值得特别提出的是，赵元任（1956）将声调分为"说话"和"吟唱"两类，"吟唱"即小学生念课文时的腔调。其中上声在"吟唱"时变为了22，赵元任提到"这是北京的小学生大声念书时常见的一种风格，这种方式对于一齐大声背书是很合适的"，这与现代北京话上声最大的特征"低"是相符的。

d. 去声的调型调值

去声在调形方面都比较一致，基本为降调，但又分为（高降/全降"先高后低"）和低降"lower quick falling tone"两种。

类型1：高降调53/41/51/441/511/521。包括威妥玛（1859），威妥玛（1867），广部精（1879），清语学堂（1906），御幡雅文（1908），江口良吉（1908），A. Vissère（1914），Bradley（1915），Karlgren（1918），本田清人（1917），汪怡（1924），高元（1925），Bröring（1927），Bruce（1930），小幡重一、丰岛武彦（1934），藤枝丈夫（1938），吴主惠（1942），赵元任（1948），赵元任（1956）。（占比66%）

类型2：低降调31/21/331/321。包括Meadows（1847），Edkins（1857），Edkins（1862），C. Rudy（1874），吴启太、郑永邦（1881），A. Forke（1894），C. W. Mateer（1900），Seidel（1901），Courant（1914）。（占比31%）

类型3：曲折调4414。包括刘复（1924）。（占比3%）

去声分为高降和低降是值得关注的一个区别。从各家记录来看，19世纪中期至20世纪初期多记为低降调，20世纪初至现代多记为高降/全降调。虽19世纪后半段的威妥玛（1867），广部精（1879），吴启太、郑永邦（1881）为全降，但笔者是根据原文的简单记述而构拟，虽可确定是降调，但无法确定起点调域的高低。而Meadows、Edkins等都明确指出"lower"，A. Forke、Seidel又有音谱为证，可确定去声的起点调域较低。另外，根据曹志耘（2008：21），现代北京市以及郊县的去声为全降或高降，起点均为5。据此可推测,19世纪中期至20世纪初期去声起点调域应比现代要低。

另外,类型3曲折调十分特殊,值得一述。Edkins(1857,1862)将去声记为两种调值:低降调和曲折调。前文已述,现代北京市及郊县的去声并无曲折调,距离北京最近的去声为曲折调的地区为南部的徐水和西部的宣化,而Edkins(1857)记录的是当时北京内城外东部或南部的读音,徐水和宣化从空间上距此均较远。虽不能完全排除Edkins(1857)的调查对象有外地背景,但Edkins的先后两部著作均如此记载,可以推测当时或许去声存在曲折调,至少在北京内城外东部或南部确实如此。而刘复(1924)的曲折调4414,应与发音人的外地背景有关,其发音人为"陈绵先生,建福人,生长北京"。(1924:54)此"建福"为何处,笔者尚无法确定,或为"福建"之误,或指历史上福建与广东交界处的建福县,但民国时期已无。但至少可以确定,此人并非北京土生土长,再加之同时期文献中去声并无曲折调,因此不能据此判定20世纪20年代去声还有曲折调。

如上声一样,赵元任(1956)将去声"吟唱"时的调值记为中平调33,这一点十分特殊。根据 *Linguaphone Oriental Language Courses-Chinese*(1930)中的老舍录音,去声在语流中的听感依然是降调,且起点较高。但根据林焘(1985)的研究,"去声+去声"两字组中,前字去声读作中平调的比例很高,虽听感上是降调,但通过语音实验测试,实际是平调,这或是对赵元任观点的佐证。

6.1.3.4　小结

清后期至民国初期北京话只有阴平、阳平、上声、去声四个调类,入声已派入四声。

这一时期的四声调类虽已定型,但就调值而言,阴平很可能经历了高平、高降调统一为高平调的变化过程;阳平基本为中升调35/45,没有变化;上声调值的特征基本为前低后高,音程较长,20世纪30年代以后,多被记录为低降升(214)曲折调,但"低"这一最大的特征却始终得以保持。去声调值最大的变化为由低降(31/331)变为高降或全降调(53/51/41)。

该时期北京话调值系统的格局变化如下所示:

表 6.4

北京话	阴平	去声
19 世纪中—20 世纪初	高平调（55/44）/ 高降调（53/441）	低降调（31/331）
20 世纪初以后	高平调（55）	高降调（53/51/41）

从历时角度看,去声由低降调变为高降调的时期,也是阴平的高降调消失而统一为高平调的时期,即同一系统中不能同时有两个高降调存在,这是语音系统内部自我平衡调节的体现。另外,从共时角度看,表 6.3 中凡是将阴平描述为高降调的文献,一般都将去声描述为低降调,由此可见,至少他们的调查对象的语音系统中,不会同时存在阴平、去声两个高降调。

北京话四声在民国初期基本完成了阴平调由高平/高降变为统一的高平调、去声由低降变为高降的系统性变化,其动因主要是调位系统内部的平衡调节,同时不排除民国初期"国语运动"语音规范的促进作用。至此,北京话阴平高平、阳平中升、上声低降升、去声高降的声调格局基本定型,并一直延续至今。

6.1.4 关于轻声与儿化

轻声与儿化是当今北京话语音的重要特征,清中后期的北京话里实际已有了轻声与儿化。以下笔者根据自身查阅的文献及前人研究成果,进行简单叙述总结。

清代前期韵书《拙庵韵悟》(赵绍箕,1674)里首次列出了儿化韵,说明当时北方话里儿化韵已非常普遍(林焘,2010:155—156)。但是,由于《拙庵韵悟》并非直接描写北京话,所以当时北京话里是否有儿化韵尚不能确定。

根据李思敬（2000）的研究，北京话里的儿化韵至少在二百多年以前的《红楼梦》已确实存在了，其依据的材料主要是不同版本的《红楼梦》早期抄本，这从文字记录研究得出的结论，尚需具体音值描述的证据以证实。

笔者在此主要依据的材料为：《语言自迩集》（第一版1867，第二版1886，第三版1903）、《四声联珠》（1886）、*Linguaphone Oriental Language Courses-Chinese*（1930）中的老舍录音材料探讨轻声、儿化的音值。

6.1.4.1 《语言自迩集》中的轻声和儿化

笔者选取《语言自迩集》第一版（1867：289—295）里"附编·言语例略第十四段"的注音材料来观察分析当时的轻声、儿化现象。下面例句编号按原书照录：

  4. lao-ye　yao -**ti**shiliangshui
   老爷要**的**是凉水
  7~8. wo nai-shangnich'ou-ta-**liao**moyui-shang shih tsaoich'ou-ta-**liao**
   我那衣裳你抽打**了**没有。衣裳是早已抽打**了**。
  9. tse^{ng}-mo**ni**
   怎么**呢**
  10. nai-tsŭtsait'i-**pa**^{n}-**'rh**shang
   那姨子在屋**板儿**上。

（1867：289）

  4. chi^{n}-**'rh**k'uai'heiliaohsientien la　**mi**^{ng}-**'rh**tsaimaiyu
   今儿快黑了，先点蜡，**明儿**再买油。
  7. nameishilao-ye-mên'**ho**-**'ho**'**rh**mai
   那煤是老爷们合**夥儿**买。

（1867：292）

轻声情况：以上例句中的助词"的 ti"音[ti]，助词"了 liao"音[liau]，语气词"呢 ni"音[ni]。统观整篇语料，这些虚词的注音均是如此，所以可以推测，当时这些字的读音与现代北京话有明显区别。由于原文没有标注声调，无法判定这些字是否是轻声，但"了[liau]"这一读法表明当时很可能没有读作轻声。

儿化情况：以上例句中的"板儿 paⁿ-'rh"，应该已是儿化韵了。因为《语言自迩集》三个版本里"儿"的单字音注音一致，均为 êrh［ɚ］（1867：8、1886：11、1903：10）；"板"的正常单字音是 pan［pan］（1867：10、1886：15、1903：15）。如果"板儿"没有儿化，按威妥玛的正常注音应是 pan-êrh，但是，注音却是 paⁿ-'rh。"板 pan"的鼻音尾 -n 缩小标注于右上角，表明读音明显弱化；"儿 'rh"省略了单字音 êrh 中的 ê［ə］，前加"'"，表明读音不同于"儿"的单字音，而是与前面"板"的元音紧密结合。由此推测，当时"板儿 paⁿ-'rh"的读音已很接近今北京话的儿化韵[par]。同样，"今儿""明儿""合夥儿"的儿化注音解释也如此。

张卫东（1998：142）根据《语言自迩集》第二版（1886）中"盖儿 kai⁴-rh"的注音，认为"盖儿"未注音为像今北京话的一个音节"gar"，并未完全反映儿化韵变。笔者认为，也有可能当时的儿化读音还未与现当代的北京音完全相同。

6.1.4.2 《四声联珠》中的轻声

日本明治时期汉语教科书《四声联珠》（1886）是根据《语言自迩集·练习燕山平仄编》（1867）的字词顺序编纂而成，书中将每个例词都增加了声调标注，例如：

《语言自迩集》（1867：220）　　《四声联珠》（1886：卷一 3b）
哀埃矮爱　哀求尘埃高矮爱惜　　（爱）｡哀˚求˚　尘˚˚埃　｡高矮˚
　　　　　　　　　　　　　　　　爱˚惜

值得注意的是，《四声联珠》中往往将轻声标为阴平，以表示与本调的不同，如下表：

表 6.5

例字	本调	轻声
子	子˚孙；子˚曰	˚绳˳子；胆˚子大˳；˳钉˳子
着	˚着˚急	浑˳囵˳着；挠˳着；挑˚˳着
了	可˚˚惜了˚˚儿；了˚断˳	饭˳糗˚˳了；抠破˳˳了；罢˳˳了

其中"了"的具体读音不详，很可能依然是[liau]，但已经出现了上声和轻声的区别，轻声读法很可能韵母已经简化，开始向[lə]转变。根据郭锐等（2017）的研究，19世纪50年代以后，"了"的读音已部分简化为[la]，进入20世纪变为[lə]。因此，《四声联珠》的"了"很可能亦处于这种简化阶段。

另外，《四声联珠》中，"头"（˚舌˚头）、"驼"（骆˳˚驼）等字均为本调，还未变为轻声，与现代北京话不同。

6.1.4.3 老舍录音材料中的轻声和儿化

根据英国汉语教科书 *Linguaphone Oriental Language Courses-Chinese*（1930）中老舍（C.C.Shu，舒庆春）的录音，笔者选取部分词句的读音记录如下表：

表 6.6

音变类别	具体记录及分析	说明
两字组轻声	木头[mu^{51}·tʰəu^2]　走了[tsəu^{21}·lə^4] 打发[ta^{21}·fa^4]　利钱[li^{51}·tɕʰiɛn^2]	第1课（上）（01）
语流中的轻声	林黛玉听了[liau^{21}]，笑道："你们[ni^{31}·mən^2]听听[tʰiŋ^{55}·tʰiŋ^3]，这是吃了[liau^{21}]她家一点子[·tsɿ^4]茶叶，就使唤[·xuɐn^4]起人来了[·lə^2]。"	第1课（下）（02）
儿化	高高儿[gaɚ^{55}]的在架上垂着。 黛玉笑道："今儿[tɕiɚ^{552}]齐全……"	第1课（下）（02）

(续表)

音变类别	具体记录及分析	说明
"的"读音	"的"的韵母是[i]，基本未轻声化。 ①我的[ti⁵⁵]　你的[ti⁴⁴]　他的[ti²²] ②我们的[ti⁵⁵]　你们的[ti⁴⁴]　他们的[ti²²] ③这是我的[ti²]钱，是不是？	第2课（下）（06）
"了"读音	有三种读音： ①[liao²¹⁴]：今天道上泥很多，车子走不了。 ②[liao¹¹]：路上辛苦了。 ③[lɤ]：那件事你和房东说开了吗。	引自远藤光晓（2001［1986］:268—276）

据笔者听感，老舍录音中儿化韵和轻声已与当代北京话十分接近，主要差异是：

1. 助词"的"的韵母均为[i]；

2. "了"的读音也与当代北京话很不相同。根据远藤光晓（2001［1986］:277）的研究，老舍录音中的"了₁"一般对应读音[liao¹¹]，而"了₂"在前字强音节时，读作[lɤ]，其他情况读作[liao¹¹]，但约有15%的例子不符合这一规律。

6.1.5 小结

清后期至民国初期近百年间是现代北京话语音特点形成的一个关键时期。这一历史时段北京话语音的主要特点简示如下表。

表 6.7

语音类别	音值	北京话语音演变及相关说明
声母	p、pʰ、m、f、t、tʰ、n、l、ts、tsʰ、s、tʂ、tʂʰ、ʂ、ʐ、tɕ、tɕʰ、ɕ、k、kʰ、x、∅(v、ŋ、w、y)	18世纪末尖团音字大多仍有区别，直到19世纪上半叶才完成尖团音合流。

（续表）

语音类别	音值	北京话语音演变及相关说明
韵母	开 ɚ、ๅ、ใ、a、ə、o、ai、əi、au、ou、an、ən、aŋ、əŋ 齐 i、ia、io、iə、iai、iau、iu、ian、in、iaŋ、iŋ、iuŋ 合 u、ua、uo、uai、uəi、uan、uən、uaŋ、uŋ 撮 y、yə、yo、yan、yn(yŋ)	主要变化：iai〉ai、ie、ia；yo〉ye；ə〉ɤ；o〉ɤ。最突出的是产生了ɤ韵母，同时中古入声来源的字音出现异读。
声调	阴平：55/53→55/44，高平/高降→高平 阳平：35，中升调 上声：113→213，低缓升→低降升 去声：31→51/53，低降→高降	声调系统的主要变化： 1. 阴平调由高平/高降统一为高平； 2. 去声调由低降变为高降。
轻声	《语言自迩集》（第一版，1867）： 助词"的 ti"音[ti]，助词"了 liao"音[liau]，语气词"呢 ni"音[ni]	1. 19世纪60年代，助词、语气词"的、了、呢"或尚未读作轻声。
轻声	《四声联珠》（1886）： "子""着""了"已出现轻声读法。但"舌头""骆驼"等字仍为本调。	2. 19世纪80年代"了"已确有轻声读法。
轻声	老舍录音（1930）： 林黛玉听了[liao²¹]，笑道："你们[ni³¹·mən²]听听[tʰiŋ⁵⁵·tʰiŋ³]，这是吃了[liao²¹]她家一点子[·tsɿ⁴]茶叶，就使唤[·xuɐn⁴]起人来了[lə²]。"	3. 20世纪初"了₂"在语流中部分由[liau²¹]变为轻声[lə²]。 4. 到20世纪初期，轻声已经与现代北京话十分接近了。如老舍录音中的"你们、听听、一点子、使唤"等。
儿化	《语言自迩集》（第一版，1867）： "今儿""明儿""合伙儿"的"儿"均注音 —'rh，不同于"儿"单字音 êrh [ɚ]。	儿化韵早在19世纪中后期即已确实存在。
儿化	老舍录音（1930）： 高高儿[gaɚ⁵⁵]的在架上垂着。 黛玉笑道："今儿[tɕiɚ⁵⁵²]齐全……"	

以上笔者概述了清后期至民国初期北京话语音发生的一些变化及特点。但这一时期北京话语音的最重要的变化则属"尖团合流",笔者将在下节对这一问题进行详细叙述。

6.2 清后期至民国初期北京话最重要的语音变化——尖团合流

6.2.1 关于北京音尖团合流的以往研究成果

北京音系里尖团音合流的时间目前争议较多,学界存在三种代表性的观点。

1. 清代后期说

王力先生《汉语语音史》(1985:394)中指出:

> 清乾隆年间无名氏《团音正考》(笔者按:成书于1743年)说:"试取三十字母审之,隶见溪群晓匣五母者属团,隶精清从心邪五母者属尖。"由此看来,似乎清初见系已经分化出[tɕ,tɕ',ɕ]。明隆庆间本《韵略易通》说:"见溪若无精清取,审心不见晓匣跟。"由此看来,似乎明隆庆间(1567—1572)见系已经分化出来[tɕ,tɕ',ɕ]……但是,《五方元音》(笔者按:作者樊腾凤,成书于清初1654—1664年间,代表当时汉语北方话语音系统)以"京坚根干"同隶见母,显然见系在清代前期还没有分化为[k,k',x][tɕ,tɕ',ɕ]两套。可以设想,见系的分化在方言里先走一步,在北京话里则是清代后期的事了。

藤堂明保先生《ki- と tsi- の混同は18世纪に始まる》(1960):

> 両者(ki-類と tsi-類)の混同が完全に普及して、今の北京語のような状態となったのは、大体嘉慶道光のころ、つまり19世紀の

初めである。(大致在嘉庆道光年间,也就是19世纪初,ki-类与tsi-类二者的混淆完全普及、而成为了现今北京话的状态。)

金基石先生《尖团音问题与朝鲜文献的对音》(2001):

  藤堂明保先生把19世纪初看成是尖团音完全混同的时期,其推论不无道理。

2. 清代前中期说

唐作藩先生《汉语语音史教程》(2011:161—162)中指出:

  从近古到现代,汉语声母演变中还有一个突出的现象,这就是基j[tɕ]欺q[tɕ']希x[ɕ]的产生。这有两个来源,即见组和精组。……《西儒耳目资》(1626)中的"格克""机欺""孤枯""居渠"的声母都用k[k]、'k[k']表示,而"则测""精清""宗葱""疽趋"都用ç[ts]、'ç[ts']表示。这也表明当时北京音仍未分化。但是我们现在可以肯定,这两组声母的演变分化也不会晚于18世纪中。因为清代无名氏的《圆音正考》已经要求人们注意辨别尖团音了。

3. 明代说

李新魁先生《普通话语音发展述略》(1997 [1985]:217)中的相关论述:

  k(见)组的二等韵字在元代时产生了 -i- 介音,念为 kia- 等,三、四等字是念为 kiɛ- 等(其 -i- 介音本就存在)。到了明代,它们的声母变成了 tɕ。精组声母中的 tsi-,也在明代变为 tɕi-。k 组本为团音,ts 组本为尖音,两者都变为 tɕ 组,就叫"尖团不分"。

6.2.2 各家观点差异及其中的问题

关于尖团合流，以上学者的观点不一。有的学者认为在明代（李新魁，1985），也有学者认为不晚于清代中期（唐作藩，2011），还有的认为在清代后期（王力，1985），各家所判定的时间从明代到清代后期相差至少 200 年。

各家提到一部焦点著作就是《圆音正考》。此书专为分辨尖团音而作。书中有两篇序，原序较早，作于乾隆癸亥年（1743），而后来乌扎拉氏文通的序作于道光庚寅年（1830）。两部序时间相差近 100 年。在 1830 年的序中提到"虽博雅名儒、词林硕士，往往一出口而失其音"，说明这些名儒、硕士都已经分不清尖团音了。但原序中没有提到当时有尖团不分的现象。所以将道光年间的序与这部书的原序混淆而一并分析，从而认为尖团合流不晚于 18 世纪中叶，这可能不符合实际情况。

值得提出的是，本书所要分析的"尖团合流"不同于尖团音的腭化（Palatalization）。本书所论的北京话尖团音合流，是指北京话里尖音和团音完全混淆不分，即精组细音与见组细音合流同音，这与尖音或团音发生了腭化并不是同等概念。北京话尖团音合流之前，究竟是尖音先腭化还是团音先腭化这一问题，也有不少学者讨论。有学者认为见系团音字的腭化早于精系尖音字的腭化（藤堂明保，1966：11）；有学者则认为"北京话可能正是尖音腭化早于团音腭化"（冯蒸，1997：302）。现代汉语方言的尖团分混呈现十分复杂的情况（参见李蓝，2006：519—526），有全分型、半分型、全混型。而全分型里又有 Ts ≠ K、Tɕ ≠ K、Ts ≠ C、Ts ≠ TS、Tɕ ≠ C[①] 等小类的区分（李蓝，2006：525—527）。因此，近代北京话里既可能是精系尖音先腭化，也可能是见系团音先腭化，或者均先腭化一部分，由于目前未找到确切证据，本书暂不予讨论。

---

① Ts 代表 ts tsʰ s；K 代表 k kʰ h；C 代表 c cʰ ɕ；Tɕ 代表 t tɕʰ ɕ；TʃTʃ 代表 tʃ tʃʰ ʃ。笔者采用了缩减写法。

近代北京音尖团合流究竟完成于何时,是值得进一步研究的问题。并且,研究中有必要参考一些元明清以来的域外汉语对音材料及教科书。

6.2.3 记录近代北京时音的韵学著作里所反映的尖团音现象

记录近代北京音的韵学著作,学界普遍认可的有两部(王力,1985;李新魁、麦耘,1993;叶宝奎,2001;林焘,2010):明末徐孝所著的《重订司马温公等韵图经》(1606)和清代李汝珍所著的《李氏音鉴》(完稿于1805,刊行于1810)。

6.2.3.1 《重订司马温公等韵图经》中的尖团音现象

根据郭力(2004:2—3)的研究,《重订司马温公等韵图经》(1606)的基础方言是当时的北京音,其音系的主要特点是:1、声母19个,全浊声母清化,知庄章声母均已读卷舌音;2、韵母43个,入声韵已变入阴声韵,-m尾已并入-n尾;3、声调平(阴平)、上、去、如(阳平)四声,平分阴阳,浊上变去,入派四声。

《重订司马温公等韵图经》音系里尖团音分明,根据学者们的研究,举例列表如下:

表 6.8

尖音	团音	学者
(6)精母例字:(京坚) (7)清母例字:妻齐 (8)心母例字:西席须徐	(17)见母例字:皆鸡及 (18)溪母例字:欺奇 (19)晓母例字:虚喜	王力(1985:391,393)
ts(精)(精、从仄):裁在 ts^h(清)(清、从平):妻齐 s(心)(心邪):西席须徐	k(见)(见、群仄):皆鸡及 k^h(溪)(溪、群平):欺奇 x(晓)(晓匣):虚喜	叶宝奎(2001:142)

(续表)

尖音	团音	学者
嚼 [₋tsio⁼]，又音 [₋tsiao] 雀 [tsʰio⁼]，又音 [₋tsʰiao] 雪 [syɛ⁼]，又音 [₋syE] 爵 [tsio⁼] 妾 [tsʰiɛ⁼] 屑 [siɛ⁼] 血 [syɛ⁼] 积 [tsi⁼] 削 [sio⁼]	角 [kio⁼] 却 [kʰio⁼] 学 [₋çio]，又音 [₋çiao] 厥 [kyɛ⁼] 怯 [kʰiɛ⁼] 歇 [xiɛ⁼] 旭 [xy⁼] 结 [kiɛ⁼]	郭力（2004：58，95—99）

6.2.3.2 《李氏音鉴》中的尖团音现象

《李氏音鉴》卷四"南北方音论"中提到："北音不分香厢、姜将、羌枪六母；南音不分商桑、张臧、长藏六母。"这表明见精组细音字已经尖团不分了。杨自翔先生（1987）认为该书"所记录的北音读法，实际就是二百年前北京话里的读音。"（1987：15）从书中尖音、团音字的反切看，当时北京话已经尖团相混了，举例如下（1987：33）：

表 6.9

尖音：绝，精母字	相同反切：举爷。
团音：决，见母字	
尖音：惜，心母字	相同反切、直音：掀衣、音希。
团音：吸，晓母字	
尖音：积，精母字	反切：金医，切上字为团音见母字。
尖音：鹊，清母字	反切：劝卧，切上字为团音溪母字。
尖音：七，清母字	反切：羌医，切上字为团音溪母字。
尖音：切，清母字	反切：钦嗟，切上字为团音溪母字。

根据上述两部记录近代北京音的著作，可以说，1606 年明末时，北京话里仍然尖团音分明，而至 1805 年清后期时，北京话里已经尖团音不分了。那么，在这之间的两百年里，北京话的尖团音是否在 1743 年的《圆音正考》时就已经合流了，这是值得讨论的问题。

6.2.4　对《圆音正考》的考证

在讨论近代汉语尖团合流问题时，学者们均提到了清代专为分辨尖团音而作《圆音正考》(1743)，而且，大多学者依据此书而判定北京话尖团音合流不晚于 18 世纪中叶，这是否符合实际情况呢？

6.2.4.1　《圆音正考》的作者及体例

《圆音正考》(1743) 是最早的一部辨析北京话尖团音的著作，书中每组字前有满文注音。关于此书的作者，大多学者持"无名氏"说。冯蒸先生则赞同罗常培、董少文的观点，认为作者即原序末的"存之堂"。"存之堂"虽然像是书坊名，但由于此书是手抄本而非刻本，所以"存之堂"就不可能是书坊名称了，"存"其姓，"之堂"其名是完全可能的（冯蒸，1997:289—291）。

《圆音正考》一书篇幅很少，按照原序"凡四十八音，为字一千六百有奇。每音各标国书一字于首，团音居前，尖音在后"，即全书共分四十八组音类，收字一千六百多个；每一类音前面均用一满文标注，并分别注明团音或尖音，以最小对比对的方式进行排列。举例如下表（满语转写据 Möllendorff 1892）：

表 6.10

音类	满文转写	汉字拟音	所列汉字	说明
团音	ki	$k^h i$	其欺期旗棋麒骐淇綦萁蜞琪僛奇骑绮犄鐑 欹琦崎豉溪谿起乞杞芑祈啟契气弃祁憩亓企器岂泣耆……	此表只选列常见字。原书共75字。

（续表）

音类	满文转写	汉字拟音	所列汉字	说明
尖音	ci	tsʰi	齐脐妻凄戚七缉茸砌漆蹙……	原书共20字。
团音	gi	ki	及级岌汲己记纪忌奇寄畸羁骑几饥肌麂基箕期幾讥機僟吉鬐技妓鸡季冀亟极稽继急计激姬给……	原书共94字。
尖音	ji	tsi	即鲫脊積绩济挤剂荠籍迹疾祭寂集稷编辑……	原书共53字。
团音	hi	xi	奚蹊希稀唏喜嘻嬉熹系犧曦兮吸戯翕橄熙……	原书共64字。
尖音	si	si	析皙晰蜥淅西昔惜夕徙息熄媳锡舄悉蟋犀撕洗细习席膝袭玺栖……	原书共46字。
团音	kiya	kʰia	恰帢卡掐夾	原书共5字。
尖音	ciya	tsʰia		无字。
团音	giya	kia	家嫁稼加嘉驾枷架茄迦袈贾價夹荚假葭甲戛佳點……	原书共44字。
尖音	jiya	tsia		无字。
团音	hiya	xia	暇遐霞蝦峡狎洽辖瞎下夏匣狭……	原书共25字。
尖音	siya	sia	斜	原书仅1字。

对于上表的几点说明：1、由于满语与汉语音系不同，满文对汉字的注音仅仅是音近匹配，比如用 k 对应送气的溪母，用 g 对应不送气的见母；2、根据《清文启蒙》（宏文阁藏板，1730：27b）的记载："此 sit 在联字首。念诗特、西特俱可。单用仍念西特。"根据山崎雅人（1994）的研究，满语 si 的元音 i 发生弱化，使得其读音类似于"诗"。因此满语应该有 s → ɕ(ʃ)/___i 这样的一条音变规则，是否 si 实际读作了 ɕi(ʃi) 尚不能确定。关于这一问题笔者将在 6.2.6 节进行阐述。3、尽管用满文注汉字音不能精确反映实际音值，但显示的尖团音区别应该是毫无疑问的。

6.2.4.2 《圆音正考》的作用和价值

《圆音正考》的作者之所以要编撰此书，原因在原序中有叙述。根据上海图书馆藏清道光十年京都三槐堂刻本的影印本，书中的原序如下：

> 自西域肇为字母，释神珙因之作等韵，从而为四声，衡而为七音，<u>韵学于是备矣</u>。第尖团之辨，操觚家阙焉弗讲，往往有博雅自诩之士，一矢口肆笔而纰缪立形，视书璋为麞，呼杕为杖者，其直钧也。试取三十六字母审之，<u>隶见溪郡晓匣五母者属团，隶精清从心邪五母者属尖，判若泾渭</u>，与开口闭口、轻唇重唇之分有厘然其不容紊者。爰辑斯编，凡四十八音，为字一千六百有奇。每音各标国书一字于首，团音居前，尖音在后，庶参观之下，举目了然。<u>此虽韵学之一隅，或亦不无小补云</u>。乾隆岁次癸亥夏四月存之堂识。

原序落款时间是乾隆癸亥年，即 1743 年。笔者理解这段话的核心意思是：对尖团音的音理认识，当时一般文人是不讲究的，即使一些自诩为大学者的也未必说得清楚，因此作者用三十六字母为标准来审音，提出了"隶见溪郡晓匣五母者属团，隶精清从心邪五母者属尖"，并且指出尖音、团音判若泾渭，如同开口闭口、轻唇重唇这样有明显区别。原序文字虽少，但对音韵学理论是有很精辟的见解的。

《圆音正考》的作者从理论上将尖音、团音进行区分，并且列出了各自的字表。据此有学者认为，是因为当时尖团已经合流，所以作者才编著此书以说明尖团音曾经的分化情况。但笔者认为这种推断并不十分可信。因为，如果当时尖团音已经完全相混，此书的编撰就没有实际作用和意义了，何况原序明确地指出了尖团音的区别"判若泾渭"。

因此，根据原序内容，可知《圆音正考》的著书目的应该是为补充音韵学理论而作。特别需要指出的是，据考察，汉语语音史上的"尖音""团音"术语最早见于此书，这一创新性提法和见解是对汉语音韵学的重要贡献，其理论意义值得在汉语语音学史上明确书写并予以充分肯定。

与原序(1743)相比，乌扎拉氏文通后序(1830)内容有很大差异，摘录如下：

> 《圆音正考》一书不知集自何人，盖深通韵学者之所作也。……所谓见溪群晓匣五母者下字为团音，精清从心邪五母下字为尖音，乃韵学中之一隅，而尖团之理一言以蔽之矣。夫尖团之音，汉文无所用，故操觚家多置而不讲，虽博雅名儒、词林硕士往往一出口而失其音，惟度曲者尚讲之，惜曲韵诸书只别南北阴阳，亦未专晰尖团，<u>而尖团之音，翻译家绝不可废，盖清文中既有尖团二字，凡遇国名地名人名，当还音处必须详辨</u>。存之堂集此一册，盖为翻译家而作，非为韵学而作也明矣。每遇还音疑似之间，一展卷而即得其真，不必检查韵书，是大有裨益于初学者也。……道光十年岁次庚寅春月望日实录馆协修官满洲乌扎拉氏文通谨识

对乌扎拉氏文通的后序，笔者的理解有以下两点：

1. 此后序作于道光十年(1830)，离《圆音正考》原序(1743)已有八十七年，相距近一个世纪。当时北京话中的尖团音已经相混了，不过曲韵家、翻译家仍需讲究尖团之分，而《圆音正考》正可为当时的曲韵家、翻译家所用。

2. 后序中"存之堂集此一册，盖为翻译家而作，非为韵学而作也明矣"，这只是后序作者的个人想法，以当时尖团音合流的现状来判断一个世纪之前该书的目的作用，显然欠妥当。因为语言是不断变化的，何况原序中"此虽韵学之一隅，或亦不无小补云"已表明为韵学而作。后序作者是实录馆协修官（即清代史馆中辅助纂修历史的小官），由其姓名乌扎拉氏文通可知他是满族人，其本职工作很可能与满汉翻译相关，他在后序中强调"尖团之音，翻译家绝不可废，……凡遇国名地名人名，当还音处必须详辨"，由此认为《圆音正考》"盖为翻译家而作"，这是可以理解的。但是，后序不能代替原序，二者不可等同而论。

另外，乾隆三十七年（1772）出版了一部重要的著作《钦定清汉对音字式》，书中规范满蒙汉翻译人员在遇到人名地名时要使用正确统一的汉字来进行对译。其中的序言提到：

> 乾隆三十年三月二十九日内阁奉上谕：向来内外各衙门题奏咨行事件，凡遇满洲蒙古人地名应译对汉字者，往往任意书写，并不合清文蒙古文本，因而舛误，鄙俚之字，不一而足，甚至以字义之优劣强为分别轩轾，尤为可笑。……依国书十二字头酌定对音，兼写清汉字样，即行刊成简明篇目，颁行中外大小衙门，嗣后遇有满洲蒙古人地名，俱查照译写……（光绪十六年新镌聚珍堂版，1a—1b）

可见人名地名的翻译在满蒙汉对译中是一个比较棘手的难题，一向比较混乱，因此乾隆颁发政令，让翻译家们有据可依。其中，满语中的Ki-系字用汉语的团音来对译，Tsi-系字用尖音来对译，例如：

Ki-：奇启基机吉希喜（5b—6a），勤钦金锦谨馨忻（22b）……
Tsi-：新信（20a），星（27a），清青（28b），精旌静靖（29a）……

但清中期以后，很多满人已经不会说满语，这在2.2.1节已有论述。但是满汉翻译、蒙汉翻译这类翻译家的工作却是一个重要的官职。为了成为翻译官，很多满人不得不学满语，但并不精熟。清嘉庆时期的满语教科书《清文指要》（三槐堂藏板，1809：1b—2a）序言中记载："又有可笑者，满洲话还没有影儿，就先学翻译的，这等人，何异北辕赴粤，煮沙要饭者乎。任凭汉文怎么精要，下笔时，满文短少，不合卯榫，不成套数，虽学至老，难免庸愚名色。"在这种情势下，自然要参考《钦定对音字式》，但由于其排列顺序为"国书十二字头"，尖音字与团音字排列较为分散，并非一一对应。若只从尖团音来看，《圆音正考》的排列更加清楚明确，便于查找。因此可以推测，很多并不精通满语的翻译家们有一本《圆音正考》作为参考（例如后序提到"遇还音疑似之间，一展卷而即得其真，不必检查韵书，是大有裨益于初学者也"),的确对翻译工作有很大的帮助。但是,这并不能说明,《圆音正考》的初衷就是为翻译家所作。

另外,从表6.10可以看出,《圆音正考》每个音的代表字所列甚多,比《钦定对音字式》多出几倍,甚至还有生僻字"敨豀亢烏奊"等,如果作者的初衷就是为了翻译人名地名所作,没有必要同一个音列如此多的字,这并不利于翻译规则的清晰统一。

综上所述,《圆音正考》(1743)的作者最早将汉语见组拼合细音与精组拼合细音这两类读音现象分别用术语"尖音""团音"予以概括说明,这是近代汉语音韵的重要理论创新。

依据对《圆音正考》原序(1743)和后序(1830)的仔细阅读理解和分析,原序作者满汉两种语言精通,后序作者乌扎拉氏文通是满人,他们所说的汉语应该是北京话。在1743年时,北京话里尖音、团音"判若泾渭",至少当时读书音里尖团分明,口语里也许有尖团音混用的端倪;而到了1830年时,北京话里的尖团音"虽博雅名儒、词林硕士往往一出口而失其音",显然尖团音相混的现象已经相当普遍了。

6.2.5 近代朝鲜汉语教科书及韵书中的北京话记音材料

6.2.5.1 朝鲜时代汉语教科书的官话记音

根据汪维辉主编的《朝鲜时代汉语教科书丛刊》(2005),并参照《奎章阁资料丛书·语学篇》(2004),笔者选取其中《老乞大》《朴通事》系列教材及《华音启蒙谚解》影印本中的谚文注音来观察近代汉语官话尖团音的语音变化情况。

《老乞大》《朴通事》系列教材和《华音启蒙谚解》是朝鲜时期(1392—1910)最重要的汉语口语教科书,其语音、词汇、语法主要依据当时的北京话(参见3.3.3节)。选取文献的具体信息如下。

表 6.11

书名	刊行年代	注音情况	备注
《原本老乞大》	大约在高丽末期，不晚于 1346 年。	无谚文注音。	汪维辉（2005：1—82）
《老乞大谚解》	据 1483 年汉文本，1670 年刊行。	据 1507 崔世珍的谚文注音再修改，每个汉字下均注左右两种谚文，其中右音为汉语官话时音。	汪维辉（2005：83—344）
《朴通事谚解》	1677 年刊行	每个汉字下均注左右两种谚文，其中右音为汉语官话时音。	汪维辉（2005：721—1122）
《老乞大新释》	1761 年刊行	无谚文注音。	汪维辉（2005：345—450）
《朴通事新释谚解》	1765 年刊行	每个汉字下均注左右两种谚文，其中右音为汉语官话时音。	汪维辉（2005：1123—1484）
《重刊老乞大谚解》	1795 年刊行	每个汉字下均注左右两种谚文，其中右音为汉语官话时音。	汪维辉（2005：451—719）
《华音启蒙谚解》	1883 年刊行	每个汉字下均注一谚文。	汪维辉（2005：1705—1878）

上述各时代七种教科书中，《原本老乞大》《老乞大新释》无谚文注音，因此本书采用其余有谚文注音的五种。为了便于论述，在此分别选取《老乞大谚解》《朴通事谚解》《华音启蒙谚解》影印本中开头第一节的汉字内容摘录如下：

《老乞大谚解》（1670）的开头第一节：

大哥你从那里来？
我从高丽王京来。
如今那里去？

我往北<u>京</u>去。

你<u>几</u>时离了王<u>京</u>？

既是这月初一日离了王<u>京</u>，到<u>今</u>半个月，怎么才到的这里？

我有一个火伴落后了来，我沿路上慢慢的<u>行</u>着等候来，因此上来的迟了。

那火伴如<u>今</u>赶上来了不曾？

这个火伴当便是，夜来才到。

你这月<u>尽</u>头到的北京么到不得？

知他，那话怎敢说？天可怜<u>见</u>，身巳（己）^①安乐时，也到。

《朴通事谚解》（1677）的开头第一节：

当<u>今</u>圣主，洪福<u>齐</u>天，风调雨顺，国泰民安。又逢着这春二三月好时<u>节</u>，<u>休</u>蹉跎过了好时光。人生一世，草生一<u>秋</u>，咱们<u>几</u>个好弟<u>兄</u>，<u>去</u>那有名的花园里，做一个赏花筵<u>席</u>，咱们<u>消</u>愁<u>解</u>闷如何？

《华音启蒙谚解》（1883）的开头第一节：

<u>请</u>问这位贵<u>姓</u>？

不敢，在<u>下</u>姓李。

从那里来呢？

打朝鲜国来咧。

走咧多少日子么？

走有十来天的功夫咧。

这么说呢？你们离这里有二<u>千</u>多里地否咧，<u>几</u>天的工夫何能到得么？

如<u>今</u>我们是坐轮船来往的，所以不<u>像</u>从<u>前</u>起早来的时候儿。

---

① 此处汉字写作"巳"，但应为"己"的俗字。为了慎重起见，不选此字。

以上三段文字中,加下划线的"京、今、去、几、行、尽、见、齐、节、休、秋、兄、席、消、解、请、下、姓、像、前、起"等属尖团音字,其中"今、几"是三段文字中都出现的。由于这些汉语教科书篇幅太大,因此,笔者分别从这些汉语教科书中第一、二、三……节文字中依次找出了尖团音字,尽量挑选五部教科书中均出现的字音,由此观察近代北京话尖团音的情况。

从朝鲜时期的五部教科书中,笔者分别从各部书的开头依次找出了大多相重合的42个尖团音字,根据这些字下谚文所注的北京话时音,将其转写为国际音标,按先团音、后尖音进行排列。并且,表中凡有腭化音变的音节均以灰色阴影标示,以便观察比较。五部书按照时间顺序排列,如下表:

表 6.12

(1)

书名	京 (团音)	家 (团音)	教 (团音)	去 (团音)	几 (团音)	鸡 (团音)	起 (团音)
《老乞大谚解》 (1670)	kiŋ	kja	kjao	kʰju	ki	ki	kʰi
《朴通事谚解》 (1677)	kiŋ	kja	kjao	kʰju	ki	ki	kʰi
《朴通事新释谚解》 (1765)	tsiŋ	tsja	tsjao	tsʰju	tsi	tsi	tsʰi
《重刊老乞大谚解》 (1795)	tsiŋ	tsja	tsjao	tsʰju	tsi	tsi	tsʰi
《华音启蒙谚解》 (1883)	tsiŋ	tsja	tsjao	tsʰju	tsi	tsi	tsʰi

第六章　清后期至民国初期北京话的语音现象　275

(2)

书名	讲（团音）	桥（团音）	行（团音）	景（团音）	兄（团音）	解（团音）	学（团音）
《老乞大谚解》(1670)	kjaŋ	kʰjao	hiŋ	—	hjuŋ	kjə	hjo
《朴通事谚解》(1677)	—	kʰjao	hiŋ	kiŋ	hjuŋ	kjə	hjo
《朴通事新释谚解》(1765)	—		hiŋ	kiŋ	hjuŋ	kjə	hjo
《重刊老乞大谚解》(1795)	tsjaŋ	tsʰjao	—		hjuŋ	kjə	hjo
《华音启蒙谚解》(1883)	tsjaŋ	tsʰjao	siŋ	tsiŋ	sjuŋ	tɕjə	sjo

(3)

书名	见（团音）	下（团音）	斤（团音）	价（团音）	间（团音）	九（团音）	金（团音）
《老乞大谚解》(1670)	kjən	hja	kin	kja	kjən	kju	kin
《朴通事谚解》(1677)	kjən	hja	kin	kja	—	kju	kin
《朴通事新释谚解》(1765)	kjən	hja	kin	kja	—	kju	kin
《重刊老乞大谚解》(1795)	kjən	hja	kin	kja	kjən	kju	kin
《华音启蒙谚解》(1883)	tsjən	ɕja	tsin	tsja	tɕjən	tsju	tsin

(4)

书名	今（团音）	脚（团音）	休（团音）	乞（团音）	前（尖音）	写（尖音）	小（尖音）
《老乞大谚解》(1670)	kin	kjo	hiu	kʰi	tsʰjən	sjə	sjao
《朴通事谚解》(1677)	kin	kjo	hiu	—	tsʰjən	sjə	sjao

(续表)

书名	今 (团音)	脚 (团音)	休 (团音)	乞 (团音)	前 (尖音)	写 (尖音)	小 (尖音)
《朴通事新释谚解》 (1765)	kin	kjo	hiu	—	tsʰjən	sjə	sjao
《重刊老乞大谚解》 (1795)	kin	kjo	hiu	kʰi	tsʰjən	sjə	sjao
《华音启蒙谚解》 (1883)	tsin	—	—	—	tsʰjən	sjə	sjao

(5)

书名	心 (尖音)	酒 (尖音)	钱 (尖音)	清 (尖音)	请 (尖音)	消 (尖音)	姓 (尖音)
《老乞大谚解》 (1670)	sin	tsiu	tsʰjən	tsʰiŋ	—	—	siŋ
《朴通事谚解》 (1677)	sin	tsiu	tsʰjən	—	tsʰiŋ	sjao	—
《朴通事新释谚解》 (1765)	sin	tsiu	tsʰjən	—	tsʰiŋ	sjao	—
《重刊老乞大谚解》 (1795)	sin	tsiu	tsʰjən	tsʰiŋ	—	—	siŋ
《华音启蒙谚解》 (1883)	sin	tsiu	tsʰjən	tsʰiŋ	tsʰiŋ	sjao	siŋ

(6)

书名	节 (尖音)	秋 (尖音)	尽 (尖音)	将 (尖音)	签 (尖音)	齐 (尖音)	席 (尖音)
《老乞大谚解》 (1670)	tsjə	tsʰju	tsin	tsjaŋ	tsʰjən	—	—
《朴通事谚解》 (1677)	tsjə	tsʰju	tsin	tsjaŋ	—	tsʰi	si
《朴通事新释谚解》 (1765)	tsjə	tsʰju	tsin	—	—	tsʰi	si

(续表)

书名	节(尖音)	秋(尖音)	尽(尖音)	将(尖音)	签(尖音)	齐(尖音)	席(尖音)
《重刊老乞大谚解》(1795)	tsjə	tsʰju	—	tsjaŋ	tsʰjən	—	—
《华音启蒙谚解》(1883)	tsjə	tsʰju	tsin	—	—	—	—

上表的例字数量虽少,仅 42 个,但足以从中分析近代北京话尖团音的情况,主要有以下几点:

1. 《老乞大谚解》(1670)和《朴通事谚解》(1677)的注音尖音团音清晰分明,因此,至 17 世纪,北京话的尖团音尚未合流。

2. 上表 25 个团音字中,《朴通事新释谚解》(1765)除 4 个字空缺,其中有 7 个发生了腭化,14 个仍然标注为团音,之后的《重刊老乞大谚解》(1795)除 2 个字空缺,其中有 9 个发生了腭化,14 个仍然标注为团音,显示出从 1765 年至 1795 年团音字的腭化在逐渐增多,但数量不多,未腭化的团音字仍是大多数。由此推测,自 18 世纪中叶之后,北京话的团音开始腭化,但直至 18 世纪末,北京话大多数的尖团音字仍然有别,没有合流。

3. 《华音启蒙谚解》(1883)中的团音字全都腭化了(除了表中所列之字,笔者调查了《华音启蒙谚解》上下全文,情况亦然)。例如"行(团音)"与"姓(尖音)",作为最小对立对,在《华音启蒙谚解》的谚文注音中,已经完全合流同音(均为 siŋ)。无疑,19 世纪末北京话里尖团音已完全合流了。

这里需要说明的是,谚文音系里只有一套塞擦音 [ts] 组声母,而没有 [tɕ] 组声母(只有在《华音启蒙谚解》里个别团音字"解、下"用了特殊谚文辅音符号,本书注国际音标为 tɕ、ɕ),受此所限,无法通过谚文来观察判断近代北京话尖音开始腭化的时间。但尖团开始混淆是确定的。

另外值得提出的是，上表中中古收 -m 尾的"心、今、金、签"等字均为 -n 尾，入声字"学、脚、乞、节、齐、席"等均为阴声韵，这也反映出了近代北京话语音的实际情况 —— -m 为变 -n 尾，入声尾消失。

6.2.5.2 朝鲜时代韵书《华东正音通释韵考》里的"华音"材料

学者朴性原 1747 年编著的《华东正音通释韵考》，是近代全面规范标记朝鲜语汉字音的韵书，其中用谚文分别标记了当时的朝鲜语汉字音"东音"和当时的汉语官话音"华音"。根据姜美勋（2005：13）的研究，《华东正音通释韵考》沿袭了《老乞大》《朴通事》的做法，记录的应该是北京话的时音，即"华音"。在此根据姜美勋（2005）的研究，分别从各个韵摄中选取一些字来看清代中期北京话的情况：

表 6.13

韵摄	汉字	华音 （18 世纪中叶清代官话）	东音 （18 世纪中叶朝鲜语汉字音）	《广韵》 音韵地位
果	伽	k^hja	ka	平戈群开三
假	姐	tsjə	tsjaa	上马精开三
假	写	sjə	sja	去祃心开三
遇	且	tsju	tsjə	平鱼精合三
遇	居	kju	kə	平鱼见合三
蟹	祭	tsi	tsjəi	去祭精开三
蟹	鸡	ki	kjəi	平齐见开四
效	焦	tsjao	tsjo	平宵精开三
效	骄	kjao	kjo	平宵见开三
流	酒	tsiu	tsju	上有精开三
流	樛	kiu	kju	平幽见开三
咸	尖	tsjən(-m)-n，下同)	$ts^hjəm$（保留 -m 尾，下同）	平盐精开三
咸	检	kjən	kəm	上琰见开三
咸	接	tsjə（入声变阴声韵，下同）	tsjəp（保留 -p 塞音尾，下同）	入叶精开三
咸	夹	kja	kjəp	入洽见开二

（续表）

韵摄	汉字	华音 （18世纪中叶清代官话）	东音 （18世纪中叶朝鲜语汉字音）	《广韵》 音韵地位
深	侵	tsʰin	tsʰim	平侵清开三
深	金	kin	kɨm	平侵见开三
深	急	ki	kɨp	入缉见开三
山	煎	tsjən	tsjən	平仙精开三
山	坚	kən	kjən	平先见开四
山	节	tsjə	tsjəl（有 -l 入声尾，下同）	入屑精开四
山	洁	kjə	kjəl	入屑见开四
臻	均	kjun	kjun	平谆见合三
臻	斤	kin	kɨn	平欣见开三
臻	七	tsʰi	tsʰil	入质清开三
臻	㞢	kju	kjul	入质晓开三
宕	将	tsjaŋ	tsjaŋ	平阳精开三
宕	姜	kjaŋ	kaŋ	平阳见开三
宕	钁	kjo	kak（保留 -k 塞音尾，下同）	入药见合三
宕	爵	tsjao	tsjak	入药精三
江	江	kjaŋ	kaŋ	平江见开二
江	觉	kjo	kak	入觉见开二
曾	兢	kiŋ	kɨŋ	平蒸见开三
曾	即	tsi	tsɨk	入职精开三
曾	棘	ki	kɨk	入职见开三
梗	惊	kiŋ	kjəŋ	平庚见开三
梗	青	tsʰiŋ	tsjjəŋ	平青清开四
梗	锡	si	sjək	入锡心开四
梗	激	ki	kjək	入锡见开四
通	菊	kju	kuk	入屋见合三

上表显示,《华东正音通释韵考》(1747) 所标注的 18 世纪中期清代官话的尖团音是清晰分明的,以及 -m〉-n、入声韵变阴声韵等声韵母读音情况与相差 20 年的汉语教科书《朴通事新释谚解》(1765) 基本吻合,不过后者已经有少量团音字发生了腭化。由此也证明前文的推测,《圆音正考》(1743) 时期的尖团音是清晰分明的,而北京话里团音的腭化始于 18 世纪中叶。

6.2.6 满汉合璧教科书《清文启蒙》

《清文启蒙》最初刊行于 1730 年,作者舞格,是一部以满汉对译形式编排,用于给初学者学习满语的教科书。书中的汉语为浅易的白话,应为当时的北京口语(参见 3.4 节)。笔者查阅了三个版本,一为宏文阁藏板《清文启蒙》,二为三槐堂梓行《清文启蒙》,三为《兼满汉语满洲套话清文启蒙》,出版署不明。其中《兼满汉语满洲套话清文启蒙》最具特色,不仅有满汉对译,还用满文字母为每个汉字标注了读音,这在满汉合璧文献中极为罕见。每一大列从左至右按满文、满文对汉字的注音、汉字的顺序排列。如下图:

图 6.4

根据竹越孝（2011：2）的研究，该版本的刊行年代应为1761年。据此可以认为，该版本反映的汉字音应为1761年前后的读音。其中尖团音的读音如下表。

表 6.14

团音		尖音	
满文转写	IPA	满文转写	IPA
见 jiyan（1a）	tɕian	嚼 giyao（24b）	kiao
技 ji（1b）	tɕi	就 gio（2b）	kio
去 kioi（2b）	kʰioi	趣 kioi（16a）	kʰioi
岂 ci（1b）	tshi	齐 ci（18a）	tshi
喜 hi（2b）	xi	细 si（51a）	si
行 hing（2a）	xiŋ	心 sin（24a）	sin
晓 hiyao（3b）	xiao	小 siyoo（30a）	sio

上表阴影部分显示出，已经有一部分团音字和尖音字出现了混淆——本为团音而标为尖音，而本为尖音又标为团音。但是通观全书，仍有很大一部分的尖团音是对立区分的，并不混淆。因此，在1761年前后，已经有一部分尖团音开始混淆合流，但仍有大量的字保持尖团分明。这与上文提到的1765年《朴通事新释谚解》中出现的少量尖团混淆的现象在时间上正好一致。

这里需要注意以下三点：

1. 根据锄田智彦（2013：5）的研究，顺治年间刊行的《满文三国志》（1650）中，以满文表示人名地名时，见组、精组的擦音在标音上出现了混淆的情况。对此，锄田的解释为，对《三国志》进行满语翻译的人并非北京人，有可能来自胶辽官话区，受到方言影响，这种见精组擦音的混淆不能看作是北京话的现象。对此，笔者是基本同意的。

2. 对于上一点，笔者还有另外一种解释。清前期满族人的汉语水平并不高,《满文三国志》发行于1650年,清军才刚刚入关,因此很多满人还不会说汉语(参见2.1节)。根据寺村政男(2008:298—299)的研究,1702年的《满汉成语对待》中一些用满文对汉字注音的现象,其中不仅有部分尖团音是混乱的,而且其他字的注音同样也有混淆或前后不一致的地方,还有的疑难字根本没有注音或误看作其他字而标注一个错误的读音。这些现象并不能说明当时这些字有两读或读音正在发生变化,而是因为满人的汉语水平还不高,对一些汉字的读音判断不准而造成的注音混乱。这在乾隆以后才得到了改善。

3. 根据王为民(2017)的研究,清前期北京话尖团音依然有别,但音值已变为两套塞擦音,但满语只有一套塞擦音,满人在分辨尖团上有困难,因此某些满汉对音材料中出现了尖团混淆的情况,并不能说明北京话的尖团音业已混淆。对于王为民先生的结论,笔者基本同意。但在其依据上,笔者还有其他看法。清前期北京话的尖团音是否变成了两套塞擦音和满语在当时是否只有一套塞擦音还有待商榷,但满语自身的Ki系音、Si系音、Ji系音、C系音发生混淆却可以找到明确依据。例如《清文启蒙》(1730)中卷一中每逢"kik, gik, kis, gis, kit, git"等ki系字一定会加以"此句咬字念"(如图6.5)而强调这些音的发音部位,"咬字"在《清文启蒙》中有明确解释:"咬字者,舌尖下贴,舌根上贴也。"(三槐堂本,8b4)这一描述类似于舌根后音,可见当时满语的舌根后音已发生变化,因此才要强调其发音部位。

图 6.5[①]

[①] 图像来自北京大学图书馆藏《清文启蒙》(三槐堂本)扫描版。

另外,《清文启蒙》卷四中"音同字辨似"部分将"hasi 茄子,hahi 紧疾(三槐堂本,4b)""kercimbi 刀划解胁条,kerkimbi 犬怒吠不止(三槐堂本,5a)"等各组分别看作同音,即 si=hi,ci=ki,可见当时满语自身的舌根音、舌尖音、舌面音在后接 i 元音时,发生了混淆。因此,对于清前期的满汉对音材料一定要慎重,在满人的汉语水平不高以及满语自身舌根音、舌尖音混淆的情况下,当某个汉语团音字与满文的舌尖音对应时,不能只看作汉语尖团混淆,而有可能是满语的实际发音也发生了混淆。而上文提到的《兼满汉语满洲套话清文启蒙》刊行于 1761 年,已经进入乾隆年间,满人的汉语水平已经很高,甚至成为母语,其中对汉字的注音应该较为可信。

6.2.7 《语言自迩集》中的尖团音

在《语言自迩集》(1867)第一部分(Part Ⅰ)的语音表(Sound table)中可以明显看出,当时北京话尖团音已完全合流了。这里部分列举并对比中古声母如下表。

表 6.15

声母音值	注音及例字		所属字母
tɕ	chiang	江	见母
tɕʰ	ch'iang	抢	清母
tɕ	chieh	街	见母
tɕʰ	ch'ieh	且	清母
tɕ	chiu	酒	精母
tɕʰ	ch'iu	秋	清母
ɕ	hsi	西	心母
ɕ	hsia	夏	匣母

(续表)

声母音值	注音及例字		所属字母
ç	hsin	心	心母
ç	hsio	学	匣母
ç	hsiu	修	心母
ç	hsiung	兄	晓母

6.2.8 小结

北京话尖团音合流是历史上的一个重要现象,这一音变现象究竟在何时开始,在何时完成,以往学者们说法不一。经过深入细致的考察探究,笔者的观点概括如下:

1. 清代《圆音正考》(1743)的作者最早将汉语见组拼合细音与精组拼合细音这两类读音现象分别用术语"尖音""团音"予以概括说明,这是近代汉语音韵的重要理论创新。该书中列出尖音、团音分类字表,并用满文注音,这并不意味着当时北京话的尖团音已经合流了,因为原序中明确指出当时尖团音的区别"判若泾渭"。

2. 根据记录北京时音的韵书《重订司马温公等韵图经》(1606)、《李氏音鉴》(1805),以及朝鲜时代汉语口语教科书《老乞大谚解》(1670)、《朴通事谚解》(1677)、《朴通事新释谚解》(1765)、《重刊老乞大谚解》(1795)、《华音启蒙谚解》(1883)中谚文标记的北京音,韵书《华东正音通释韵考》(1747)中谚文标记的清代官话音,以及满汉合璧文献《清文启蒙》的满文注音,笔者有理由认为,北京话里团音的腭化始于18世纪中叶;至18世纪末,北京话大多数的尖团音字仍然有别;直到19世纪上半叶,北京话才完成尖团音的合流。如下所示:

3. 尖团音合流是一个渐变扩散的过程。曹志耘（2008：66）中显示，现代汉语方言里区分尖团音是有程度差异的，从25%至100%区分尖团音的在地图上均有分布。例如笔者曾调查过的云南腾冲话，老一辈人对尖团的区分是非常清楚明确的，年轻一辈可能是受普通话影响，已经出现了尖团合流的端倪，但大部分字仍尖团分明。例如常用字"九（团音）""酒（尖音）"在语流中已经同音（腾冲话团音音值为 tɕ 组，尖音为 ts 组，尖音发生腭化，与团音同音）。所以尖团音这种共时的年龄差异可以反映历时演变的线索，这在一定程度也旁证了北京话的尖团音合流不是一蹴而就的。

4. 值得一提的是，上文提到的《钦定对音字式》，清代对其发布了前后两道诏令。第一次乾隆三十七年（1772）奉乾隆皇帝政令编写出版，后道光十六年（1836）道光皇帝又颁布政令将该书再版。1772年正好是尖团混淆的时期，而1836年尖团音已经完全合流，且满人已经基本完成了母语转换。这两个时期强调《钦定对音字式》的重要性，可以推测，当时的语言可能正在发生重要的变化。

5. 需要说明的是，1913年民国政府"读音统一会"审定的《国音字典》音系中既分平翘，也分尖团，还有入声调，这个兼顾南北的"国音"并不反映当时北京话的实际读音。当时的北京话已经尖团合流，也没有入声调了。

结　语

　　本书搜集了大量清后期至民国初期反映北京话的文献材料，分析了清后期至民国初期北京话的语法、词汇、语音中的几例个案。这些个案有的已经消亡，有的至今依然活跃，它们不仅体现了清后期至民国初期的北京话与当代北京话的区别，也体现了这一时期北京话对当代北京话及现代汉语的诸多影响。现将整篇论文的研究脉络再总结如下。

　　清军入关初期，绝大部分满人的母语为满语，汉语并不精熟。康熙中期以后，虽然渐渐出现了更多的满汉双语者，但大部分的满人仍能熟练掌握满语。清中期以后，尤其是乾隆后期至嘉庆年间（18世纪末），社会形态发生了诸多变化。首先是满人已经完成了母语转换，且目标语言并非南京官话，而是北京话。随后北京话的影响力逐渐波及全国，全国各地无不"趋仰京话"，积极学习北京话，这是与统治阶级使用北京话密不可分的。文学作品中也出现了用北京话创作的白话小说，最具代表性即《红楼梦》。正音材料方面，出现了以"北京话"为正音的文献《正音撮要》《正音咀华》等。满（蒙）汉合璧文献方面，由于满语的衰落，出现了各种满（蒙）语教科书，如《清文启蒙》《清文指要》《三合语录》等，绝大部分为满（蒙）汉合璧形式，其中的汉语部分为北京口语。戏曲作品方面，出现了由八旗子弟开创的"子弟书"，初期的风格较为雅驯。

　　道光后期，尤其是鸦片战争以后，社会形态又发生了很大变化。外国公使及军队的入驻，了解到北京话的特殊地位，为了在通商、政治和文化交流上更加便利，大量编纂汉语教科书，这些教科书均以北京话为基础，这在客观上进一步加深了北京话的影响力,例如西人的《语言自迩集》《华英通俗编》《官话类编》等,日本的《官话指南》《自迩集平仄篇四声联珠》《北京官话今古奇观》等。另外,这一时期的内忧外患,使得旗人地位愈发下降,生活窘迫,与市井平民融为一片,因此风格相对雅驯的"子弟书"逐渐失去立足之地,取而代之的是更通俗的戏曲形式,如小曲、单弦、相声等,且相对保守的戏曲剧本也出现了口语色彩浓重的剧目,如"玉霜簃藏曲"中的《十全福》。国家越来越沉重的危难,激发了一批有识之士的救国热情。救国首先要开通民智,开通民智就要用通俗易懂的文学形式传播良好的社会风气,因此清末以蔡友梅为代表的一批"京味儿小说家"应运而生,这些小说家活跃至民国初期,创作了大量反映纯正北京口语的白话小说,如《小额》《大樱桃》《张铁汉》《于小辫》等。以上是本书研究的主要材料。

根据这些"应时代而生"的北京话文献,笔者得以深入研究其中反映出的语言现象。

首先是三个语法结构:"所+VP""这个/那个+VP""简直(的)+VP"。1."所+VP"是清后期出现的一个特殊的语法现象,"所"作为副词,表示"完全""实在"义。"所+VP"是前人没有细致研究过的语法现象,只有简单提及。根据笔者的研究,"所+VP"最早出现于19世纪50年代左右,消亡于20世纪40年代,只持续了不到百年的时间,且只限用于北京口语。其消亡原因应符合"功能负担"的理论。其来源还有待讨论。2."这个/那个+VP"结构是清末出现的一个特殊现象,整体结构表达强烈的感叹语气。根据笔者的研究,"这个+VP"最早出现于20世纪初,"那个+VP"最早出现于20世纪20年代。该结构至今仍活跃于口语中,使用地域主要限于北京及周边区域,由于普通话的传播,全国其他地区也有使用。其中的VP具有"高可及性"特征,VP所表现的行为性质内容是说话人和听话人的知识范围和理解力均可以懂得或易于推知的。3."简直(的)+VP"结构是出现于清后期的一个语法现象,"简直"又分为三种用法,"简直$_1$"为形容词,表笔直,历史悠久,后演变为副词;"简直$_2$"为副词,又写作"剪/翦/箭直"表示"索性、干脆、直截"义,产生于 18 世纪 70 年代,消亡于 20 世纪 60 年代;"简直$_3$"为副词,表示"强调完全如此或差不多如此",产生于 19 世纪 80 年代,至今仍活跃于北京口语。笔者结合第六章对尖团音的研究,认为"简直$_1$"与"简直$_2$""简直$_3$"有各自不同的来源,其原因为"简"与"剪/翦/箭"分属团音与尖音,19 世纪初以前,尖团音还未完全合流,字形的差别反映了语音上的区别,因此不应该是同一来源。以上三个语法现象出现及消亡时间总结如下:

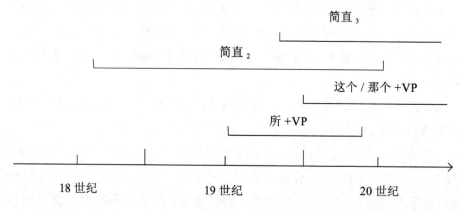

其次是三个新出现的副词:"挺""赶紧""反正"。"挺"的副词用法最早出现于 19 世纪 30 年代;"赶紧"的副词用法最早出现于 19 世纪初;"反正"的副词用法最早可能出现于 19 世纪末。这三个副词均出现于清后期,在现代汉语及北京话中均为使用频率很高的副词,可见清后期出现的新副词对现当代的影响力。

最后是清后期和民国初期北京话的语音现象。笔者先整体分析了这一时期北京话的语音面貌,着重讨论了北京话从清后期到现代的声调变化:阴平调由高平、高降统一为高平;去声调由低降变为高降。后对尖团音的合流进行了探讨,笔者认为北京话的尖团音在 18 世纪中叶仍清晰分别;18 世纪后半叶开始,尖团音出现混淆;直至 19 世纪初,尖团音完全合流。这不仅理清了尖团合流的整个线索,还为本书语法部分"简直(的)+VP"的研究提供了重要支持。

本书还存在很多待解决的问题。例如近期一批清末京味儿小说已经被影印出版,数量甚多,还亟待研究利用;"所+VP"的历史来源,是否有满汉对译的促进;"这个/那个+VP"的结构性质及历史线索还有待深入挖掘等。另外,全书对清后期至民国初期北京话的一些个案进行了研究,只是对这一时期北京话的管窥,还有其他不少语言现象亟待研究。笔者今后仍会致力于这一时期北京话的研究,希望能发掘更多语言现象,以使清后期至民国初期北京话的整体面貌更加清晰地展现出来。

参考文献

艾溢芳（2016）《高本汉〈北京话语音读本〉整理与研究》，北京：北京大学出版社。

爱新觉罗·瀛生（1986）《满语读本》，长春：吉林教育出版社。

爱新觉罗·瀛生（1993）《北京土话中的满语》，北京：北京燕山出版社。

白维国（2010）《白话小说语言词典》，北京：商务印书馆。

白维国、江蓝生、汪维辉（2015）《近代汉语词典》，上海：上海教育出版社。

鲍明炜、王均（2002）《南通地区方言研究》，南京：江苏教育出版社。

北京大学中国语言文学系语言学教研室（1964）《汉语方言词汇》，北京：文字改革出版社。

北京大学中国语言文学系语言学教研室（1989）《汉语方音字汇》，北京：文字改革出版社。

曹志耘主编（2008）《汉语方言地图集》（语音卷），北京：商务印书馆。

陈保亚（1999）《20世纪中国语言学方法论》，济南：山东教育出版社。

陈刚（1985）《北京方言词典》，北京：科学出版社。

陈刚、宋孝才、张秀珍（1997）《现代北京口语词典》，北京：语文出版社。

陈群（2006）《近代汉语程度副词研究》，成都：巴蜀书社。

陈晓（2009）论"这个/那个+VP"特殊结构，《南开语言学刊》，第2期，97—107页。

陈晓（2013a）清末民初北京话里的程度副词"所"，《中国语文》，第2期，163—169页。

陈晓（2013b）清朝の北京語の尖音団音について，早稻田大学《中国文学研究》第三十九期，11—29页。

陈晓（2015a）清东陵满族乡语言调查纪略，载远藤光晓、石崎博志主编《现代汉语的历史研究》,杭州:浙江大学出版社,110—122页。

陈晓(2015b)清后期至民初"简直(的)+VP"结构,日本《中国语研究》第五十七号,56—74页。

陈晓(2015c)从句末语气词角度管窥清代北京话的语法特征,The 7th International Conference in Evolutionary Linguistics(第七届演化语言学国际研讨会)展板论文,天津。

陈晓(2015d)从满(蒙)汉合璧等文献管窥清代北京话的语法特征,《民族语文》,第5期,21—34页。

陈晓(2016a)清后期北京话新出现的副词"赶紧",《南开语言学刊》,第1期,57—62页。

陈晓(2016b)清朝後期の副詞"挺"について,日本《中国語研究》第五十八号,90—101页。

陈晓(2016c)《四聲聯珠》の言語について,日本中国語学会第66回全国大会宣读论文,日本立命館アジア太平洋大学。

陈晓(2017a)清東陵の人と言語,日本満族史研究会第32回大会宣读论文,日本早稻田大学。

陈晓(2017b)清中后期至民国初期北京话语音特点及其变化,国际中国语言学学会第25届年会"青年学者奖"入围者发表论文,匈牙利 Eötvös Loránd University。

陈晓(2017c)《十全福·导读》,北京:北京大学出版社。

陈晓强(2012)《敦煌契约文书语言研究》,北京:人民出版社。

邓涛、刘立文(1994)《中国古代戏剧文学史》,北京:北京广播学院出版社。

丁险峰(2002)试论"简直+……"结构的句法、语义、语用,《语言文字应用》,第4期,84—89页。

董树人(2011)《新编北京方言词典》,北京:商务印书馆。

董正存(2008)语气副词"反正"的用法及相关问题研究,《语文研究》,第2期,12—22页。

方梅(2002)指示词"这"和"那"在北京话中的语法化,《中国语文》,第4期,343—356页。

方梅(2011)北京话的两种行为指称形式,《方言》,第4期,368—377页。

方梅、张伯江(2001)《汉语功能语法研究》,南昌:江西教育出版社。

冯蒸(1997)尖团字与满汉对音——《圆音正考》及其相关诸问题,载冯蒸《汉语音韵学论文集》,北京:首都师范大学出版社。

冯春田(2000)《近代汉语语法研究》,济南:山东教育出版社。

冯春田(2012)《明清山东方言语法研究》,济南:山东教育出版社。

傅惜华(1954)《子弟书总目》,上海:上海文艺联合出版社。

高艾军、傅民(2001)《北京话词语》,北京:北京大学出版社。

高晓虹(2009)《北京话入声字的历史层次》,北京:北京语言大学出版社。

高晓虹、刘淑学(2006)《语言自迩集》中的入声字读音,《语言教学与研究》,第6期,32—39页。

高晓虹、刘淑学(2008)北京话韵母 ou o e ie ye 溯源,《语言教学与研究》,第1期,62—68页。

高玉(2001)对五四白话文学运动的语言学再认识,《中国现代文学研究丛刊》,第3期,97—112页。

耿振生(1992)《明清等韵学通论》,北京:语文出版社。

耿振生(2007)从历史上的人口变迁看近代北京话的递嬗延续,载耿振生编《近代官话语音研究》,北京:语文出版社,234—360页。

顾学颉(1983)《元曲释词》,北京:中国社会科学出版社。

郭力(2004)《重订司马温公等韵图经》研究,见《古汉语研究论稿》,北京:北京语言大学出版社。

郭力(2004)《重订司马温公等韵图经》的声母系统,《古汉语研究》,第2期,18—24页。

郭锐(2002)《现代汉语词类研究》,北京:商务印书馆。

郭锐、陈颖、刘云(2017)从早期北京话材料看虚词"了"的读音变化,《中国语文》,第4期,387—402页。

汉语大词典编辑委员会（1994）《汉语大词典》，上海：上海辞书出版社，汉语大词典出版社。

汉语大字典编辑委员会（1990）《汉语大字典》，成都：四川辞书出版社，武汉：湖北辞书出版社。

汉语大字典编辑委员会（2006）《汉语大字典（第二版）》，成都：四川辞书出版社，武汉：湖北辞书出版社。

何群雄（2002）《初期中国語文法学史研究資料 —J. プレマールの〈中国語ノート〉》，东京：三元社。

洪波（2008）周秦汉语"之 s"的"高可及性"及相关问题，《中国语文》，第 4 期，304—316 页。

侯宝林、薛宝琨等（1982）《相声溯源》，北京：人民文学出版社。

侯精一（1962）百年前的广东人学"官话"手册《正音咀华》，《语文建设》，第 12 期，22—23 页。

侯精一主编（1997—1999）《现代汉语方言音库》，上海：上海教育出版社。

后觉（1926）《国语声调研究》，上海：中华书局。

胡明扬（2005）《北京话初探》，北京：商务印书馆。

胡增益（1994）《新满汉大词典》，乌鲁木齐：新疆人民出版社。

季永海（1993）满族转用汉语的历程与特点，《民族语文》，第 6 期，39—44 页。

季永海（2004）从接触到融合 —— 论满语文的衰落（上），《满语研究》，第 1 期，24—34 页。

季永海（2005）从接触到融合 —— 论满语文的衰落（下），《满语研究》，第 1 期，49—55 页。

江蓝生（1992）助词"似的"的语法意义及其来源，《中国语文》，第 6 期，445—452 页。

江蓝生（1994）《燕京妇语》所反映的清末北京话特色（上），《中国语文》，第 4 期，15—19 页。

江蓝生（1995）《燕京妇语》所反映的清末北京话特色（下），《中国语文》，第 1 期，10—16 页。

姜美勋(2005)《〈华东正音通释韵考〉译释及其与现代韩语汉字音系比较研究》,南开大学博士论文。

蒋绍愚、曹广顺(2005)《近代汉语语法史研究综述》,北京:商务印书馆。

焦立为(2001)遵化方言口语中上声的变化,载《新世纪的现代语音学——第五届全国现代语音学学术会议论文集》,北京:清华大学出版社。

焦一和(2012)浅析副词"简直"的演变及语义,《安阳师范学院学报》,第2期,108—113页。

金基石(2001)尖团音问题与朝鲜文献的对音,《中国语文》,第2期,65—71页。

黎锦熙(1935)《国语运动史纲》,上海:商务印书馆。

黎新第(2006)近百年来的清代汉语共同语音研究述略,《重庆师范大学学报》(哲社版),第2期,113—118页。

李德启编、于道泉校(1933)《国立北平图书馆故宫博物院图书馆满文书籍联合目录》,北平图书馆、故宫博物院图书馆。

李刚、张昕(2007)老舍作品中语言的欧化现象分析,《燕山大学学报》,第三期,90—95页。

李蓝(2006)《尖团定义与尖团的分混类型》,载《山高水长:丁邦新先生七秩寿庆论文集》,台北:历史语言学研究所。

李荣主编(2002)《现代汉语方言大词典》,南京:江苏教育出版社。

李如龙、张双庆(1999)《代词》,广州:暨南大学出版社。

李思敬(1986)《汉语"儿"[ɚ]音史研究》,北京:商务印书馆。

李思敬(2000)现代北京话的轻音和儿化溯源——传统音韵学和现代汉语语音研究结合举隅,《语文研究》,第3期,1—10页。

李姝(2008)《"马上、赶紧"类短时副词研究》,广西师范大学硕士论文。

李无未(2012)《日本汉语音韵学史》,北京:商务印书馆。

李无未、邱宏香(2007)日本明治时期北京官话语音课本和工具书,《汉语学习》,第6期,88—94页。

李无未、杨杏红(2011)清末民初北京官话语气词例释,《汉语学习》,第1期,96—103页。

李孝聪、成一农(1999)《清代北京城王府建筑的选址与分布》,北京:商务印书馆。

李新魁(1985)普通话语音发展述略,载《李新魁音韵学论集》(1997),汕头:汕头大学出版社。

李新魁、麦耘(1993)《韵学古籍述要》,西安:陕西人民出版社。

李修生主编(1997)《古本戏曲剧目提要》,北京:文化艺术出版社。

辽宁省少数民族社会历史调查组(1985)《满族社会历史调查》,沈阳:辽宁人民出版社。

林焘(1985)北京话去声连读变调新探,载《林焘语言学论文集》(2001),北京:商务印书馆,81—92页。

林焘(1987a)北京官话区的划分,载《林焘语言学论文集》(2001),北京:商务印书馆,190—201页。

林焘(1987b)北京官话溯源,载《林焘语言学论文集》(2001),北京:商务印书馆,173—189页。

林焘(1991)北京东郊阴阳平调值的转化,载《林焘语言学论文集》(2001),北京:商务印书馆,93—103页。

林焘主编(2010)《中国语音学史》,北京:语文出版社。

林焘、周一民、蔡文兰(1998)《北京话音档》,上海:上海教育出版社。

刘达科(2001)董文焕《陈金雀传》摭谈——近代戏曲史料钩沉之一,《山西大学师范学院学报》,第4期,74—75页。

刘丹青(2007)汉语名词性短语的句法类型特征,北京大学语言学暑期班宣读论文,北京。

刘冬青(2010)北京话"赶紧"类副词的历时嬗变(1750—1950),《常州工学院学报》(社科版),第4期,62—66页。

刘复(1924)《四声实验录》,上海:群益书社。

刘坚、曹广顺、吴福祥(1995)论诱发汉语词汇语法化的若干因素,《中国语文》,第3期。

刘善涛、李敏(2010)副词"反正"的产生和发展,《汉字文化》,第2期,42—46页。

刘一之(2011)《小额(注释本)》,北京:世界图书出版公司。

刘一之(2014)《益世余谭》,北京:北京大学出版社。
刘云(2013)早期北京话的新材料,《中国语文》,第2期,170—177页。
龙潜安(1985)《宋元语言词典》,上海:上海辞书出版社。
陆澹安(1979)《小说词语汇释》,上海:上海古籍出版社。
陆志韦(1956)《北京话单音词词汇》,北京:科学出版社。
吕叔湘(1999)《现代汉语八百词(增订本)》,上海:商务印书馆。
马志侠(2007)《遵化方言语音研究》,河北大学硕士论文。
梅祖麟(1988)汉语方言里虚词"著"字三种功能的来源,载《梅祖麟语言学论集》,155—187页。
宁继福(1985)《中原音韵表稿》,长春:吉林文史出版社。
牛昶煦等(1891)《丰润县志》,载《中国方志所录方言汇编》,《横滨市立大学纪要》,1963,东京:マイクロサービスセンター。
彭宗平(2005)《北京话儿化词研究》,北京:中国传媒大学出版社。
朴在渊(2002)《中朝大辞典》,中韩翻译文献研究所。
齐春红(2006)《现代汉语语气副词研究》,华中师范大学博士论文。
齐如山(1990)《北京土话》,北京:北京燕山出版社。
钱玄同校,马立勋编(1929)《聊斋白话韵文》,北京:樸社出版部。
钱曾怡(2001)《山东方言研究》,济南:齐鲁书社。
钱曾怡(2010)《汉语官话方言研究》,济南:齐鲁书社。
全国国语教育促进会审词委员会编(1935)《标准语大辞典》,上海:商务印书馆。
商务印书馆辞书研究中心(2002)《古今汉语词典》,北京:商务印书馆。
石锋、王萍(2006)北京话单字音声调的统计分析,《中国语文》,第1期。
邵艳(2005)近代日本における中国語教育制度の成立,《神戸大学発達科学部研究紀要》12(2),141—170页。
斯维(2015)玉霜簃旧藏陈金雀抄本《十全福》传奇研究,《四川戏剧》,第9期,75—86页。
孙德金(1989)《北京西郊火器营满人的北京话调查》,中国人民大学硕士论文。

孙锡信（1999）《近代汉语语气词》，北京：语文出版社。

谭其骧主编（1987）《中国历史地图集》（1996年版），北京：中国地图出版社。

唐圭璋编（1965）《全宋词》，北京：中华书局。

唐作藩（2011）《汉语语音史教程》，北京：北京大学出版社。

汪维辉主编（2005）《朝鲜时代汉语教科书丛刊》，北京：中华书局。

汪维辉、远藤光晓、朴在渊、竹越孝（2011）《朝鲜时代汉语教科书丛刊续编》，北京：中华书局。

汪怡（1924）《新著国语发音学》，上海：商务印书馆。

王秉愚（2009）《老北京风俗词典》，北京：中国青年出版社。

王福堂（1999）《汉语方言语音的演变和层次》，北京：语文出版社。

王洪君（2006）北京话清入归调的层次和阶曲线判定法，《语言学论丛》第三十三辑，北京：商务印书馆，223—245页。

王钧主编（1995）《当代中国的文字改革》，北京：当代中国出版社。

王力（1943）《中国现代语法》，载《汉语语法丛书》（1985），商务印书馆。

王力（1982）《汉语音韵学》，北京：中华书局。

王力（1985）《汉语语音史》，北京：中国社会科学出版社。

王庆丰（2009）《满语简志》，载《中国少数民族语言简志丛书》（修订本·卷陆），北京：民族出版社。

王为民（2006）《正音撮要》作者里籍及版本考论，《古籍整理研究学刊》，第6期，53—56页。

王为民（2017）满文文献与尖团音问题，《中国语文》，第3期，339—352页。

王为民、杨亦鸣（2004）《〈音韵逢源〉氐毕胃三母的性质》，《民族语文》，第4期，58—66页。

王锳（1997）《宋元明市语汇释》，贵阳：贵州人民出版社。

王锳（2008）《宋元明市语汇释（修订增补本）》，北京：中华书局。

王远新、张阳、李媛冬（2012）《北京官话方言岛研究：清东陵和清西陵的满族汉语》，北京：中央民族大学出版社。

魏兆惠、宋春芳(2012)清末民初北京官话的"简直""剪直""箭直",《宁夏大学学报》,第 4 期,31—34 页。

吴新雷(2010)花落谁家?——程砚秋"玉霜簃藏曲"的最终归宿,《徐州工程学院学报》,第 1 期,76—77 页。

吴志霄(1984)"赶紧""立刻""马上"的意义和语法特点,《汉语学习》,第 2 期,30—34 页。

夏晓虹(1985)五四白话文学的历史溯源,《中国现代文学研究丛刊》,第 3 期,22—41 页。

夏子鎜等(1884)《玉田县志》,载《中国方志所录方言汇编》,《横滨市立大学纪要》,1963,东京:マイクロサービスセンター。

向熹(1993)《简明语法史》(上、下),北京:高等教育出版社。

解惠全等(2008)《古书虚词通解》,北京:中华书局。

徐德亮(2010)《清中叶至民国北京地区俗曲研究》,北京:蓝天出版社。

徐烈炯、刘丹青(1998)《话题的结构与功能》,上海:上海教育出版社。

徐沁君(1980)《新校元刊杂剧三十种》,北京:中华书局。

徐世荣(1990)《北京土语辞典》,北京:北京出版社。

许少峰(2008)《近代汉语大词典》,北京:中华书局。

杨梅、刘冬青(2009)《红楼梦》中"很"类程度副词计量考察,《湖南职业技术学院学报》3 月号,47—52 页。

杨亦鸣(1992)《〈李氏音鉴〉音系研究》,陕西人民教育出版社。

杨亦鸣、王为民(2003)《圆音正考》与《音韵逢源》所记尖团分合之比较研究,《中国语文》,第 2 期,131—136 页。

杨自翔(1985)蓟县城关语言调查,马兰峪镇三村语言调查,未刊稿。

杨自翔(1987)《李氏音鉴》所反映的北京音系,《语言研究论丛》(第四辑),天津:南开大学出版社。

姚伟嘉(2013)《官话急就篇》《急就篇》词汇比较研究,载远藤光晓、石崎博志主编《现代汉语的历史研究》,杭州:浙江大学出版社,172—190 页。

叶宝奎(2001)《明清官话音系》,厦门:厦门大学出版社。

袁毓林(1996)话题化及相关的语法过程,《中国语文》,第4期,241—254页。

张惠英(2001)《汉语方言代词研究》,北京:语文出版社。

张美兰(2007)《语言自迩集》中的清末北京话口语词及其贡献,《北京社会科学》第5期,83—88页。

张美兰(2009)清末北京官话的句法特点——以几部域外北京官话资料为例,《人文中国学报》,第15期,137—165页。

张美兰(2011)《明清域外官话文献语言研究》,长春:东北师范大学出版社。

张世方(2010)《北京官话语音研究》,北京:北京语言大学出版社。

张卫东(1998)威妥玛氏《语言自迩集》所记北京音系,《北京大学学报》(哲社版),第4期,135—143页。

张卫东(2002)《语言自迩集·译序》,载威妥玛著《〈语言自迩集〉——19世纪中期的北京话》,北京:北京大学出版社。

张卫东(2012)《张卫东演唱说戏牡丹亭》,北京:新世界出版社。

张阳(2011)《清东陵北京话方言岛语音调查》,中央民族大学硕士论文。

张谊生(2000)《现代汉语副词研究》,上海:学林出版社。

张谊生(2004)《现代汉语副词探索》,上海:学林出版社。

张玉萍(2009)《近代汉语研究索引》,成都:巴蜀书社。

赵尔巽、柯劭忞等(1977)《清史稿》,北京:中华书局。

赵宏刚(2016)"这/那"表程度用法探源,《中國語学》,263号,118—133页。

赵寰熹(2012)《清代北京城八旗分布与变迁》,北京大学博士论文。

赵杰(1996)《满族话与北京话》,沈阳:辽宁民族出版社。

赵景深(1942)《小说戏曲新考》,上海:世界书局。

赵元任(1927)*A Note on Lia, Sa, etc, Harvard Journal of Asiatic Studies.*

赵元任(1935)《新国语留声片课本(甲种注音符号本)》,上海:商务印书馆。

赵元任(1948)*Mandarin Primer, An Intensive Course in Spoken Chinese.* 中译本:《北京口语语法》(1952),李荣译,上海:开明书店。

赵元任(1956)中国语言的声调、语调、唱读、吟诗、韵白、依声调作曲和不依声调作曲,载《赵元任音乐论文集》(1994),北京:中国文联出版公司,1—13页。

赵元任(1968)*Mandarin Primer, An Intensive Course in Spoken Chinese*. 中译本:《中国话的文法》(1980),丁邦新译,载《中国现代学术经典·赵元任卷》(1996),石家庄:河北教育出版社。

郑萦、陈蒝霖(2005)语气副词"也许"的语法化历程,《新竹教育大学语文学报》,第十二期,181—211页。

中国社会科学院、澳大利亚人文科学院(1987)《中国语言地图集·官话方言之二》,香港:朗文出版(远东)有限公司。

中国社会科学院语言研究所词典编辑室(2012)《现代汉语词典》(第6版),北京:商务印书馆。

中国戏曲研究院(1960)《中国古典戏曲论著集成》第八集《曲话》,北京:中国戏剧出版社。

周定一(1979)"所"字别义,载《周定一文集》,北京:中国社会科学出版社,2012年,211—220页。

周妙中点校(1993)《蒋士铨戏曲集》,北京:中华书局。

周明泰(1951)《京戏近百年琐记》,载刘绍唐、沈苇窗主编《平剧史料丛刊》,1974年,台北:传记文学出版社。

周赛华(2004)近代北音音韵文献《音泭》述要,《古汉语研究》,第3期,14—19页。

周一民(1998)《北京口语语法(词法卷)》,北京:语文出版社。

周一民(2002)《现代北京话研究》,北京:北京师范大学出版社。

周一民(2009)《北京俏皮话词典》,北京:商务印书馆。

周有斌、邵敬敏(1993)汉语心理动词及其句型,《语文研究》,第3期,32—37页。

朱德熙(1982)《语法讲义》,北京:商务印书馆。

遵化县志编纂委员会(1990)《遵化县志》,石家庄:河北人民出版社。

岸田文隆（1994）満洲字による漢字音表記の規範化——満洲字千字文を資料として,《言語學研究》13,1—23 页。

板垣友子（2013）中國語教本《官話急就篇》と《急就篇》の比較——"問答"の語彙變化,《中國語教育》,第 11 号。

冰野善寛（2010）《官話指南》の多様性——中国語かろ国語教材,《東アジア文化交渉研究》,第 3 号,237—259 页。

波多野太郎（1986）《中國語學資料叢刊》,东京:不二出版。

博良勋（1947）《助词的研究》誊写版。

仓石武四郎（1963）《岩波中国语辞典》,东京:岩波书店。

长泽规矩也（1974）《明清俗语辞书集成》,东京:汲古书院。

承志（2009）《ダイチン・グルンとその時代》,名古屋:名古屋大学出版会。

锄田智彦（2013）《満洲字表記の漢語に基づく近世中国語音の研究》,早稲田大学博士论文。

高田时雄（2001）トマス・ウェイドと北京語の勝利,载狭间直树编《京都大學人文科學研究所 70 周年記念シンポジウム論集》,京都大学学术出版会,127—142 页。

宫崎市定（1987）《科挙史》,东京:平凡社。

古屋昭弘（2008）《老乞大》与《賓主問答》,《韓漢語言研究》,101—109 页。

李丙畴编校（1966）《老朴集覽考》,首尔:进修堂。

铃木靖（1988）旗人の入関と漢族大衆芸能の受容,《東京都立大學人文學報》第 198 号,161—177 页。

六角恒广（1961）《近代日本の中国語教育》,东京:播磨书房。

六角恒广（1988）《中国語教育史の研究》,东京:東方书店。

六角恒广（1991）《中国語教本類集成》,东京:不二出版。

六角恒广（2002）《中国語教育史稿拾遺》,东京:不二出版。

落合守和（1989）翻字翻刻《兼満漢語満洲套話清文啓蒙》,《言語文化接触に関する研究》1,67—103 页。

落合守和（2010）《清文指要》ができるまで，（日本）中国近世語学会2010年度秋季研究集会宣读论文，东京。

落合守和（2013）《金鐲水》の言語について，（日本）中国近世語学会2013年度研究总会宣读论文，大阪。

落合守和（2013）《白話北京日報》の言語について，日本中国语学会2013年全国大会展板论文，京都。

南部まさ、冈部泰枝（2001）抄訳：C.W.Mateer著《官話類編》，《或問 WAKUMON》103—122页。

岛井克之（1985）Edkins著《Mandarin Grammar》second edition について，《関西大学中国文学紀要》9，1—18页。

平冈龙城、张廷彦等（1937—1938）《日華大辞典》，东洋文化未刊图书刊行会。

平田昌司（2000）清代鸿胪寺正音考，《中国语文》，第6期，537—544页。

山崎雅人（1994）《満洲語資料による満洲語及び漢語の通時的音韻変化の研究》，（日本）东北大学博士论文。

山田忠司（1999）《儒林外史》における"給"の用法，《中國語学》246号，22—30页。

山田忠司（2003）清末北京語の一斑——《燕語新編》を資料として，《文学部紀要》第17号（1），23—35页。

山田忠司（2004）《北京官話——今古奇観》の言語について，《文学部紀要》第18-1号，101—114页。

山田忠司（2013）北京话的特点——围绕太田老师提出的七个特点，载远藤光晓、石崎博志主编《现代汉语的历史研究》，杭州：浙江大学出版社，191—198页。

石崎博志（1997）《正音咀華》音韻体系の二重性，《中國語學》244号，171—180页。

石崎博志（2013）关于正音材料的几个问题，载远藤光晓、石崎博志主编《现代汉语的历史研究》，杭州：浙江大学出版社，38—52页。

寺村政男（2001）満洲語文献より見た近世漢語語彙の研究——満漢合璧西廂記編その8，《語学教育論叢》第18号，71—90页。

寺村政男（2008）《東アジアにおける言語接触の研究》，东京：竹林舎。

太田辰夫(1950)清代の北京語について,中译注释:论清代北京话,陈晓(译注),远藤光晓(校),《语言学论丛》第48辑,北京:商务印书馆,2013年,352—368页。

太田辰夫(1951)清代北京語語法研究の資料について,《神戸外大論叢》2-1,13—30页。

太田辰夫(1957)《中国歷代口語文》,东京:江南书院。

太田辰夫(1958)《中国語歷史文法》,东京:江南书院。又,京都:朋友书店,2014年新版。

太田辰夫(1963)清代文学に見える満洲語,载《中国語文論集·語学篇》(1995),东京:汲古书院,224—242页。

太田辰夫(1964)北京語の文法特點,载《中国語文論集·語学篇》(1995),东京:汲古书院,243—265页。

太田辰夫(1969)《中国語学新辞典·近代汉语》,东京:光生館。

太田辰夫(1970、1972)《小額》の語法と語彙(上、下),《神戸外大論叢》21-3,5—18页,《神戸外大論叢》23-3,47—62。

太田辰夫(1973)社会小説《北京》の語法と語彙,《神戸外大論叢》24-3,1—17页。

太田辰夫(1975)《儿女英雄传》的副词,载《汉语史通考》(1991),江蓝生、白维国译,重庆:重庆出版社。

太田辰夫(1976)《满洲文学考》,神户:神户市外国语大学外国学研究所。

太田辰夫(1988)《中国語史通考》,东京:白帝社。中译本:《汉语史通考》(1991),江蓝生、白维国译,重庆:重庆出版社。

太田辰夫(1989)《紅楼夢影》の語法,《中国語研究》第31号。

太田辰夫(1995)《中国語文論集》,东京:汲古书院。

太田辰夫、竹内誠(1992)《社会小説:小額》,东京:汲古书院。

藤堂明保(1960)ki- と tsi- の混同は18世紀に始まる,《中国語学》第1号,1—12页。

藤堂明保(1966)北方话音系的演变,《中国語学》第7号,1—11页。

香坂順一(1967)《近世·近代汉語の語法と語彙》,大阪:大修館书店。

香坂順一(1983)《白話語彙の研究》,东京:光生館。

香坂顺一(1987)《〈水浒〉語彙の研究》,中译本:《水浒词汇研究(虚词部分)》(1992),植田均(译),李思明(校),北京:文津出版社。

小幡重一、丰岛武彦(1934)支那語の物理音聲學的研究:(其一)四聲の性質,《日本数学物理学会志》,第八卷第一号,1—10页。

伊藤英人(2002)高宗代司訳院漢学書字音改正について——《華語類抄》の字音を通して,《朝鮮語研究》,129—146页。

鱼返善雄(1942)《支那語の発音と記號》,东京:三省堂。

远藤光晓(1986)老舍の le と liao,载远藤光晓《中国音韻学論集》(2001),东京:白帝社,267—281页。

远藤光晓(2015)近150年来汉语各种方言里的声调演变过程——以艾约瑟的描写为出发点,载远藤光晓、石崎博志主编《现代汉语的历史研究》,杭州:浙江大学出版社,66—82页。

远藤光晓、竹越孝主编(2011)《清代民国汉语文献目录》,首尔:学古房。

志村良治(1984)《中国中世語法史研究》,东京:三冬社。

中村雅之(2006)翻訳老乞大朴通事の右側音,《KOTONOHA》42号,名古屋:古代文字资料馆。

中村雅之(2007)尖音・团音の満洲文字表記,《KOTONOHA》55号,名古屋:古代文字资料馆。

竹越孝(2007)《清代満洲語文法書三種》(KOTONOHA 单刊1),名古屋:古代文字资料馆。

竹越孝(2012)《〈兼満漢語満洲套話清文啓蒙〉翻字・翻訳・索引》,神户:神户市外国语大学外国学研究所。

竹越孝(2013)制约对词汇兴替起到的作用——从"也"、"了"、"完"的演变谈起,载《第五届韩汉语言学国际学术研讨会论文集》,74—84页。

竹越孝(2015)从满语教材到汉语教材——清代满汉合璧会话教材的语言及其演变,《民族语文》,第6期,66—75页。

竹越孝（2017）朝鲜时代汉语教材的内部差异——以"是"的用法为例，第二届韩汉语言学国际学术会议大会宣读论文，美国华盛顿大学。

竹越孝、陈晓（2016a）子弟書 Katuri Jetere（螃蟹段兒）校注，《神戶外大論叢》66-1，63—101页。

竹越孝、陈晓（2016b）满语助词 dabala 与汉语句末助词"罢了罢咧"相关关系研究，《民族语文》，第 6 期，26—37 页。

竹越孝、陈晓（2017）校注《清语易言》，《神戶外大論叢》67-4, 29—70 页。

鱒泽彰夫（1992）《〈燕京婦語〉解説》，东京：好文出版。

佐藤晴彦（1973）《正音咀華》のことば——近世白話史の一資料，《大阪市立大学大学院文学研究科紀要》25, 54—69 页。

Bernard Comrie（1989）*Language Universals and Linguistic Typology(2nd Edition)*. 中译本：《语言共性与语言类型》（2010），沈家煊等译，北京：北京大学出版社。

B.Karlgren（1918）*A Mandarin Phonetic Reader in the Pekinese dialect*. Stockholm: K.B. Norstedt &Söner.

Coblin, South. W.（2003）*Robert Morrison and the Phonology of Mid-Qing Mandarin*. Journal of the Royal Asiatic Society 3rd Ser.13(3):339-355.

David Crystal（1997）*A Dictionary of Linguistics and Phonetics*. 中译本：《现代语言学词典》（2002），沈家煊译，北京：商务印书馆。

Dorothea Scott（1960）*The Morrison Library an Early Nineteenth Century Collection in the Library of the University of Hongkong*. Journal of the HongKong Branch of the Royal Asiatic Society. Vol.1. HongKong.

Elliot, M. C.（2001）The "Eeating Crabs" Youth Book, Mann, S. and Cheng Yu-Yin eds., *Under confucian eyes: writings on gender in Chinese history*, 263-281, Berkeley: University of California Press.

Her One-soon（1994）*Interaction of Syntactic Changes*. 《中国境内语言暨语言学》2, p.263-292.

Joseph Edkins, B. A. (1871) *China's Place in Philology,* London: Trübner.

Knud Lundbæk (1991) *Joseph de Prémare (1666—1736), S. J.: Chinese philology and figurism.* (Acta jutlandica; 66, 2. Humanities series; 65) Aarhus: Aarhus University Press.

Lakoff, George & Johnson, Mark (1980) *Metaphors We Live by,* Chikago, London: The University of Chicago Press.

Möllendorff, P.G. (1892): *A Manchu grammar, with analysed texts.* Shanghai: Printed at the American Presbyterian Mission Press.

Poppe, N. & Hurvitz, L. & Okata, H. (1964) *Catologue of the Manchu-Monol Section of the Toyo Bunko,* Tokyo: The Toyo Bunko & The University of Washiongton Press.

Wadley, S. A. (1991) *The mixed-language verses from the Manchu dynasty in China,* Papers on Inner Asia 16, Bloomington: Indiana University Research Institute for Inner Asian Studies.

Wylie (1855) *Translation of the Ts'ing Wan K'e Mung, A Chinese Grammar of the Manchu Tartar Language,* Shanghae: London Mission Press.

后 记

本书由笔者2014年的北京大学博士论文修改而成，修正补充了很多观点和资料。

在博士论文的后记中，我就写到，由衷感谢我的导师王洪君教授。她不仅学识渊博，给我提供了很多研究思路，还在生活上对我多有照顾。在此我依然要感谢王老师，我毕业以后，她仍然对我有很多帮助，让我继续参与北大的学术项目，细细审阅我的书稿，给予了很多良好建议，让我弥补了自身很多的不足。

笔者从2015年至今，于日本神户市外国语大学担任客员研究员（前期隶属日本学术振兴会外国人特别研究员）。在这期间，对我帮助最大的是竹越孝教授。他不仅给我提供了很多我从未见过的新材料，让我大开眼界，还在具体研究中给了我极大的帮助。例如一篇论文，竹越老师总是不厌其烦地反复帮我修改，包括日语的语法错误，解释不充分之处，应该参考的更早的前人研究，甚至细致到每个标点符号。每次看到竹越老师细致的修改，我都很惭愧和感动。当我要参加会议发言时，尤其是要用日语发言时，竹越老师都会让我预演好几次，纠正我的日语发音，帮我设想参会者们可能会提出的问题，让我进行充分准备，减缓我的紧张情绪，使我每次都顺利完成发言。竹越老师的工作非常繁忙，甚至没有吃饭时间，就在这样的情况下，他依然给我细致的帮助。本书中的很多材料和观点的修改，都倚仗竹越老师的指导，谨此对竹越老师深表谢忱！

感谢南开大学我的博士后合作导师孔祥卿教授，有了她的支持，我才能在博士后期间前往日本进行研究工作,才能进一步开阔视野。

感谢郭锐教授、刘云老师、陈颖老师、王硕老师、陆晨老师,在这几年参与北大学术项目期间,他们给予了我很多帮助,帮我解决了不少困难。

感谢远藤光晓教授、古屋昭宏教授、太田斋教授、内田庆市教授、冰野善宽老师、任鹰教授、下地早智子教授、津守阳老师、林范彦教授、山田忠司教授、落合守和教授、陈保亚教授、潘家荣副教授、阿错教授、谷峰教授、伊藤さとみ副教授。这些老师在这几年从各方面对我有过指导与帮助。

感谢北京大学出版社的各位老师和编辑。

还有很多朋友也对我的研究有过很多帮助,在与他们的交流切磋中,我丰富充实了自己的知识,特此致谢。

最后,由衷地感谢我的家人!在我身心最疲惫的时候,家人给我最大的鼓励和支持,有时候任何药石都比不过家人的几句话语,有了他们的关心爱护,我才能顺利地进行研究。

2018年小寒日于日本神户

"早期北京话珍本典籍校释与研究"丛书总目录

早期北京话珍稀文献集成

（一）日本北京话教科书汇编

《燕京妇语》等八种　　　　　　　四声联珠
华语跬步　　　　　　　　　　　　官话指南·改订官话指南
亚细亚言语集　　　　　　　　　　京华事略·北京纪闻
北京风土编·北京事情·北京风俗问答
伊苏普喻言·今古奇观·搜奇新编

（二）朝鲜日据时期汉语会话书汇编

改正增补汉语独学　　　　　　　　修正独习汉语指南
高等官话华语精选　　　　　　　　官话华语教范
速修汉语自通　　　　　　　　　　无先生速修中国语自通
速修汉语大成　　　　　　　　　　官话标准：短期速修中国语自通
中语大全　　　　　　　　　　　　"内鲜满"最速成中国语自通

（三）西人北京话教科书汇编

寻津录　　　　　　　　　　　　　北京话语音读本
语言自迩集　　　　　　　　　　　语言自迩集（第二版）
官话类编　　　　　　　　　　　　言语声片
华语入门　　　　　　　　　　　　华英文义津逮
汉英北京官话词汇　　　　　　　　北京官话初阶
汉语口语初级读本·北京儿歌

（四）清代满汉合璧文献萃编
清文启蒙　　　　　　　　　清话问答四十条
一百条·清语易言　　　　　清文指要
续编兼汉清文指要　　　　　庸言知旨
满汉成语对待　　　　　　　清文接字·字法举一歌
重刻清文虚字指南编
（五）清代官话正音文献
正音撮要　　　　　　　　　正音咀华
（六）十全福
（七）清末民初京味儿小说书系
新鲜滋味　　　　　　　　　过新年
小额　　　　　　　　　　　北京
春阿氏　　　　　　　　　　花鞋成老
评讲聊斋　　　　　　　　　讲演聊斋
（八）清末民初京味儿时评书系
益世余谭——民国初年北京生活百态
益世余墨——民国初年北京生活百态

早期北京话研究书系
早期北京话语法演变专题研究
早期北京话语气词研究
晚清民国时期南北官话语法差异研究
基于清后期至民国初期北京话文献语料的个案研究
高本汉《北京话语音读本》整理与研究
北京话语音演变研究
文化语言学视域下的北京地名研究
语言自迩集——19世纪中期的北京话（第二版）
清末民初北京话语词汇释